新・日本むかし考

竹野衆星

文芸社

はじめに

日本の古代史については、様々な説が飛び交っているというのが現状でしょう。例えば、邪馬台国の所在地にしても畿内説と北九州説のまっ二つに分かれておりますし、継体以前の天皇につきましても、その信憑性について多くの疑問が指摘されております。それに、古墳という貴重な史跡が明確に残されておりますのに、調べ切ることのできない事情もあり、その年代を詳らかにされてはいません。

しかし、『日本書紀』や『古事記』を読んでおりましても、明らかに創作があることはわかるのですが、だからと言って、すべてがとりとめのない嘘であるとは言えないのです。ですから、何が嘘であり、どうしてその様な嘘をつかなければならなかったのか、何が真実に近いのかということを究めてゆくことが大切なことになるはずです。

学者の皆様もずいぶん苦労なされているのはよく分かるのですが、近頃の学問が大変に細分化されており、〝蛸壺学問〟との悪口も言われていますように、その領域に囚われているようにみえるからでしょうか、古代史にいたしましても鏡がどうの、壁画がどうのと議論されているだけのようで、なんだか、一般の人々にはよく分からないことが多いのです。

幸いというか、ぐうたらというか、筆者は学問には縁遠く、一人でコツコツとやらなければならない「物書き」ですので、あらゆる学問を参考にさせていただけるのです。ですから、歴史学、考古学は言うに及ばず、言語学から遺伝学までを参考にして、筆者なりの新しい古代史を組み立てました。

それにこの『新・日本むかし考』は、教科書ではありませんので、様々な説を紹介するようなことはしておりません。むしろ、筆者自身の意見を主張するために、多くの説を批判しております。明確に日本の古代史を説明しているということなのです。「他人の悪口を言うな」「平和こそ大切」などと言っていたのでは、自らを主張することは難しいでしょう。

ともすれば、「ことなかれ的」に自らを卑しめて、曖昧に済ませてしまう風潮のはびこる現代日本に対して、どれ程に読者の皆様を説得できますか。少なからずの読者の皆様の同感を得んものと一生懸命に書き上げました。読者の皆様の書架に並び、参考にして頂けることを願っております。

なお、この物語は、宮田羅万（ぐうたらまんとも読めます）と真名菜人（まめなひとども読めます）との間で交わされた会話になっております。もちろん、二人ともに架空の人物なのですが、人物設定としては、宮田羅万は若くてよく考え、よく勉強しているのに対して、真名菜人は相当な年長で、よく考え、よく聞き、よく知っているという設定にしてあります。

読者の皆様のご指導ご鞭撻を宜しくお願い申し上げます。

二〇〇四年十一月　竹野衆星

新・日本むかし考　目次

一　歴史以前

宮田羅万　日本には原人がいたのでしょうかね。
真名菜人　ゲンジン？
宮田　北京原人とかジャワ原人とかの、あの原人ですよ。
真名　いつ頃のことになる？
宮田　何万年、いや何十万年前という頃でしょうね。
真名　むかし過ぎるよ。
宮田　そうですか……真名さんがむかしのことを良く知っていると聞いて訪ねて来たのですが……。
真名　原人というのは猿に近いのだろ。
宮田　猿人から原人、そして現代人というようになっているようですね。
真名　猿から猿人だろ？
宮田　ええ……しかし、猿は今でも猿ですからね。
真名　それなら、どうして猿が猿人になったのだ。
宮田　猿は木の上の生活が大部分ですが、猿人は地上の生活が大部分を占めるようになったのでしょうね。

真名　どうして？

宮田　二足歩行ができて、簡単な道具を使うようになったのではありませんか。

真名　原人は？

宮田　原人は木に登らなくなり、平原に進出したのでしょう。

真名　現代人の祖先は？

宮田　おそらく、原人との大きな違いは、現代人は着物を着たり、家を建てたり、火を使うようになったということでしょう。そして急速に、地球を我がもの顔に占領し始めたということでしょうか。

真名　それはいつ頃だ。

宮田　現代人の祖先は十六万年前頃だと言われていますね。

真名　原人は着物を着ていなかったのか？

宮田　ええ、私はそう思っています。着物というのは、大変な道具ですからねえ……。

真名　明石原人とか何とか、騒いでいたじゃないか。

宮田　ああ、あの明石原人とかは間違いだそうです。ですから、今のところ日本には原人がいたという証拠はないのですよ。

真名　原人とかは、よほど住みやすいところでしか、生きることができなかったのではないのか。

宮田　日本にも、四十～五十万年前には哺乳動物がいたのですから、哺乳動物の住むところには、人間も住んでいたとも言われているようですよ。

真名　原人とかが猿に近ければ、そうとも言い切れないだろ。
宮田　どうしてですか？
真名　猿は寒い地方には住めないからだよ。
宮田　ああ、着物を着ていなかったということですね。
真名　うん、食べ物も少ないし……。
宮田　原人のことはともかく……。新石器時代に入ると、日本にも人間が住み着いたようですね。
真名　俺が聞いているのは、今から一万年ほど前に日本にいた人間のことだよ。
宮田　縄文時代の人々ですね。
真名　そうだ。今のアイヌ民族の先祖だとか……。
宮田　……。
真名　違うのか！
宮田　いいえ、真名さんが、あまりにズバリと言うものですから……ただ、その日本人の先祖が何処から来たのかということや、遺伝子のことで……どうも、歯切れが悪いのですが……。
真名　……。
宮田　日本人の祖先は、中央アジアの人々の遺伝子に近いということなのですが……私は、それ以前にも、日本には人間がいたと思っています。アジアの南方の文化も日本には残っているのですからね。
真名　アイヌというのは、昔々からの生き残りらしいよ。
宮田　それは、埴原和郎さんという人が『日本人の起源』という本に書いてみえるのですよ。

真名　本も出ているのか。

宮田　そうなのですよ。ところが、アイヌ民族に対しては歴史的な蔑視の観念があるからでしょうか、日本人とは別の人種なのだ、という見方が多くの人々にはあるようですね。

真名　外見も相当に違うからなあ。

宮田　ですから、アイヌ系の日本人がどこから来たのか、ということなのですが……今言いましたように、中央アジアの人々と同じ遺伝子だとすれば、地球は氷期と間氷期を繰り返していますから、氷期に日本に渡った人々が、間氷期に取り残されてしまったという考え方ですね。

真名　ああ……その前には日本には人間はいなかったのか。

宮田　それは今のところはっきりしないのですが……ただ、日本人の遺伝子には中国系や朝鮮系の遺伝子が大変に多いのですよ。

真名　ややこしいな。

宮田　それは、後に中国や朝鮮の人々が文化を持って日本に来たということなのですが、それは国造りのところで明らかになりますね。今は、本当にアイヌ民族が日本人の祖先なのかどうかということなのですよ。

真名　俺はそう聞いているのだが……。

宮田　まず、縄文時代の人々がアイヌ系かどうかということなのですが、縄文時代の遺跡は北海道から沖縄まであるのですから、縄文時代の人々が同一人種として北海道から沖縄まで住んでいたとすれば、そこへ、大陸系・中国朝鮮系の人々がやって来たということなら、簡単に理解できることなのですよ。

真名　日本には、もともと南方系の人々がいたところへ、中央アジア系の文化を持った人が縄文文化を作り、そこへまた中国文化が入ってきたということだな。

宮田　そうです。私も初めはそうだと思ったのですが……それ程単純ではなく、沖縄や南九州には南方系の縄文人がいたようですね。紀元前の火山の爆発で南九州の人々がほとんど滅亡してしまったとか。南九州でも縄文時代の遺跡が発掘されたのですよ。ただ、沖縄には南方系の人々が残ったということなのですが、それが港川人といわれている現在の日本で見つかっている人骨のなかで、もっとも古いものなのですね。この人骨の特徴が、少し背が低いというのですよ。

真名　……？

宮田　実は、後に頻繁に引用する書物なのですが、『魏志』の倭人条では〝邪馬台国の南方には侏儒人がいる〟と書いてあるのですね。これは小人人種ということですから、背が低かったということであり、港川人が『魏志』の記述と一致しているということにもなるのですよ。

真名　へえー……だから南方文化も入っているわけだ。

宮田　だろうと思うのですが、まだまだよく分からないところが多いですね。……それはともかく、次の理由として、アイヌ民族と縄文人の骨格が大変によく似ているという調査結果があるのですよ。

真名　遺伝子とかは……。

宮田　それは私には分かりませんが……縄文時代の生活と、アイヌの人々の生活は基本的にはそれ程変わらなかったと思いますし、ほとんどのアイヌの人々は北海道に離れてしまいましたからね。

真名　北海道は寒いからなあ。

宮田　北海道では稲作りができませんでしたから、弥生文化が入っていませんし、江戸時代には、いろいろとアイヌ民族との間に軋轢があったようですが、本格的に人々が北海道に入ったのは明治時代ですから、北海道はずっと隔離されていたようなものなのですよ。沖縄にも弥生文化はないのですが、沖縄には後に様々な文化が入っていますから、アイヌ民族とは違うのですが、やはり、本州とはかけ離れていたということでしょうね。

真名　遺伝子とかは?……。

宮田　遺伝学的にも、人間の遺伝子が地域によって違いがあるということなのですね。

真名　どうして遺伝子で分かるのだろうなあ……。

宮田　まあ、電子顕微鏡と電子計算機のおかげなのでしょうけれど……それはともかく、現代人を調べてみますと、東北地方の人々の遺伝子タイプは、南アジア系の要素を持っている人々が多く、その他の地域では、大陸系の人々と同じような遺伝子タイプの人々が多いということなのですね。

真名　おい、中央アジア系とか何とか言っていたじゃないか。

宮田　ええ、それはごく最近に言われ始めたことなのですが、学問的にもなりますから、私では正確には分からないのですが、南アジア系というのは中央アジア系ということでしょうか……ただ、混血ということならば、日本人には髭の濃い人と薄い人が混在していますよね。アイヌ民族というのは毛深いという人もいるくらいですよね。ところが、中国朝鮮系の人々は、一般的には山羊髭とかドジョウ髭と言われていますように髭は薄いのですよ。ですから、日本人の中に髭の濃い人と薄い人が混在しているということは、髭の濃いアイヌ系の人々と、髭の薄い中国朝鮮系の人々が混血していると考えれば簡単に理解できますからね。

真名　確かに、日本人の髭は様々だよ。

宮田　従兄弟どうしでも違いますからねえ……。

真名　髭か……。

宮田　次に言語学的に言いますと……日本語というのは、もともと日本にいた人々が使っていた言語に、外から来た人々の言葉が重なってできた言語ではないかと言う人もいますからね。

真名　アイヌ語と日本語は違うだろ。

宮田　確かに表面的にはまるで違うのですが、よく調べてみると似ているところもあるのだそうです。それに、日本には朝鮮半島から多くの人々が来たようですし、しかもそれが支配階級のようですから、そちらの影響のほうが強いということでしょうね。

真名　日本語と朝鮮語は？……。

宮田　日本語と朝鮮語も違いますよね。しかし、ヨーロッパの国々の言葉のような類似語ということではありませんが、朝鮮語との類似点は大変に多いですし、しかも漢字は同じなのですからね。

真名　ややこしいな。

宮田　アイヌ語と日本語の関係では、日本全域にアイヌ語系の地名があるそうですし、象徴的なのがアイヌ語のカムイですよね……日本語でも神なのですから……もっとも、アイヌが日本語を真似たということも言われていますが、歴史的に見ても、逆になるでしょうね。

真名　カムイは、熊でもあるのだろ。

宮田　アイヌの人々は熊を大切にしていたようですから……それに、現代語をみていても良く感じるのですが、言語の変化というのは大変に早いものがありますからね。現代ほどではないとしても、言語の変化はあると思うのですよ。

真名　それはある……ある。

宮田　次は……中国の『魏志』の倭人条では、〝倭人は入れ墨をしている。それに一夫多妻制だ〟と記してあるのですね。アイヌ民族の入れ墨は有名ですし、一夫多妻制であったのも事実なのですよ。

真名　それは縄文時代のことなのか？

宮田　いえ、『魏志』は三世紀の書物ですから、弥生時代の終末期に当たるのですが、ここでは一般庶民のことも描いていますから、それがアイヌの風習と似ているということは、縄文時代の人々がそのまま弥生人になっていると推測できますからね。

真名　……本当なのか？

宮田　はっきりとは分からないのですが、ただ、部族集落というのは異常なほどに頑固なところがありますからね。

真名　ああ……長老政治だよな。

宮田　それから、これがもっとも重要なことになるでしょうが……。一説によれば、縄文時代の人口が十万人、弥生時代になると人口が六十万人に増えているということなのですよ。

真名　へえー、六十万か……。

宮田　この統計がどれほどに正確なものかは私には分かりませんが、少し増え過ぎているということから、弥生時代に多くの渡来者があり、その人々が稲作を広めたのだとも言われているのですよ。

真名　大陸から移住したということか？

宮田　ええ、そういうことだと思うのですが、大陸内での移動ならともかく、一般的な人々が海を渡るということになりますと、当時の交通手段などを考えても、無理なところがあるのではないのかということなのですね。もちろん、稲作文化の渡来は明確なのですから、人々がやって来たのは間違いなく、その時代の大陸系の人々の骨も見つかっているのです。しかし、弥生人そのものが大陸からの移住だとは思えませんね。

真名　それなら……どうして人口が増えたのかということが問題だよな。

宮田　ええ……。これは、すでに縄文時代の人々が栽培の技術を持っていたとすれば、縄文人は容易に稲作文化を取り入れ、急速に弥生文化が広がったということではないでしょうか。そして、稲作による生活の安定から、弥生時代の人口が急増したのではないのかということですね。弥生時代は短いといっても六百年もあるのですから……。

真名　弥生時代にも朝鮮半島から来たのだろ？

宮田　ええ、それも間違いないでしょうが……ただ、中国の本には倭族とか倭の話が書いてはあるのですが、いずれも中国の東海岸ですから、中国が日本のことと勘違いしているのではないでしょうかね。中国の倭族等が日本に渡ったとは思えないのですよ。

真名　朝鮮半島からは？

宮田　そのことは後からも言うつもりですが……紀元前二、三世紀には九州北部に、紀元後にも中国地方に朝鮮半島から来ているようです。しかも、彼等は支配者であり国造りの祖ともなっているのですし、土着しているのですよね。

真名　土着か……。

宮田　土着というのはその土地の娘を嫁さんにするということですから、混血ということになりますよね。

真名　それは支配階級のことだろ。

宮田　ええ、弥生時代は主に支配階級でしょうが、本当に多くの人々が大陸からやって来たのは古墳時代ではないでしょうか。古墳時代ならば交通手段も十分に発達していますし、記紀では技術者や科学者がやって来たと書いていますし、取りも直さず、任那のことがありますからね。

真名　食べ物によっても体つきは変わるだろ。

宮田　ええ、体つきは仕事によっても変わると思います。ですから、縄文人と弥生人の区別が生じたという考え方ですね。

真名　うん。

宮田　以上が縄文人というのはアイヌ系の人々で、よく言われているような先住民族ではなく、混血民族ではないのかということですね。ただ、日本人は遺伝子学的にも中国や朝鮮の影響が非常に強いそうですから、よほどの強い関係が大陸・朝鮮半島との間にあったということではあるのですが……。

真名　その縄文人はどこから来たのだ。

宮田　それが中央アジアとか南アジアとか……私はよく調べていませんので、あまりよく分からないのですよ……。

二　国造り（九州）

宮田　石器時代や縄文時代のことは、私ではよく分からないのですが、真名さんを訪ねて来たのは、日本の国造りのことを知りたかったからなのですよ。
真名　クニヅクリ？
宮田　ええ……支配階級がどの様に生じて、どの様に国としての体裁を整え、どの様に日本を統一していったのかということですね。
真名　教科書には書いてないか。
宮田　小さな人に教えるほどには、はっきりとした古代史が纏まっていないということなのでしょうが、学校の教科書にはほとんど載っていませんね。それに真名さんも知っているとは思うのですが、戦前のように、日本の歴史と言われている『古事記』や『日本書紀』を、そのまま教えることもできませんでしょうし……。
真名　俺は読んだこともないが、それは天皇陛下のことだろ。
宮田　天皇家を中心にした話なのですが。
真名　何が書いてあるのだ。

宮田　『古事記』『日本書紀』をまとめて記紀とも言うのですが、この記紀は後の時代の八世紀に書かれたものなのですよ。

真名　初めは文字がなかったからだ。

宮田　そうです。ですから、記紀も初めのほうは神話の形になっておりまして、天上の神様とか、天から降りた神様とか、そういう形になっていますね。

真名　それが国をこしらえた人なのか？

宮田　いえ、天上の話以前に、伊奘諾尊（イザナギノミコト）伊奘冉尊（イザナミノミコト）が大八島、つまり日本列島を生んだという話がありますから、これこそ国造りといえば国造りなのですが、これは間違いなく架空の話ですからね……この話の後に、天照大神（アマテラスオオミカミ）の話や、素戔嗚尊（スサノオノミコト）と天津彦火瓊瓊杵尊（アマツヒコホノニニギノミコト）の話があり、これが天皇家の祖先となっているのですよ。

真名　神様から生まれたのか？

宮田　ええ、そうなっているのですが……神代前半の話として、伊奘諾尊と伊奘冉尊の話や、天照大神の有名な岩屋の話などがあるのですが、この前半の話は伝説的というより幻想的なところがありますから、ほとんど信用する必要はないと思いますよ。

真名　天の上の話か。

宮田　そうですね。ただ、この神代前半の話で気になるのは、記紀がいつも女性を中心としていることと、大変に性的だということですね。これは日本の神話としての特徴で重要なことだと思うのですが……。

真名　子供を産むのは女だし、男を選ぶのも女、未来は女の股の力の努力だよ。

宮田　（笑）……なるほど。

真名　男の力なんか高が知れている。

宮田　それはともかく……本当の国造りが、どの様にして行われたかということなのですが、集落には支配階級はなかったはずですから、その支配階級がどの様に生じたのかということですね。真名さんは何か聞いていませんか？

真名　国が最初にできたのは九州だと聞いている。

宮田　やはり、九州ですよね。

真名　俺が聞いているのは、朝鮮半島からやって来た人々が、初めは九州で国を造ったということだよ。

宮田　日本の国内で支配階級が生じたということではありませんよね。

真名　国内？……外から来たと聞いている。

宮田　しかし……多くの人々は、支配階級は国内で生じたと考えているのでしょうか……いや、はっきりとした考えにもなっていないようですね。

真名　……。

宮田　『古事記』や『日本書紀』では支配者は天から降りるという表現になっているのですが、これは常識的には外国から来たということですよね。

真名　地から湧くのとは違うよな。

宮田　ええ……つまり、どの様にして集落が国になったのかということなのですが、その説明がほとんどなされていないのですね。

真名　……。

宮田　国造りというのは、ある意味では高度の文明が生じるもとでもあるのですから、よほど恵まれた生産力、つまり自然的環境に恵まれていないと無理なことだと思うのですが……。

真名　稲じゃないのか。

宮田　稲作や麦作それに遊牧が国造りと関係あるとは言われているのですが、それだけなのでしょうか。

真名　どういうことなのだ。

宮田　例えば、ある集落が別の集落を攻撃して自分たちのものとした場合には、階級も生じるでしょうから国へと発展する可能性もあるのですが、攻撃する側の集落には強力な兵士や武器が必要なのですから、それを賄えるだけの生産性の高い土地や頭脳的な技術が必要でしょうし、何よりも国を治めようという思想的なものが不可欠なのですね。ところが、単なる集落間の戦いならば、土地を広げようとか人を支配しようという考えがありませんから、国や階級は生じないと思うのです。

真名　集落間の戦いなら、守るための戦いになるだろうな。

宮田　水利権や入会権や名誉をめぐる戦いだと思いますし、戦うのも集落の人々でしょうし、兵士としての戦いではありませんからね。

真名　外国から来た場合は……。

宮田　外国から人々がやって来た場合には、国造りというのはそれ程難しいことではありませんね。もともと国を支配しようという考えがあるのですし、優秀な武器も持っていたはずですから、集落の人々を押さえ付けることは難しいことではないでしょう。ですから、多くの国の国造りには、外国の侵略とか侵攻が強く関係しているはずですよ。

真名　国造りを真似することもできるだろ。

宮田　真似をするというのは、よほどの通信や交通の発達がなければ無理なことでしょうね。

真名　ああ、そうか……俺は話として聞いているだけだが、何か朝鮮半島から来たという証拠でもあるのか。

宮田　証拠になりますかどうですか……考古学から事実を推測することは大変に難しいのですが……九州の佐賀や福岡の遺跡から、中国製あるいは朝鮮半島製の銅剣が出土しているそうなのです。武器が見つかれば、そこに国があったとは断定できないのでしょうが、この武器が外国製であるということですね。

真名　外国から武器を持った人間が来たということだろ。

宮田　そう考えるのが普通だと思いますよ。優秀な武器の輸入というのは、国としてのまとまりができてからでしょうからね。

真名　国ができたのは、いつ頃のことになる。

宮田　それが、意外に早かったということなのですよ。弥生時代の初めということですから、紀元前二、三世紀という年代でしょうか。

真名　九州には早くから国があったとは聞いている。

宮田　それに、稲作りが国造りの必要条件であろうというのは、稲作によって生産性が安定し、労働力にも余裕ができるということなのですが、この稲作りが弥生時代の初めということですから、ほぼ同じ頃に国造りが始まったということになるのですが……。

真名　同じ頃？

宮田　もっとも、九州北部では縄文時代の終末期にはすでに稲作りが始まっていたとも言われていますし、何か、紀元前九世紀頃の籾が見つかっているとかの話もありますが……。

真名　九州か……。

宮田　しかし、私としては最初の国造りは、せいぜい弥生時代の中期頃だと思っていたのですよ。と言いますのは、紀元前一〇八年に中国の前漢が、朝鮮王の右渠を滅ぼして朝鮮半島に進出していますから、この時に朝鮮半島を追われた人々が北九州にたどり着き、その人々によって日本の国造りが始められたのではないかと思ったのですが、考古学的には、もっと早い時代からの細形の銅剣銅鉾が見つかっているようですね。

真名　集落間の戦いもあったのだろ。

宮田　集落間の戦いで細形の銅剣銅鉾が使用されたとは思いませんね。細形の銅剣銅鉾というのは、武器としては大変に優秀なものですから、兵士としての武器だと思いますよ。

真名　細形細形と言うが、太形の銅剣というのもあったのか？

宮田　太形ではなく、広形の銅剣銅鉾と言うのですよ。この銅剣銅鉾は後に、幅が広くなり薄っぺらなものになって、飾り物としてしか通用しなくなってしまうのです。これが広形の銅剣銅鉾ですし、細形の銅剣銅鉾というのは実用的な剣鉾ということですね。
真名　どうして武器が飾り物に……。
宮田　優秀な鉄の武器が使われだしたからでしょうか……それに、銅というのは薄く延ばせますし、鋳造も簡単ですね。それに合金にすれば金色に輝きますから、飾り物としては最適なのですよ。
真名　その時代に鉄はなかったのか。
宮田　いえ、鉄の鏑などは出土するそうですから、鉄としてはあったそうですよ。
真名　鉄もあったのか……。
宮田　ですから、弥生時代の初め頃には、特に九州北部では磨製石器、銅剣銅鉾、そして鉄製品というように入り交じって出土するようですね。
真名　それは、北九州だけなのか。
宮田　ええ……このようなものが出土するのは、ほとんどが北九州に集中しているようですから、この辺りから国造りが始まったのは間違いありませんね。
真名　なるほどなあ……。
宮田　細形の銅剣銅鉾だけではなく、環濠集落とか巨石墓というように、ほとんどの朝鮮半島の文化が北九州に入ってきていますから、これは文化の流入というよりも半島の人々がやって来たと考えるほうが自然ですよね。
真名　だから、記紀とかの〝天から降りた〟とかの話は、外国から支配者がやって来たということなのだろ。

宮田　そうだろうとは思うのですが、明治時代の天皇専制の時代では、絶対にそうは言わないでしょうね……それに、記紀では北九州に天皇の祖先が降りたとは記していないのですよ。

真名　どこだ？

宮田　記紀では二つの系統が日本に降り立つとしているのですよ。まず初めに、天照大神（アマテラスオオミカミ）の弟の素戔嗚尊（スサノオノミコト）が出雲に降り立ち、次に天照大神の孫である天津彦火瓊瓊杵尊（アマツヒコホノニニギノミコト）が、九州の日向に降り立つという話なのですよ。

真名　日向は宮崎だろ。

宮田　そうです。記紀での天津彦火瓊瓊杵尊は、高千穂の峰に降りた後に吾田の笠狭に行ったことになっていますね。この吾田というのは薩摩半島の先端にありますから、いわば日本の最西南端ということなのです。

真名　どうしてそんな所に？

宮田　ええ……本当に不思議な話なのですが、この日向に降りたという話は、多くの人々が疑問視しているようですよ。と言いますのは、宮崎や鹿児島地方には弥生時代の大きな集落跡が見つかっていませんし、吾田という現在の加世田地方には隼人と呼ばれた人々がいたようですが、朝鮮半島から来た人々が上陸するような場所ではありませんからね。

真名　すると……その宮崎とかの話はどういうことなのだ？

宮田　この天孫が日向に降り立ったという話は、神武天皇の東征に絡んだ作り話なのか、一説に言われている神武天皇は狗奴の出ではなかったのかということなのです。

真名　……。

宮田　ただ、日本にやって来た兵士達が朝鮮半島からではなく、南の島伝いとか、中国大陸から、黄海・東シナ海を渡って来たのだとした場合は、吾田の笠狭というのは上陸地点にはなるでしょうね。

真名　中国から来たのか？

宮田　いえ……ただ、その中国には、紀元前二一九年に秦の始皇帝の命を受けた徐福という人が、数千人を率いて東海の三神山に向けて探検に出たという話が残っていますね。しかも、この徐福という人は中国には戻らなかったということなのですよ。

真名　その徐福が天皇の始まりということか？

宮田　いえ、記紀が吾田の笠狭を取り上げたのには、何らかの理由があると考えたときに、中国の徐福の話とも結び付くということなのですよ。薩摩半島には特殊な古墳もあるそうですが、これは後の時代のものでしょうし……やはり、薩摩半島と徐福の話を結び付けるのは難しそうですね。何よりも、日本の文化というのは言語的にも文化的にも朝鮮半島とは大変に密接な関係がありますから、日本の場合は間違いなく朝鮮半島から来た人々によって国が造られたと思いますよ。

真名　その徐福とかのことは、もっと分からないのか。

宮田　私にはよく分からないのですが、彼等は台湾に辿り着いたというのが一般的な見方のようです。中国では後に何万人の人を出して調べたというような話もあるのですが……。

真名　日本には来なかったのか。

宮田　日本に上陸したという話も伝説として数多くあるのですが、そのことが本当ならば、数千人という人数は中国流の大袈裟で、小さな小さな集団であったということでしょうね。国をどうこうするというような大集団であったとは、とても考えられないのですよ。

真名　関係ないか……。

宮田　徐福のことはともかく……記紀が、どうして吾田を天皇の発祥地とも思えるような重要な場所にしたのかということが問題なのですよ。

真名　その辺りにはなにもないか……。

宮田　考古学的に見ましても、北九州とは比較にもなりませんが、前にも言いましたように、吾田を単なる上陸地点だとすれば、考古学的な問題はなくなるのですが……。

真名　兵隊が吾田に上陸したということか。

宮田　ええ、ですから、徐福ならできることなのですが……やはり、難しいと思いますよ。

真名　全く証拠がないか。

宮田　ええ……初めは北九州と考えて、ほぼ間違いないでしょう。

真名　それなら、記紀とかの吾田の話はどうなる？

宮田　この記紀の吾田の話にはおかしな所がありますね。日向の高千穂の峰に降り立ったのが天津彦火瓊瓊杵尊（アマツヒコホノニニギノミコト）であり、天皇の祖先ということにはなっているのですが、ここの話には取って付けたようなところが多いですね。

真名　……。

宮田　例えば、人間が鰐になったとか、海幸彦、山幸彦という名前や、釣針の話などもそうですし、吾田邑とか吾田津姫というような地名人名ですから、出雲の素戔嗚尊（スサノオノミコト）や大国主尊（オオクニヌシノミコト）の話と比べても、夢想的・説話的な要素が強いですし、出雲のようには活躍の舞台が明らかにはなっていませんよね。

真名　そこは神話ということだろ。

宮田　記紀では、この吾田の話までが神代ということなのです。しかし、何度も言っていますように、出雲にはそれなりの遺跡が残っているのですが、九州の古代の遺跡は薩摩半島ではなく九州北部にあるのですから、この天孫の話が北九州の話ならば信用できるのですが、薩摩半島の先端ということですからねえ……。もっとも、日向の地名を北九州に結び付けて説明しようとする人もいるようですが、私は日向の天孫の話は作り話だと思っています。

真名　たとえ、作り話だとしても、なんらかの理由があるだろ。

宮田　これは神武天皇の東征にかかわっていると思いますよ。

真名　本当は、神武天皇は吉備だとかの話を聞いているが……。

宮田　記紀では、神武天皇が九州から東征したことになっているのですよ。

真名　昔の学校ではそう習ったのだが……神武の吉備、崇神が奈良へ、応神が東征したと聞いている。

宮田　ええ、私の調べたところでもそれに近いのですが、様々な説があるのですよ。しかし、記紀では神武天皇が東征したことになっていますから、どうしても、神武天皇の祖先となる天津彦火瓊瓊杵尊（アマツヒコホノニニギノミコト）を日向に降ろす必要があったのですね。

真名　どうして日向なのだ。

宮田　正確には日向ではなく薩摩半島なのですが、日向の宮崎地方には大きな古墳群がありますし、『日本書紀』でも熊襲征伐のところで、天皇が宮を置いたというようになっていますから、日向は天皇家と密接な関係がありそうなのですよ。それに、吾田が日本列島の最西南端であるということは、いかにも後から定めたという感じもするのですが……。

真名　はっきりとした理由がないから、最西南端にしたということが理由だな。

宮田　（笑）……それより、どうして神武天皇の奈良への東征にしたのかということのほうが問題でしょうね。

真名　理由があるのか？

宮田　ええ……『古事記』や『日本書紀』がひっくり返ってしまうようなことなのですが……。

三　百余国

宮田　この神武天皇の東征については後から言いますが……ここでは北九州にやって来た人々がどの様に国造りをしたのか、ということですね。

真名　武力だろ。

宮田　もちろん武器は必要なものでしょうが、単に武力だけで済むことでしょうかね。武器で脅して〝俺たちの言う事を聞け〟と言っても、これでは山賊とほとんど変わりませんよね。

真名　山賊から守ってやるということだろ。

宮田　それはあると思います。記紀には山賊まがいの集団がいたことが随所に書きとめられていますからね。しかし、領民を守るだけなら、これも用心棒にすぎないのですよ。

真名　……。

宮田　もっとも大切なことは、領民に支配者として認められることですから、政治的な知識が必要になるということなのです。

真名　武力だけでは無理か。

宮田　集落の人々には国を治めるという知識がありませんから、政治的な知識を持った外国の人が来て、日本の支配者となったという考え方なのですよ。

真名　簡単に入りこめるかな。

宮田　例えば、朝鮮半島に前漢が攻め入ったというような方法なら簡単なのですが、そうではないと思うのです。

真名　日本には国はなかったということだろ。

宮田　ですから、彼等が支配者となり得るのは、強力な武器と、領民に何らかの利益が与えられる、例えば農業の知識とか、道具の製造知識というようなものを持っていたのだろうということなのです。

真名　国をどの様にこしらえていくのかを知っていたということだ。

宮田　そして、その土地の娘を娶ることによって、支配力を強固にしたということですね。

真名　それが土着だな。

宮田　そうです……しかし、ここで問題になるのが、日本の支配者となった人々が、何時、どの様にして朝鮮半島からやって来たのか、ということなのです。

真名　弥生の初めだろ。

宮田　時代はその頃だということですが……大きな集団ではありませんね。

真名　どうして？

宮田　大きな集団なら、北九州にとどまらないでしょう。

真名　ああ……北九州だけか。

宮田　それに、この北九州の場合は、『魏志』の倭人条のいうところでは、元は百余国という言い方がされていますし〝倭国が乱れて戦争になり、卑弥呼を女王にして戦いが収まった〟というようにも記されていますね。それに、これは倭人条ではありませんが、女王国が成立する前にも、倭の奴国が漢に朝貢したとか、倭国王師升が漢に朝貢したとか記されているそうですから、もし一つの大きな集団から派生的に国ができたのならば、その国々の間では、それ程の戦いは生じないでしょうし、個々の国から朝貢する必要もないと思うのですよ。

真名　百余国か……。

宮田　そうなのですよ。この言い方はいかにも個々の国に独立性があったということでもありますから、複数の小さな集団がやって来たのでしょうか……それとも、単にまとまりがなかったということでしょうかね……。

真名　本州のほうには国はなかったのか？

宮田　紀元前には本州には国ができていなかったと思いますよ。

真名　確かか？

宮田　大変に重要なことなのですが、現在の考古学では、紀元前に本州に国があったという形跡が見つかっていないのです。

真名　武器とか何とかが北九州だけだとか。

宮田　いえ、武器だけではなく、北九州では早くから、階級による墓の違いがあるそうです。階級があるということこそ、もっとも国としては重要なことですからね。

真名　そんなに早くから北九州に国ができているのならば、本州にも広がっただろ。

宮田　ええ……なかなか説明は難しいのですが……国造りを一種の文化として捉えますと、稲作文化や銅文化のようには速くは広がらなかったという……。
真名　……？
宮田　例えば、稲作文化ならば、極端に言えば、種籾一掴みでも伝えられるものですから、稲作文化は東北地方にまで広がっていますし、銅文化にしても、鋳造の技術や祭祀の文化ですから、近畿・東海地方までですからね。ところが、国造りの文化というのは支配者が中心になるわけですから、支配層は人口が増えるようにしか増加しないということなのです。ですから、稲作や銅文化のようには広がらずに、したがって、本州には広がらなかったという説明はできると思いますよ。
真名　よほど小さな集団が来たということだな。
宮田　ええ。紀元前二、三世紀に何百人もの人々が一時にやって来たとは考え難いですし、彼等は間違いなく朝鮮半島から来たのでしょうから、朝鮮半島の歴史とも密接な関係があるとは思うのですが……。
真名　出雲のほうは一つの集団だろ。
宮田　ええ。出雲は紀元後でしょうが、その頃の土器にも大きな船が描かれているそうですし、おそらく何百人というような集団でやって来たと思いますよ。二、三百年の間に東北地方にまでも国造りは広がっていますからね。もっとも、出雲から広がっただけではないかも知れませんけれど……。
真名　数の問題か……。
宮田　ただ、銅剣銅鉾というのが西日本を中心に出土しているのですが……。
真名　国があったということか。

宮田　いえ、広形の銅剣銅鉾というのは、祭祀用と言われていますし、墓の副葬品としては使われていませんから、支配者の象徴ではなく集落の祭祀の象徴ということでしょうね。つい最近にも、出雲で大量の銅剣銅鉾銅鐸が出土しているのですが、埋められたのが紀元百年頃と言われていますから、出雲の国造りの年代とも一致していますし、支配層が村々から没収して一ヵ所に埋めたということではないでしょうか。

真名　ああ、新聞に出ていたな。

宮田　あの発見はとても重要なことになりますよ。

真名　そういうようなことは、記紀とかには書いてないのか。

宮田　記紀の神代には、北九州のことはほとんど書き留めてありませんね。あの皇孫の天津彦火瓊瓊杵尊（アマツヒコホノニニギノミコト）は薩摩の方ですし、しかも出雲の素戔嗚尊（スサノオノミコト）よりも後のことになっていますからね。

真名　出雲より遅いのか？

宮田　ええ、素戔嗚は天照の弟ですし、天津彦は天照の孫なのですよ。

真名　それはおかしいな……。

宮田　ですから、記紀には、北九州のことがほとんど書いてないということなのです。

真名　その頃の朝鮮半島は、どうなっていたのだ。

宮田　漢が朝鮮半島に進出するのは紀元前一〇八年ですから、紀元前二、三世紀には、半島は燕に支配されていたのでしょうか。その同じ燕系の人々が北九州にも来たのではないのかということですね。ただ、私は朝鮮半島の歴史に詳しくありませんので、はっきりとは言えないのですが……。
真名　それが一般的な見方か？
宮田　いえいえ……日本では外国の人が国造りをしたという考え方は少ないですね。ただ、朝鮮の学者さんがそういうことを言い出して、日本の学者に衝撃を与えたとかの話がありますが……。
真名　騎馬民族とかなんとか騒いでいるじゃないか。
宮田　ああ、騎馬民族説ですか……騎馬民族説というのは今一つはっきりしないところがあるのですが、日本が騎馬民族によって侵略されたという考え方になるようですね。まず、有り得ませんね。
真名　どうして？
宮田　日本の歴史がつながらなくなってしまうからですよ。
真名　国造りを朝鮮系の人がしたということだろ。
宮田　それはそうなのですが、時代が遅すぎるのですよ。だいたい騎馬民族説では、崇神が朝鮮半島から九州にやって来て、応神が東征したというようになっているのですが、これでは日本の記紀をまったく無視しなければなりませんし、確かに朝鮮から多くの人が来たという記述は多いのですが、素戔嗚尊（スサノオノミコト）を始めとして、すべての時代がずうっと古いのですよ。
真名　騎馬民族説というのは、朝鮮半島から来たということなのだろ。
宮田　ま、そういうことなのでしょうが、この騎馬民族説というのは考古学者さんの意見ですよね。日本の文化が騎馬民族、つまりモンゴル系の文化と共通しているということですから、それはそれで正しいとは思うのですが……。

真名　時代が違うということか。

宮田　ええ。これは紀元前後のことだと思うのですよ。

真名　騎馬民族説というのは有名だよな。

宮田　それはともかく……。繰り返しになるかも知れませんが、集落では国を造るという考えがありませんから、長というのはあったのでしょうが、支配者とはまるで違いますからね。

真名　長老だろ。

宮田　そうなるでしょうね。これは集落を守るということですから、江戸時代の北海道のアイヌ民族でもそうなのですが、ここから国に発展するということは少ないというより、ほとんど有り得ないのですね。

真名　不可能なのか？

宮田　不可能だとは言えません。現に、世界では国が発生しているのですからね。

真名　真似をするというのは。

宮田　それは前にも言いましたように、よほどの交通通信が発達しておりませんと、難しいと思いますよ。

真名　やはり、朝鮮半島からなのか。

宮田　ええ。北九州の遺跡では、早い時期から国の形跡があるそうですから、この頃に朝鮮半島から来た人々によって国造りが始められたとして、まず間違いありませんね。

四　女王国（邪馬台国）

真名　その九州の国が、『魏志』とかのいう百余国ということだな。

宮田　国が大きくなったというより、それぞれに国が分散していたということでしょうか。でも、この時代はほとんどが考古学の世界ですから、歴史を正確に把握することは困難でしょうね。

真名　考古学というのは証拠だから、ピストルから犯人を割り出すのはなかなか難しいだろうな。

宮田　ええ（笑）……指紋でも残っていれば別ですが、そうとう難しいと思いますよ。ただ、科学の発展で年代がはっきりすることや、材質の分析ができますから多くのことが分かるということはあるのでしょうね。

真名　科学か……。

宮田　そして、ここからが超有名な『魏志』倭人伝の伝える日本ということになるのですが……その前に、これからの資料として主に、中国歴代王朝の史記や、日本の『古事記』・『日本書紀』、それに朝鮮半島の『三国史記』などがあるのですが、どの書物にも書いた人々の立場がそれぞれにあるはずですから、どうしても全てを信じることはできないのですね。

真名　自分たちに都合のよいように書いているのだろ。

宮田　ええ。嘘を書かざるをえなくなっているはずですから、その嘘の根拠を探ることも重要なことだと思うのですよ。

真名　嘘ばかりとか。

宮田　嘘ばかりだとしてしまいますと資料にもなりませんし、間違っている場合も多くあると思いますよ。

真名　めんどくさいとか……。

宮田　見栄もあるでしょうし、見下している場合もありますからね。

真名　嘘の博覧会だ……ははは。

宮田　ま、そういうことを念頭に置いて……。『魏志』倭人伝というのは、三国史の『魏志』の東夷伝・倭人条（倭人伝と一般的に言われていますが、倭人条のほうが意味が通じ易いですので倭人条に統一いたします＝作者注）のことなのです。ところが、もっとも有名な邪馬台国という言葉は、倭人条では一ヵ所使われているだけなのですね。しかも、邪馬臺国ではなく、邪馬壹国（ヤマイチコク）となっているというのですよ。

真名　……。

宮田　これは、臺という文字が高貴な場所を意味しているようですから、東夷の国の倭国に臺という文字を使うのを嫌い、似たような字の壹に変えてしまったのだという説もあるのです。そのようなことをしたのは、『魏志』の作者か写した人かは分かりませんが、そういう事は有り得るとは思うのです。しかし、『魏志』以外の本は邪馬臺国となっているようですから、一般的に言われていますように、『魏志』の間違いだということでしょうね。
真名　ヤマタイコク？……ヤマトのことなのだろ。
宮田　ヤマタイコク、ヤマタイコクとは言っていますが、これは中国側の当て字をそのままに読んでいるだけなのですよ……もっとも、この邪馬台国は仏教用語からきているという人もいるのですが……これはヤマトと発音された言葉を邪馬台と書いたものなのか、ヤマトと邪馬台は全く別の言葉なのかという問題なのですが、多くの人々はヤマトは邪馬台のことだと言っていますね。それは、ヤマトという言葉が、邪馬台という漢字にいちばん近いということでしょう。
真名　そのヤマトが何処にあったのかということだろ。
宮田　それが大問題になっているのですよ。
真名　ヤマトは大分のほうだよ。
宮田　……。
真名　いろいろな説があるのだろ。
宮田　ええ。しかし、邪馬台国を大分だと言う人は少ないですよ。
真名　お前は……。
宮田　私も初めは、邪馬台国は宮崎地方ではないかと思ったのです。と言いますのは、倭人条では邪馬台国までの旅程が水行十日、陸行一ヵ月と書いてありますから、宮崎までなら距離も合いますし、記紀でも日向近くが天孫降臨の場所になっていますし、宮崎には西都原という大きな古墳群もありますからね。

真名　宮崎？

宮田　ところが……記紀の天津彦火瓊瓊杵尊（アマツヒコホノニニギノミコト）は、日向の高千穂の峰には降りていますが、その後に辿ったのは宮崎とは反対側の薩摩半島ですし、西都原古墳というのはずっと後の古墳時代のものだそうですし、とくに、宮崎地方には弥生時代の大きな集落跡がないと言われていますから、邪馬台国はなかったということですね。

真名　大分ではいけないのか？

宮田　大分を邪馬台国だとしますと……まず最初に、倭人条の水行十日、陸行一ヵ月というのがひっかかりますね。

真名　どこからのことだ……出発点はどこなのだ。

宮田　ええ、それも問題なのですよ。この出発点・基点をどこにするかによって、邪馬台国の所在位置が変わってしまいますからね。

真名　その倭人条とかには、はっきりと書いてないのか。

宮田　私は、はっきりと書いてあると思っていますが、多くの人々は、様々な邪馬台国の所在位置から、出発点を逆算しているように思えますね。

真名　出発点さえはっきりしていれば、簡単だろ。

宮田　漢語ですから、簡単にはゆかないところがあるのですが、重要なことですから、少し詳しく説明しますと……。『魏志』の倭人条には、郡史・中国の使者の出発点である朝鮮半島の楽浪郡から、倭国までの旅程、里程が記されているのですよ。それによりますと〝楽浪郡から水行・船に乗って七千里で狗邪韓国に着き、そこから一千余里で対馬へ、また一支まで一千余里、また一千里を渡って九州の末盧国に着き、そこから五百里ほどで伊都国に到着する〝となっているのです。この伊都国には、郡の使いが常に駐まっていたところだと書いてありますね。

真名　邪馬台国までの道じゃないのか。

宮田　いえ……この後から〝東南のほうへ奴国に百里、東行して百里で不弥国、そして南の方に水行二十日で投馬国に、同じ南の方向に水行十日・陸行一ヵ月で女王の都とする邪馬台国に至る〝と書いてあるのですよ。

真名　その邪馬台国への道が、どこから出発しているかということか。

宮田　私は、この出発点は伊都国だと思っています。……それは、まず第一に伊都国には楽浪郡の使者が常に駐まっていたということですね。これは基点としては重要なことですよ。……次には、狗邪韓国から千余里で至る対馬国、また千里で至る一支国、また千里で至る末盧国、陸行五百里で到る伊都国となっているのですが、この伊都国だけ、到るが到着の到になっているのですよ。ほかの国では冬至の至という至るですからね。……これは明らかに伊都国までの道程ということですし、続いて東南至る奴国へ百里、東行至る不弥国へ百里、南至る投馬国へ水行二十日、南至る邪馬台国に水行十日、陸行一ヵ月……というような書き方がされているのですよ。

真名　……。

宮田　つまり、奴国、不弥国、投馬国、邪馬台国への里数旅程が後から書いてあるということなのですね。

真名　どういう事なのだ……。

宮田　例えば……百メートル行けば対島に着き、また百メートル行けば末盧国に、また百メートルで伊都国に到着する。そして、東に行けば奴国に百メートル、西に行けば投馬国に百メートルというような書き方がしてあれば、明らかに奴国、投馬国の出発点は伊都国ということになりますからね。

真名　ああ……なるほどな……。

宮田　ですから、邪馬台国への出発点は伊都国なのですよ。

真名　その伊都とかを出発点とすると、どういう事になるのだ……。

宮田　伊都国を基点としますと、大分地方に邪馬台国があったとすれば、倭人条の陸行一ヵ月というのが合わなくなってしまいますね。

真名　……。

宮田　伊都国というのは、今の福岡近くにある前原のことですから、大分までは歩いても一ヵ月はかからないということなのですよ……少なくとも倍ほどの距離が必要でしょうね。

真名　倍?……それなら、往復の時間ということじゃないのか。

宮田　……。

真名　郡の使いは、伊都国で待っていたのだろ?

宮田　……。

真名　それとも、郡史とかは邪馬台国まで行ったのか?

宮田　いえ、ほとんど邪馬台国へは行っていないようですよ。〝文書賜遺のものを伝送し、女王に詣しむ〃と倭人条には書いてありますから……。

真名　それなら、一ヵ月もかかるというのは往復のことだよ。

宮田　船も……往復だとしても……合うでしょうね。

真名　船の二十日も往復だよ。

宮田　しかし……他にも倭人条では〃女王国以北はその戸数里数を略載することができるけれども、その余の国はあまりに遠くにあり過ぎて、詳らかにすることができない〃として他の二十数ヵ国の国名だけが並べて記してあるのですよ。

真名　……。

宮田　そして、里数戸数が書いてあるのが、対馬、一支、末盧、伊都、奴、不弥というような国ですから、これらの国が女王国以北だということは、これらの国の南に女王国があるということですね。

真名　……。

宮田　末盧、伊都、奴、不弥というような国々は、現在の松浦、糸島半島の前原、福岡近くだろうということは、ほとんどの人々の意見が一致していますから、女王国以北という言葉をそのままに受け取りますと、これらの地方の南側、つまり現在の佐賀、久留米、小郡というようなところが女王国であったということになるのですよ。事実、多くの人々がその筑紫平野辺りに邪馬台国があったとしていますからね。

真名　……女王国と邪馬台国は同じことなのか？

宮田　……。

真名　違うのだろ？

宮田　ええ……確かに倭人条でも曖昧なところがありますね……邪馬台国というのは、女王の都とする国のことですから、女王国とは違うはずなのですよね……。倭人条では、女王国という言葉はよく使っているのですが、前にも言いましたように、邪馬台国という言葉は一度だけですからね。ですから、邪馬台国が女王国のなかの一つの国なのか、それとも女王国は邪馬台国のことなのか、ということですよね。

真名　どの様に女王国という言葉が使われているのかということだろ。

宮田　『魏志』の倭人条では、女王国という文字が五回使われているのですよ。他にも〝女王〟として使われてもいるのですが……五回のうち四回は、女王国と邪馬台国を置き変えても意味は通じるのですが、女王国が全体の国を指し示す言葉だとすると、意味が通じなくなる場合がありますね。

真名　……。

宮田　例えば、伊都国のところでは〝世に皆王あるも女王国に統属する〟というように書いてあるのですよ。この女王国は邪馬台国に置き換えることはできないのですが、これを、伊都国は女王国のなかの一国だというように解釈しますと、末盧や伊都は女王国以北にあるのではなく、女王国の北方に位置するということになりますからね。

真名　それでいいじゃないか。

宮田　『魏志』の作者が間違えているということですか……。

真名　中国の本だから間違いがないということではないだろう。

宮田　それはそうですが……この〝世に皆王あるも……〟という〝みなおう〟を、〝皆王〟という王様というように解釈する人もいるのですが……。
真名　皆王は女王国の一つだろ。
宮田　いえ、この場合は皆王が女王国を統属するということでしょうね。確かに、伊都国のところには郡史が常に駐まるところという言葉は後から書いてあるのですよ。皆の国に……対馬や一支末盧ですが……皆の国に王がいて女王国が統属するということなら、〝世に皆王あるも……〟というのは、一番最後にくる言葉のはずなのです。
真名　ややこしいな。
宮田　他にも……倭人条には〝楽浪郡から女王国に至るには一万二千里〟とあるのですが、楽浪郡から狗奴韓国までが七千里ですし、そこから対馬一支を経て末盧までが三千里だとすれば、末盧から女王国までが二千里という計算にはなるのです。この場合は、女王国というのは邪馬台国のことで、全体の国を指し示しているということではなくなるのですね。ただし、『魏志』の距離に正確さはありませんけれど……。また〝女王国の東の海を渡って千里のところに国がある〟とも書いてあるのですよ。この女王国を邪馬台国だとすれば、邪馬台国は九州の東海岸であったということですから、真名さんの言われる大分地方とは合うということですね。
真名　それは、女王国を全体の国だとしても合うということだろ。
宮田　合いますね。
真名　本当にややこしいな。

宮田　ええ。まともに考えると頭がおかしくなってしまうほどですが……私も、倭人条を書いた人は女王国という言葉をしっかりとは把握していなかったと思いますね。ですから、曖昧になってしまったという考え方ですよ。

真名　書いている本人がよく分かっていないのだな。

宮田　有り得るというより当然起こり得ることですよね。……ですから、真名さんの言われるように、女王国以北の国という言葉は間違いで、この女王国以北の国というのは、女王国の北方にある対馬、一支、末盧、伊都、奴、不弥の六ヵ国を指しているのであり、しかも、女王の都とする邪馬台国までは一ヵ月もかかると言っているのですから、この六ヵ国に邪馬台国が近いはずがないのですよ。

真名　そうだよ。

宮田　それなのに女王国以北と書いたのは、『魏志』の作者が便宜的に用いたのであって、正確には女王国の北方に位置する国ということではないのかということですね。

真名　うん。

宮田　これらと同じような女王国の用いかたで、〝女王国以北に一大卒を置き、諸国を検察する〟というように倭人条は書いているのですが、この場合でも、女王国以北を前の六ヵ国だとしてもおかしくはありませんね。

真名　そういうことだよ。

宮田　本当に……。タイムマシンでもあれば、書いた人に聞きたいくらいですよ。

真名　タイムマシン？……そんなもの本当に可能なのか。

宮田　いえ、不可能だと思いますよ。相対性理論を夢想的に解釈しているのと違いますか。
真名　人間は利口だけれども、夢にすがっちゃいけないよ。
宮田　（笑）それはともかく……この女王国以北に重要な意味を持たせている人が多いのですよ。それはおそらく、邪馬台国が筑紫という大きな平野にあったほうが、『魏志』のいう邪馬台国は戸数七万戸という数字に合うということでしょうね。
真名　農業か？
宮田　ええ……大分平野では小さいですからね。
真名　まだ弥生時代のことだろ。
宮田　終末期ですけれどね。
真名　ほんとうに農業が中心になったのは、もっと後からじゃないのか。
宮田　……。
真名　宮崎にだって大きな平野があるのに、弥生の遺跡が小さいとか言っていたじゃないか。
宮田　ええ……最近、南九州で縄文時代の大きな遺跡が見つかったとかの話はありますが、宮崎の弥生時代の遺跡は小さいのですよ。
真名　それに、戸数が七万戸では人口にすれば二十万は下らないだろう。弥生時代の総人口は六十万とか言っていただろ。
宮田　そうですね。倭人条の戸数は信用できないとはよく言われていますし、倭人条では倭国を農業国家というより、集落国家というような描き方をしていますからね。

真名　大分ではおかしいのか？

宮田　いえ……真名さんの言われる農業国家に囚われないという見方は、一理も二理もあります。

真名　大分が邪馬台国だよ。

宮田　邪馬台国はそうとうに広い地域で、しかも政治の中心というより、単に女王の住んでいた国というようには考えられるのですが……。

真名　記紀とかには、邪馬台国のことは書いてないのか。

宮田　九州の邪馬台国としては、記紀ではまったく書き留めていませんが、ただ、神武天皇が東征する時に、大分近くの豊予海峡で椎根津彦（シイネツヒコ）に水先案内をさせるのですが、この椎根津彦のことを倭国造の祖とは『日本書紀』では注釈していますね。

真名　ヤマトクニツクリか……そのままじゃないか。

宮田　いえ、この言葉だけでは無理ですよ。

真名　とにかく、俺は邪馬台国は大分だと聞いている。

宮田　そうですか……私も基点を伊都だと見ていますので、邪馬台国が九州の東海岸ではないのかと言われても不思議なことだとは思いませんが……。

真名　大分だよ。

宮田　しかし、基点の定め方からしても、様々な説ができているのですよ。投馬国までの水行二十日、邪馬台国までの水行十日、陸行一ヵ月の基点を、郡史の出発点でもある楽浪とする説がありますね。

真名　朝鮮半島のか？

宮田　ええ。出発点を楽浪にすれば、邪馬台国は北部九州に限定されますからね。
真名　朝鮮半島からでは、日本に陸行はできないじゃないか。
宮田　陸だけですと、朝鮮半島を横断してということなのでしょうが……。
真名　無理が通れば……理屈が引っ込む。
宮田　（笑）……確かに無理やりという感じがしますね。倭人条でも、楽浪から女王国までは一万二千里と書いてあるのですから、邪馬台国までの水行十日、陸行一ヵ月とは明らかに違うということですよね。この楽浪基点説というのは、邪馬台国を北九州に定めてから逆算しているように思えるのですが……。
真名　楽浪からなら楽浪からと書けるはずだ。
宮田　ええ……それに、基点のない読み方もありますね。楽浪からの里数旅程を棒読みにする説なのですよ。これが邪馬台国は畿内にあったとする説なのですよ。
真名　キナイ？
宮田　現在の奈良、大和地方ですよね。
真名　邪馬台国までは船で行けるのだろ？
宮田　ですから、邪馬台国畿内説では、不弥国から水行二十日で投馬国に着き、この場合の投馬国は現在の広島の鞆だとか吉備の玉島あたりだということですが、この投馬国から水行十日、陸行一ヵ月で奈良に着くということですね。
真名　奈良には港はないだろ。

宮田　ええ、船では行けませんし、だいいち、『魏志』の作者は伊都国までの道筋はきちっと書いているのですから、もし、後に書かれたのが邪馬台国までの道筋でしたら、伊都の場合と同じように邪馬台国に到着するという書き方をするはずなのですよ。

真名　ああ……あの伊都に到着とかの書き方だな。

宮田　そうです。それがなされていませんから、とても納得できませんね。この畿内説の棒読みも、やはり邪馬台国を大和地方に定めてからの説のように思えますね。私は邪馬台国畿内説はどうしても納得できないのですよ。

真名　……。

宮田　と言いますのは……第一に、倭人条の百余国とか二十数ヵ国というような国造りには、相当な国の歴史があったということなのですね。ところが考古学的に見ましても、奈良には北九州のような古い国造りの遺跡がありません。それに、奈良地方には三世紀になって大きな古墳が造られているのですが、邪馬台国を九州にしてしまいますと、この大きな古墳が説明できなくなるのですね。しかし、この古墳は邪馬台国とは関係ありませんよ。出雲や吉備の影響を受けた古墳ですからね。

真名　奈良は崇神だろ。

宮田　崇神天皇だけではないのですが……。そして、倭人条では〝倭地は海中州島の上にあり、周旋するには五千里ほど〟と書いていますから、これは九州のことですよね。この州島が日本列島のことならば二万里でも届かないでしょう。それに、周旋というのは周りを回ることではなく、巡り歩くという解釈もあるのですが、倭人条では倭地は海中州島の上ということですから、島ということなのですよね。

真名　島なら、周りを回るということだよな。

宮田　ええ、まだありますよ……〝女王国の東には海を渡って千里のところに国がある〟と倭人条では書いていますから、この女王国を奈良地方だとしてしまいますと、この文章が理解できなくなってしまいますね。また〝女王の南には侏儒国があり、東南には船で一年のところに裸国、黒歯国がある〟とも倭人条では書いていますね。この侏儒国、裸国、黒歯国というのは沖縄、フィリピン、オセアニア地方とも考えられますから、女王国が北九州ならば、方角がぴたりと合うということですね。

真名　どうして邪馬台国が奈良になるのだ？

宮田　この邪馬台国畿内説の始めは江戸時代なのだそうですが、それが中心的になったのは戦争前のことですから、記紀一辺倒であった時代と関係があると思いますよ。記紀を正しいものとしてしまいますと、邪馬台国は九州には有り得ませんからね。

真名　戦争前の記紀一辺倒なら分かるけれど……戦後は？

宮田　これはおそらく、考古学的にということなのでしょうね。騎馬民族説も影響しているかも知れませんが、古墳の中心が奈良地方だからなのでしょうか……邪馬台国と奈良を結び付けてしまえば簡単ですからね。

真名　大和と邪馬台国か……分かりやすいよな。

宮田　九州でも地名と結び付ける説があるのですが、それほど単純ではないと思いますよ。

真名　記紀とかには邪馬台国のことが書いてないというのは、どういう事なのだ。

宮田　『日本書紀』の作者は、『魏志』の倭人条を引用していますから、邪馬台国のことは知っていたはずですが、邪馬台国という文字は使用されていませんね。ただ、『日本書紀』では神功皇后として、卑弥呼のことを取り上げていると思うのですが、その事は後に話しますので……。

真名　知っているのに、知らん顔か……。

宮田　いいえ、神功皇后は九州とは強い関係があるように記紀では書いていますから、それなりに、ということなのですよ（笑）……。この邪馬台国の所在地を手っ取り早く見つけだすには、女王卑弥呼の墓を見つけだせばよいのですがね。

真名　墓？

宮田　倭人条には〝女王卑弥呼が死んで、径百歩ほどの塚を造り、奴婢が百人余り殉じた〟と書いてありますからね。

真名　古墳か？

宮田　三世紀の中頃ですから、時期的には微妙なところもあるのですが、古墳であるかどうかということは、古墳の定義の問題でもありますからね。古墳時代と名付けている以上は、古墳というのは前方後方墳あるいは前方後円墳であり、首長墳でもあるという定義は成立しますから、倭人条の書き方を正確なものだとすれば、卑弥呼の墓は単なる墳丘墓だとも言えるのですが……。

真名　墓は多いのだろ？

宮田　九州には墳丘墓は多いですよ。前方後円墳もあるのですが……ここのところは今のところ、はっきりとはしていませんね。

五　卑弥呼

宮田　卑弥呼といえば……。『魏志』の倭人条では、卑弥呼が女王であった時代を中心に書かれていますから、女王国と呼ばれているのですよ。

真名　卑弥呼は知っているよ。

宮田　その卑弥呼が女王になる前のこととして〝その国は元は男子の王を立てて七〇～八〇年、倭国が乱れて戦争になった〟と倭人条には書いてあるのです。

真名　ずっと前から国があったということだな。

宮田　百余国も含めて、そういうことですよね。この、いわゆる倭国の戦いが、西暦一七〇～一八〇年頃と言われていますから、その前に男子の王がいたということは、西暦の一〇〇年前後には、北九州がある程度統一されていたのでしょうね。

真名　百余国か。

宮田　いえ、百余国が統一されて二十何ヵ国になり、男子の王を立てたということでしょう。

真名　前には卑弥呼ではない王がいたということだ。

宮田　そうです。北九州を統一と言いますか、まとめたのは男子の王ということですね。そして、卑弥呼を女王として収まった倭国の戦いというのは、おそらく内乱の類いなのでしょう。

真名　どうして？

宮田　卑弥呼が収めた戦いではありませんね。卑弥呼を女王として収まった戦いだからですよ。

真名　ああ、そうか……跡目争いだな。

宮田　そういう可能性もあるでしょうし、国と国が反目し合っていたとか……。

真名　それにしても、どうして女王なのだろうな。

宮田　ほんとうに不思議ですよ。その訳はよく分からないのですが……倭人条では、卑弥呼のことを〝鬼道に事《つか》え能く衆を惑わす、年を取っても夫がいなかった〟と書いていますから、多くの人々は卑弥呼のことを祈祷師とか、呪術師のように決め付けていますが、祈祷師とか呪術師というのは、常識的には王様にはなれないはずですよ。

真名　王様に教える役目だ。

宮田　第三者的な立場でないと、呪術や祈祷はできないはずです。予想が外れれば権威にかかわってきますからね。

真名　信仰に近いからな。

宮田　そうなのですよ。ですから、衆を惑わし鬼道を事うというのは、宗教の教祖としては有り得ると思うのです。現代でも奇妙な宗教はありますからね……事実、その時代にも、中国には女の教祖を中心とした宗教があったのだそうです。ということから、『魏志』の作者あるいは郡史なのかも知れませんが、卑弥呼が女性であるということから、卑弥呼を宗教の教祖的に捉えているということですね。

真名　卑弥呼は王様だろ。
宮田　そうですよ。
真名　それなら、女の王様ということに中国が驚いているんだ。
宮田　ええ。一種の女性蔑視があると思いますね。それに倭人条では〝卑弥呼は女王になってから見たものが少なく、奴婢千人をかしずかせ、男子一人だけが居所に出入りする〟とも書いているのですが、これでは単なる象徴でしかあり得ませんからね。
真名　それにしても、どうして女王にしたのかなあ。
宮田　なんとなく、平和的な感じはするのですが……また、象徴ということでは、卑弥呼の跡を継いだ台与も十三歳であったと倭人条では書いていますね。
真名　十三歳では、お人形さんだな。
宮田　ですから、衆を惑わし鬼道を事うというのは、『魏志』の憶測にすぎないと思っているのですが……。
真名　卑弥呼は政治をしなかったのか？
宮田　ええ、倭人条では〝卑弥呼には弟がいて、助けて国を治める〟ということですから、卑弥呼の弟が実質的な権力者ということなのですね。
真名　摂政ということなのか？
宮田　だろうというのが、順当な考え方だと思うのですが……。
真名　うーん。

宮田　それから……。この卑弥呼の時代には、邪馬台国を含めて二十八ヵ国が連盟していたと思われるのですが、その国名がすべて『魏志』の倭人条には書いてあるのですよ。

真名　北九州なのか？

宮田　『魏志』の書いている国名が北九州地方の地名に当てはまれば、ほとんど邪馬台国の問題は解決するのですが、対馬、一支、末盧、伊都以外の国名が正確に当てはまらないのですよ。邪馬台国にしても、邪馬国はありますし、阿蘇に近い蘇奴国とか、京都郡に似ている好古都国などがあることはあるのですが……。

真名　合わないのか？

宮田　現在の地名とは違うようです。

真名　昔の地名もあるだろう。

宮田　地元の方々でもいろいろと調べてみえるようですが、誰もが納得できることではありませんね。

真名　『魏志』とかが滅茶苦茶を書いているということではないのだろ。

宮田　中国の当て字は、それほど正確なものではない、とは言われているのですが……。

真名　中国にとっては他人事だからな。

宮田　なにしろ、日本は東夷の国・野蛮な国としか見なされていなかったのですから、それほど熱心ではなかったようですね。それに、現在でも正確に分かっているのは対馬、一支の壱岐、末盧の松浦、伊都は糸島半島の前原ということですから、ここまでは楽浪からの使者が通った道筋ですので、正確に書くことができたのでしょうし、その他の国名は、『魏志』の作者か郡史の空想が混じっている可能性がありますよね。

真名　聞き覚えで書いている。

宮田　この国名には疑問もあるのですが、そのほかに女王に属していない狗奴という国のことも書いてありますね。

真名　クヌ？

宮田　クナとも読まれているようですが、これは記紀の熊襲のことではないのかと言われていますよね。

真名　……。

宮田　倭人条の中では〝女王が狗奴との戦いに困って楽浪郡に使者を出し、中国が狗奴を叱る〟というようなことが書いてありますから、この狗奴が熊襲であれば、北九州にいた邪馬台国の応神が東征した後に、熊襲征伐をしたのだとすれば記紀とも合うのですが、もし邪馬台国が奈良であったとすると、記紀の熊襲征伐が説明できなくなってしまいますよ。

真名　どうして？

宮田　熊襲は間違いなく南九州ですから、邪馬台国畿内説を取りますと、二世紀後半の倭国の戦いによって、日本が奈良の卑弥呼に統一されたと考えるか、狗奴が熊襲とは違うと考えるかのどちらかでしょうね。実際、狗奴を奈良の葛城の物部氏として説明している人もみえるのですが、無理なような気がします。

真名　クヌにクマか……。

宮田　狗奴というのは、熊本とか球磨に通じるところがありますし……この地方独特の弥生式土器があるそうですから……南九州の特殊な縄文時代と関係あるかも知れませんが、狗奴は南九州として間違いないと思います。だとしますと、邪馬台国畿内説では、畿内の卑弥呼によって本州が統一されていたという考え方になるのですが、それなら熊襲征伐ではなく九州征伐になるのですよ。

真名　卑弥呼の日本、本州統一ということか？

宮田　日本の学者さんは、はっきりとしたことを言わないのですが……ま、そういうことなのでしょうね。

真名　無理だろう。

宮田　ええ……まず不可能ですね。集落国家のような状態で大きな地域を治めることはできないでしょうし、考古学的にも、西暦の一〇〇年代・二世紀頃では、統一されたものがありませんよ。九州では墳墓群ですし、出雲の四隅突出墳、吉備は大きな墳丘墓、畿内ではあるいは古墳ができかかっていたかも知れませんが、すべてがばらばらなのですよ。四世紀後半の前方後円墳のような統一的な遺跡がありませんからね。

真名　だから、邪馬台国は奈良ではなかったと言いたいのだろ。

宮田　私は、邪馬台国が北九州にあったとして、応神天皇の東征ということなのですが、問題なのは、どの様にして卑弥呼から応神天皇につながったのかということなのですね。

真名　記紀とかには書いてないいか。

宮田　記紀は書いてはいないのですが……『日本書紀』の神功皇后のところでは、『魏志』の倭人条を引用して〞倭の女王が魏に朝貢し、魏の使者も日本にやって来た〟と載せていますし、神功皇后の和風名が気長足姫尊（オキナガタラシヒメノミコト）ですから、姫尊というのはよく使われる言葉なのですが、卑弥呼には通じるものがあると思いますね。それに、記紀でも神功皇后の子供が応神天皇ですし、神功皇后が九州で応神天皇を産んだという話は有名ですからね。

真名　卑弥呼の子供が応神なのか？

宮田　いえ。卑弥呼には夫もいませんし、応神天皇とは年代が百年以上も違いますよ。

真名　どういうことなのだ？

宮田　『日本書紀』によれば、神功皇后は西暦の二〇一年の即位ですし、その時に応神天皇を宇美で出産したことになっているのです。ところが、神功皇后は二六九年の崩御ですから、応神天皇はその年に即位して三一〇年の崩御ということなのですが、この年代のままでは応神天皇は百十歳まで生きたということになります。ほとんど不可能なことですね。

真名　嘘があるな。

宮田　ええ、この神功皇后のところでは、年代を倭人条の卑弥呼に合わせてはいるものの、神功皇后そのものは架空の人物だということですね。

真名　ちょっと待て……西暦に合わせたわけではないのだろ。

宮田　もちろんです。中国の史記は年代がはっきりしていますから、中国の年代に合わせているということですね。西暦の二〇一年の即位というのは偶然ですね。……この神功皇后が架空の人物ではないのかというのは、倭人条によれば卑弥呼は二四七年に死亡しているはずですし、次の台与も女王なのですが、『日本書紀』の神功皇后二六六年のところに、晋に倭の女王が貢献したという記事もあるのですよ。

実際の晋の年代は二八〇年なのですから、台与も女王ということで『日本書紀』では年代を神功皇后に合わせてあるだけなのですね。

真名　我田引水というやつだな。

宮田　ええ、史実を自分に都合のよいように利用しているだけなのですよ。それに、朝鮮半島出兵というのも、日本が統一された後の西暦三六〇年過ぎのことになるはずなのですが、この神功皇后のところに朝鮮半島出兵のことが載せてあるのですね。

真名　どうして？

宮田　これは応神天皇を九州生まれとするために、神功皇后が半島出兵を九州からしたように見せかけたということですし、神功皇后は奈良の生まれなのですが、初めは夫の仲哀天皇は山口とか北九州が中心ですし、三韓征伐の後に奈良に舞い戻ったということなのです。

真名　ふーん。

宮田　詳しくは後に説明しますが、これは不自然なのですよ。記紀の示す通りの日本武尊の孫・神功皇后の子供が応神天皇ならば、わざわざ妙な話をこしらえてまでも、応神天皇を九州生まれにする必要はないはずなのです。

真名　応神の九州生まれにこだわっているということだな。

宮田　その通りなのです。……記紀というのは、すべてが嘘ということではありませんが、神武天皇から仁徳天皇までは半神代とでも言いましょうか、事実を工作した架空の話となっているようですね。

真名　何かを意図しているのだな。

宮田　ええ……私は、応神天皇の東征の事実を隠し、神武天皇の東征にするための工作だと思っています。

真名　どうしてなのだ？

宮田　これが皇室の万世一系の思想とでも言いますか、皇族にとっては大変に重要なことなのですが、詳しくは後に言いますので……。

真名　……。

宮田　ここでは、卑弥呼から応神天皇にどのようにして繋がったのかということなのですが、真名さんは何か知っていませんか？

真名　応神が筑紫生まれだとは聞いている。

宮田　『日本書紀』でも、応神天皇は蚊田の生れとなっていますね……神功皇后のところでは宇美でしたが……この蚊田という場所は、前原にあるとか、福岡の小郡にあるとかの話なのですが、いずれにしても北九州なのですよ。応神天皇が生まれた場所が北九州だとすれば、邪馬台国が大分であれどこであれ、応神天皇の生まれる頃には、邪馬台国が北九州を掌握して、福岡近くに都を移していたということになるのですが……。

真名　邪馬台が国をまとめたということか？

宮田　その可能性は高いと思いますが……なにしろ、この三〇〇年代の初め頃の資料がほとんどないのですよ。中国でも国が分裂してしまいましたからね。ただ、この頃の朝鮮半島では、高句麗が西暦三一三年に楽浪郡を陥れていますから、いわば、大変な変革の時代なのですよ。その影響があったとは十分に考えられることなのです。

真名　記紀とかでは、どうなっている。

宮田　記紀では、神武天皇が東征したということですから、神功皇后や応神天皇は奈良の人で神武天皇の直系となっているのですね。応神天皇は九州生まれとはなっていますが、九州で生まれたというだけのことなのですよ。

真名　なぜ、九州生まれにしたのか、ということだな。

宮田　ええ……。実際には応神天皇は卑弥呼の直系で、九州の王様であったということを、記紀が暗示しているような気がするのですが。

真名　応神は神功の子供で、神功は?……。

宮田　日本武尊の子供の仲哀天皇が神功皇后の夫ですから、応神天皇は日本武尊の孫ということですね。

真名　ということは……日本武尊もおかしいということか?

宮田　ええ……。日本武尊、仲哀天皇、神功皇后が架空の人物だということですね。

真名　日本武尊は天皇にはなっていないよな。

宮田　景行天皇の子供が日本武尊なのですが、この日本武尊こそ、神武系統を応神天皇につなぐための架空の人物だということですね。

真名　日本武尊は大英雄だろ。

宮田　記紀の中では最も目立つ人物ですし、日本では最も有名な英雄ですよね。

真名　それが架空では困るな。

宮田　困るから、架空ではないとは……。

真名　武尊は作り話か……。

宮田　単純な作り話ではなく、モデルはあると思うのですが……すべては、神武天皇の東征から始まっているとは思いますが、それは後のこととして……この四世紀の初め頃には、九州北部では邪馬台国、つまりヤマトが一つの国になったのではないかということと、都が福岡近くではなかったのかということなのですが、ほとんど、その内容は分からないですね。

六　出雲王朝

宮田　ここまでは、北九州の話が中心でしたが、朝鮮半島からやって来た別の系統の人々が国造りをしていますよね。

真名　出雲だろ。

宮田　出雲だけですか？

真名　出雲に来て、吉備に神武が移り、それから奈良に崇神が出たと……。

宮田　記紀でも神代の話として、出雲のことが記されているのですよ。神代前半の天上の話はともかく、天照大神（アマテラスオオミカミ）は女の神様なのですが、天照大神の弟の素戔嗚尊（スサノオノミコト）が、出雲に降り立つという話なのですよ。その降り立った場所が『日本書紀』にはいろいろと記されているのですね。

真名　いろいろ？

宮田　ええ、『古事記』のほうでは一つの話としてまとめてあるのですが、『日本書紀』では多くの説があるとして並べて書いてあるのですよ。

真名　いろいろなうわさ話があるということか……。

宮田　そうです。『古事記』によりますと、素戔嗚尊が天上から降り立った場所は、出雲の肥の河上ですから、現在の斐伊川の上流ということですね。『日本書紀』にも、この簸の川のことも書いてあるのですが、別の説として、安芸国の可愛《え》の川上だとも書いているのですよ。そして別の話として、諸行が悪くて神々によって天上を追放された素戔嗚尊が、新羅の曾戸茂利……現在のソウルだとも言われているのですが、……この曾戸茂利に降りた素戔嗚尊は〝この国は私がいるのを欲していない〟と言って埴土の船をつくり、東の海を渡って出雲の簸の川にやって来たのだ、という話も載せているのです。

真名　そうだろう。朝鮮半島から来たと聞いている。

宮田　神話では天上から降り立つという表現になっているのですが、実際には、朝鮮半島の王様が祖国を追放されたか、あるいは新しい国を求めて日本にやって来たのではないのかということですね。もちろん、兵隊を連れて来たのでしょうが。

真名　そういうことだよ。

宮田　ええ、朝鮮半島からだと思いますよ。と言いますのは、広島県の三次市を中心として、四隅突出墳という墳丘墓が発掘されているのですよ。この三次市というのは江の川・可愛川の上流にある盆地ですから、日本書紀にある可愛《え》の川上ということですよね。

真名　……。

宮田　この四隅突出墳というのは、江の川の上流域と出雲、鳥取にかけて造られている、この地方独特の墳丘墓なのですよ。しかも、江の川上流にある四隅突出墳というのは、大変に古くて、弥生時代の中期後葉の時代だとも言われていますから、西暦の初めという年代に相当するのですね。

真名　その四隅とかは朝鮮からなのか？

宮田　そうです。朝鮮半島でも同じ型の墓があると、テレビで放映されていましたね。ただ、詳しいことはこれからのことでしょうが、それが発見された場所が鴨緑江の上流とかいうことですから、現在では北朝鮮なのですが、その時代には……。

真名　高句麗か。

宮田　いえ、もっと上になるでしょう。ずいぶん遠くから来ているということなのか……私にはよく分からないのですが……。

真名　騎馬民族説か……。

宮田　ええ、近いのかも……。ともかく、彼等が朝鮮半島から来ているのは確かですから、時代としては西暦の初め・一世紀の中頃のことになるのでしょうね。ただ、彼等が最初にたどり着いたのは出雲ではなさそうですよ。四隅突出墳でみる限り、最も古いのは三次市や庄原市の江の川の上流ですからね。

真名　それは出雲にもあるのだろ。

宮田　出雲の四隅突出墳は、少し遅れて西暦の一〇〇年頃のものだそうですよ。つまり、初めは江の川の上流にたどり着いた人々が、そこで国造りを始めて、やがて出雲、鳥取地方に進出したということになりますね。

真名　記紀とも合うということか。

宮田　ええ、とくに『日本書紀』の記述なのですが、ここでは出雲のことが神代のこととして書かれていますから、その信憑性が疑われている面があるのですが、四隅突出墳からしても素戔鳴尊の話はでたらめなことではありませんね。それに、素戔嗚尊といえば神話伝説としての大蛇退治が有名なのですが、これは山賊退治か集落間の戦いを寓話化したものでしょうし、土地の娘の奇稲田姫（クシイナダヒメ）を妻にしたということは土着したということですからね。

真名　本州のほうには国はなかったか……。

宮田　なかったと思いますね。国があれば簡単には侵攻できませんし、後の国の広がり方からしても、素戔嗚尊たちは相当な兵隊を連れて来たと想像できるのです。それに、このころの朝鮮半島でも前漢が真番郡を手放し、南朝鮮には辰韓、弁韓、馬韓というような国が出現したと言われていますから、半島でも相当な混乱があったと思えるのですよ。

真名　それにしても、どうして川の上流なのかな。

宮田　江の川の下流には平野が少ないのですが……川を溯ったということですよね。

真名　九州でもよかったのと違うか。

宮田　すでに北九州には国があったとすれば、上陸できなかったということは考えられますが……いずれにしても、江の川の上流というのは偶然に近いと思いますが……。

真名　他には考えられないのか。

宮田　朝鮮半島から来たとすれば、まず江の川を溯っていますね。江の川に沿って四隅突出墳があるからなのですよ。

真名　そういう話は、外国の本には書いてないのか。

宮田　書いてあればよいのですが……ただ、朝鮮半島の『三国史記』の高句麗本紀の最初のところには、扶桑国の宰相阿蘭佛（アランフツ）が王様の解夫婁（カイフル）に、東海の海浜に、伽葉原《かしょうげん》というところがあり、そこを都とするとよいと進言して、王様は伽葉原に都を移し、国の名を東夫余としたと記されているのですね。この伽葉原は橿原とも読めるのですよ。

真名　かしはら？

宮田　伽葉原と橿原というのは、単なる語源的な同一性にすぎないとも言われていますし、東夫余というのは鴨緑江上流とも言われていますから、橿原と伽葉原を結び付けることは難しいのでしょうが、前にも言いました、四隅突出墳のことでは奇妙な一致もあるのですよね……。

真名　関係ないことなのか。

宮田　いえ、これは朝鮮半島の歴史そのものですから、私にはよく分からないのですよ。何か日本と関係あるようにも思えるのですが……。

真名　誰かが日本に来た、ということの暗示か……。

宮田　ほかにも、同じ『三国史記』の新羅本紀では、倭の兵士が新羅を攻めたというように書き記してあるのですね。

真名　日本が攻めた？……弥生時代のことだろ。

宮田　ええ、ほんとうに新羅本紀には倭兵が攻めたと書いてあるのですよ。いかに北九州に国ができていたとしても、百余国というような状態では、とても外国に兵士を送るような力はないのでしょうが……この事は、後の朝鮮半島出兵のところで言いますので……。

真名　出兵か……。

宮田　この江の川上流の三次、庄原、鏡野、千代田というようなところでは、古い時代の四隅突出墳が発掘されていますから、江の川上流に素戔鳴尊（スサノオノミコト）が君臨したということでしょうかね。

真名　出雲とは違うのか？

宮田　出雲にもスサノオ伝説は多いそうですが、これは記紀の書かれた後にできた話だと思いますし、出雲に進出したのは、おそらく素戔鳴尊の子の大国主尊（オオクニヌシノミコト）だと思いますね。この大国主尊は、大己貴命（オオナムチノミコト）とか大物主命、八千矛神、葦原醜男というような名前で呼ばれて、素戔鳴尊の五、六代後だとも書いてあるのですが、記紀の中でも、出雲と大国主尊とは大変にかかわり深く記されていますからね。

真名　出雲の神様なのだろ。

宮田　そうですよね。ですから、出雲に進出したのは大国主尊となるのでしょう。

真名　それが一〇〇年頃か。

宮田　四隅突出墳からすると、そうなるのですが……。問題は、この四隅突出墳というのが、どのような墳墓であるのかということですね。私は、この四隅突出墳こそ日本の古墳の原形だと思っているのですよ。四隅突出墳というのは弥生時代の集合墳でもありませんし、後の時代の首長墳とまではゆかなくとも、それに近い支配階級の墳丘墓ではないのかということなのです。

真名　……。

宮田　この四隅突出墳の発掘の歴史は浅いのですが、四隅突出墳の何よりも特徴的な事は、時代的な変化が明確であるということなのです。時代に沿って段々と大きくなっているということなのですよ。これは明らかに国の発展、成長に結び付いていると思いますから、朝鮮半島からやって来た集団が、徐々に大きくなって出雲や鳥取に進出したということですね。

真名　神話とも合うということなのか。

宮田　そうなのですよ。

真名　それで……出雲に出た大国主はどうなったのだ。

宮田　それが……記紀では実に奇妙なことが書いてあるのです。……天上の天照大神が〝豊葦原中国はわが子が王となる国である〟と言って、天稚彦（アマワカヒコ）に大国主尊を討伐するように命じたり、経津主神（フツヌシノカミ）や武甕槌神（タケミカズチノカミ）を使者として大国主尊を説得し、国をわが子に譲らせるということになっているのですね。天照大神の孫か子が、日向の高千穂の峰に降りた天津彦火瓊瓊杵尊（アマツヒコホノニニギノミコト）なのですが、この尊が後の皇孫となり神武天皇につながるということですから、大国主尊は国を譲って天皇にはならなかったということですね。

真名　だから、神様にか……。

宮田　この神代の話をそのままに信じることはできないのですが、後の崇神天皇のところでは、奈良の崇神天皇が、出雲の国から神宝を譲り受けて、大国主尊を神様として祀るという話があるのですよ。

真名　どういうことなのだ。

宮田　問題は、天津彦火瓊瓊杵尊（アマツヒコホノニニギノミコト）のことなのですが、神武天皇が九州から東征したことにするためには、皇孫を九州に降ろす必要があったということですね。それに、記紀では天照大神が孫……わが子という言い方もされているのですが……孫のために大国主尊に国を譲らせたことになっているのですが、実際には、神武天皇は九州から東征したのではなく、吉備にいたのではないのかということです。

真名　そういうことだろ。

宮田　だとすれば、日向に降りた天津彦火瓊瓊杵尊のことはまったくの作り話となり、大国主尊は出雲に、神武天皇は吉備にそれぞれの国があったということになりますね。吉備の大きな墳丘墓も出雲の四隅突出墳と時代が重なりますから、考古学的にも説明できると思うのですよ。

真名　崇神天皇が奈良に移った後に、出雲から神宝とかを譲り受けて出雲を神にした、ということか。

宮田　そういうことですね。大国主尊の国譲りの神話は、後の崇神天皇の時代にあったことを神代に移しての物語としているのですよ。

真名　ややこしいことをしているなあ。

宮田　これは天津彦火瓊瓊杵尊の話を作るためなのですが、記紀全般に言えることとして、重複的な記述があるということでもありますね。

真名　出雲から、神武天皇は来ているとか聞いているが……。

宮田　ええ、そのような話はあります。古事記では大国主尊の子供として味耜高彦根神（アジスキタヒコネノカミ）というのが記されていまして、彼には加毛大御神（カモノオオミカミ）というような最高の敬語が使われているというのですが。

真名　神様か。

宮田　私も、これが神武天皇ではないかと思ったのですが……。
真名　神武は出雲とは違うのか？
宮田　このことは後から言いますが、神武天皇は九州のほうから来ているようですよ。
真名　東征なのか？
宮田　いえ、東征ではないのですが……。

七　神武天皇（吉備王朝）

宮田　記紀では、この神武天皇が吾田、日向から、東征に出発したことになっているのですが、何度も言っていますように、九州では鹿児島、宮崎地方は最も遅れていたところですから、『日本書紀』の紀元前六六七年はともかく、それが西暦に入ってからだとしても、神武天皇が吾田にいたということは有り得ません……ただ、神武天皇は狗奴の熊襲の出身だという説もあることはあるのですが……当然、奈良への東征も神武天皇ではないということですね。

真名　記紀とかは、どうして神武天皇の東征にこだわっているのだ。

宮田　東征して奈良に行ったことこそ、天皇の始まりとしているからなのですよ。つまり、九州から東征したということは奈良の政府を倒して実権を奪ったことですから、倒された政府はそこで瓦解してしまうということになりますね。実際、記紀でも奈良を治めていた饒速日命（ニギハヤヒノミコト）が、九州から東征した神武天皇に帰順したことになっているのですが、饒速日命は天皇の臣下の家系になってしまったのですよ。

真名　家系か……。

宮田　神武天皇の東征が皇室の始まりということですから、もし、神武以後に東征があったとしたなら、それまでの神武系が天皇の家系から外れてしまうということになりますね。
真名　だから、応神の東征ではいけないということなのか。
宮田　ええ、応神の東征が事実なら困るわけなのです。それが事実であるからこそ、記紀では神武天皇を九州生まれとして、応神天皇の東征を神武天皇がしたように話を作り変え、神武系統を応神天皇につなぐために、様々な架空の人物をこしらえたのは、すべて、皇室を神武天皇からの万世一系にするためでもあったのですね。
真名　神武は吉備なのだろ。
宮田　決定的な証拠ではないのですが……。記紀とも年代的に合いますし、吉備には西暦一五〇年頃からの大きな墳丘墓がありますからね。この吉備の墳丘墓が古墳に発展したとも言われているのです。ただ、私も初めは神武天皇が出雲から吉備に進出したと思ったのですが、吉備には出雲のような四隅突出墳は造られていないのですよ。
真名　……。
宮田　ところが、出雲の遺跡からは特殊壺や特殊器台が見つかっているのですが、吉備の遺跡からも特殊壺や特殊器台が発掘されているのですから、出雲と吉備の間には何らかの関係があったということですね。
真名　……。
宮田　しかし、ここで問題となることがあるのですよ。九州にも小さいものなのですが墳丘墓があるのですが、この墳丘墓の特徴は副葬品が豊富だということなのですね。特に銅鏡は有名なのですが、この銅鏡が吉備の古墳からは見つかっているのです。

真名　九州か……。

宮田　ええ、これは吉備が九州の影響を受けたか、あるいは、吉備は九州系の人々によって国造りをされていたとも考えられるのですよ。

真名　四隅とかに銅鏡はないのか。

宮田　初期の四隅突出墳にはまったくないようですね。ただ、後半の四隅突出墳では銅鏡が見つかっています。

真名　どういうことなのだ。

宮田　記紀によりますと、神武天皇の皇后は、大国主尊・事代主命の娘である媛蹈鞴五十鈴媛命（ヒメタタライスズヒメノミコト）ですから、出雲の人だということですね。つまり、九州から来た神武天皇が、出雲の大国主尊の娘を皇后としたのではないのかということなのですよ。

真名　九州は女王か？

宮田　いえ、倭人条の女王国の話はもっと後のことですから、多分、西暦一〇〇年頃の戦いによって追われたか、東に進出した人々が、瀬戸内沿いに吉備にたどり着いたのではないのかということなのですし、あるいは熊襲が来たとも……。

真名　九州からなのか……。

宮田　ええ。吉備で九州と出雲が融合しているということなのですよ。

真名　ああ……。

宮田　これは考古学的にも証拠らしいものはあるのですが……。
真名　吉備の墓か。
宮田　それも理由の一つなのですが、吉備の墳丘墓というのは岡山市、倉敷市、総社市にあるのですが、数は多くありませんね。
真名　その墳丘墓というのは吉備だけなのか。
宮田　四隅突出墳も墳丘墓ですし、九州の弥生墳墓群にも墳丘墓はあるのですが、大きなものは吉備だけでしょうね。これは古墳だと言う人もいるくらいですから……。
真名　その吉備の墓の中から神武の墓を見つければ……ということだろ。
宮田　それが特定できればよいのですが、文字はまだ使われてはいませんでしたからね。
真名　無理か……。
宮田　私は、この吉備の墳丘墓から後の前方後円墳に、奈良で発達したと思っているのですが、ただ、前方後方墳の影響もありますね……。この古墳というのは、様々な時代区分の方法があるのですが、大雑把に言いますと、前期古墳時代と後期古墳時代に分けることができますね。前期古墳というのは、四世紀の中頃・三五〇年頃以前に造られたものを指しますし、本格的な古墳時代というのは、四世紀中頃以後のことなのですね。
真名　……。
宮田　前期古墳というのは数そのものが少ないのですが、吉備地方にだけは数多くあるのですよ。
真名　大きな国があったということだろ。

宮田　私もそう思っています。この吉備の古墳が吉井川、高梁川、旭川という吉備平野に集中しているということは、本格的な農業国家になりつつあったのではないのか……農業の発達には優秀な農機具や、農業技術が不可欠なのですが、それをもたらしたのが出雲系の人々であったとは、十分に考えられることですし、出雲地方には鉄にまつわる話が多いですからね。

真名　九州より早いのか！

宮田　いえ、鉄器は九州のほうが早いはずですが、農業に関しては出雲吉備のほうが進んでいたとも考えられるということなのです。

真名　大国主が三次から出雲へ移ったのは、平野があったからだ。

宮田　それから……。吉備にあったと思われる国の名前のことなのですが、『魏志』の倭人条には〟伊都から南に水行二十日のところに投馬国がある〝というように記されているのですが……真名さんは何か国名を聞いたことがありませんかね。

真名　タマとかタジマとか。

宮田　たま国ですか……この投げる馬と書く投馬というのは中国側の当て字なのですが、読み方としてはツマ、トウマ、ツバというように読まれていますね。タマとも読めなくはありませんよね。

真名　タジマと違うのか。

宮田　但馬は現在でも但馬ですからね……。タマというのは、吉備にも玉野という地名がありますし、記紀には玉依姫（タマヨリヒメ）、豊玉姫（トヨタマヒメ）、太玉命（フトダマノミコト）というように、玉を使った人名も多いのですよ。

真名　人名か……。

宮田　そう言えば、三代目の天皇の安寧天皇の和風名は、磯城津彦玉手看尊（シキツヒコタマテミノミコト）ということなのですが……。

真名　磯城というのは奈良だろ。

宮田　そうですね。記紀では神武以後が奈良ですから……。もっとも、神武天皇から綏靖《すいぜい》、安寧《あんねい》、懿徳《いとく》、孝昭、孝安、孝霊、孝元、開化というような天皇は、実在さえも疑われているようなものですから、これらの天皇が吉備の王様であったとしても、記紀が書かれた時代にそれ程の資料が残っていたとは思えないのです。その証拠に、これら天皇の和風名には、ミミ、ヒコ、タマ、ミマというような、『魏志』の倭人条を参考にしたとも思えるような名前が付けられていますからね。

真名　記紀では奈良か……。

宮田　これらの天皇は奈良の橿原、葛城あたりを宮としていますね。

真名　神武の東征だからだろ。

宮田　ええ……。その神武天皇の東征のことなのですが、記紀には東征の内容がある程度書いてあるのですよ。五瀬命（イツセノミコト）の死とか、兄猾（エウカシ）、弟猾（オトウカシ）の事、兄磯城（エシキ）、弟磯城（オトシキ）の話や、それに長髄彦（ナガスネヒコ）と饒速日命（ニギハヤヒノミコト）のことなどですが、これらはすべて東征の内容・戦争の方法ということなのです。国を治めるということは、いかに統治したのかということでもあるのですから、戦いの内容だけが記されているのは不可解なことですよね。実際、崇神天皇以後の場合には統治の内容が十分に記されているのですよ。

真名　作り話だろ。

宮田　いえ、神武天皇が東征したのではないとしても、例えば、これを応神天皇だとすれば、戦いがすべて作り話であるとは思えないところがあるのです。

真名　……。

宮田　それはともかく、ここでは問題が二つあるのですよ。一つは吉備は倭人条に載っている投馬国ではないのかということと、神武天皇が吉備の王様であったのかどうかということですね。

真名　確定はできないのだろ。

宮田　ええ……記紀にはまったく書いてないことなのですからね……それに投馬国の所在地にしても様々な説が生じているのです。例えば、投馬国は出雲だとか、薩摩半島、宮崎、四国だと言う人もいますよね。しかし、『魏志』の倭人条では〝投馬国までは伊都から南に水行二十日〟とだけ記されているのですから、素直にとれば九州ではないということですし、大分を邪馬台国だとした場合にも、吉備は同じ南方向ですから、吉備が投馬国である可能性は非常に高いですね。何より、吉備の古墳からしてもここに大きな国があったのは確かなことですから。

真名　記紀には、吉備のことはないのだな。

宮田　ええ……記紀は、初めから神武天皇の東征としてしまいましたから、北九州や吉備のことは、まったく書けなくなってしまったのですよ。

真名　消し去られたか……。

宮田　神武天皇にしても、記紀からでは彼が吉備の王様であったという痕跡はほとんどないのですが……ただ、神武天皇が東征する時に、吉備で三年間戦さの用意をしたと書いてありますから、これは神武天皇が吉備と何らかの関係があったということも考えられますし、これが応神天皇の東征ならば、吉備との戦いであったという説もうなずけるのですよ。

真名　……。

宮田　それから……『日本書紀』では、神武天皇が即位した時のこととして奇妙な事が書いてあるのです。神武天皇が国政を始めた日に、大伴氏が〝諷歌倒語を使って災いを取り払った〟というように記してあるのですよ。

真名　そえうたさかしま？

宮田　ええ、密命を受けたとも書いてありますから、スパイのことだとも思えるのですが、諷歌倒語というのは何かを隠して言うことでもあるそうですから、穿った見方になるかも知れませんが、『日本書紀』の作者が、応神天皇の東征を隠して神武天皇が東征したようにして、後の災いを取り払ったというようにも……。

真名　書いた人は知っていたということか。

宮田　恐らく……。

真名　万世一系か。

宮田　ええ。私は強い観念が働いていると思っているのですがね……。それから、何度も言っていますように、九州南部には弥生時代の大きな遺跡がありませんから、神武天皇が鹿児島から出発したとは考えられませんね。しかし、ある説では、天津彦火瓊瓊杵尊（アマツヒコホノニニギノミコト）の話は北九州での話だともしていますが、地理的に問題がありますし、記紀では、出発点を明らかに南九州としているのですからね。

真名　……。

宮田　そして記紀では、東征の後、神武天皇は橿原に落ち着いたことになっているのですが、橿原付近にはそれ程の古い遺跡は少ないのですよ。奈良では三世紀頃になって古墳が生じたということだそうですが、それは橿原近くではあっても、橿原ではないのですよ。

真名　橿原には神武陵があるだろ。

宮田　さあ……調べていないので何とも言えないのですが、何か古い土器が見つかっているとかですから、古い墓を神武天皇の墓としたのではないでしょうか。この時代なら墳墓群なのですが……なにしろ宮内庁の管轄ですから……。

真名　あの神武陵が神武天皇の墓でないのなら、神武は吉備だな。

宮田　……？

真名　だって、神武が橿原ではないということになると、神武の居場所がないじゃないか。

宮田　ああ、そうですね……出雲の大国主、纏向《まきむく》は崇神天皇、応神天皇の橿原ということですから、残された史跡でしかも西暦の一〇〇年代ということになりますと、吉備でしかなくなるでしょうね。

真名　うん。

宮田　それから……これも考古学的なことなのですが、九州から瀬戸内にかけて、弥生時代中期から後期の高地性集落の遺跡が山頂付近で見つかっているのですよ。集落といっても、何百人もの人々が住み着いていたのではなく、いわば見張り役の人々が、山頂近くに住んでいたということだそうです。高地性集落は後の戦国時代にもあるそうですから、これは明らかに何かを見張っていたということでしょう。

真名　何を？

宮田　それが問題なのですよ。乱世の時代ならば、お互いの国を見張っていることはあるのでしょうが、弥生時代での集落間の戦いではそれ程のことはしないでしょうし、でも、何らかの危険に晒されていたということですよね。

真名　戦争だよな。

宮田　ええ……記紀では土蜘蛛を征伐するという話は多いのですが、このような盗賊を見張っていたのならもっと恒常的なものになるでしょうし、だいいち、高地性集落というのは瀬戸内が主体ですし、弥生後期に出現してすぐに消えてしまったということですからね。それに、山頂からでは盗賊の類いを見つけ出せないでしょうしね。

真名　すると、その高地性とかはどういうことになるのだ。

宮田　この高地性集落が見張っていたのは、彼等の土地に侵入しようとしていた人々ではないのかということなのです。吉備の場合でしたら、九州からやって来た人々がいたということですし、畿内ならば、それが東進したということですよね。

真名　戦いか。

宮田　発達した集落ならば、ある程度の武器を備えていたとも言われていますし、集落の人々が抵抗したことは十分に考えられますよ。

真名　だから、見張り役か……。

宮田　だとすれば、高地性集落の必要性と、それがすぐに消えてしまったというのは、侵入者の武力に屈したということですから、理屈としては合ってくるのですよ。

真名　しかし、その高地性とかも九州からだろ。

宮田　もともとが九州の高地性集落だそうですが、どうして九州に高地性集落が出現したのかということは、百余国が西暦の一〇〇年頃に統一の王を立てたということですから、それ以前にはお互いが戦っていたということではないでしょうか。だとすれば、北九州から高地性集落が発生したとしても不思議なことではありませんからね。

真名　それが広がったのか……。

宮田　ええ。邪馬台国から分かれた国が、瀬戸内沿いに畿内へ広がったとすれば、高地性集落の遺跡の波動と一致してくるのですよ。

真名　うーん。

宮田　ただ、この高地性集落を倭人条の一八〇年頃の倭の大乱と結び付ける説があるのですが、この戦いは卑弥呼を立てて収まった戦いですから、前にも言いましたが、内乱の類いだと思いますから、高地性集落というのは必要ないものでしょうね。

真名　倭の大乱が近畿地方なのか？

宮田　邪馬台国が畿内にあったということなのですよ。

真名　卑弥呼が統一したということなのか。

宮田　その様に考えるのでしょうが、それならどうして九州瀬戸内のほうの高地性集落が早く出現して早く消えてしまったのでしょうかね。

真名　奈良からということなら反対だよなあ。

宮田　そうなのですよ。邪馬台国畿内説をとると、近畿地方から吉備に戦いが移ったということですから、九州から吉備、畿内に移った高地性集落とは反対になりますから、高地性集落の遺跡の存在は邪馬台国畿内説を否定してしまいますね。

真名　ああ……。

宮田　それから最後に、吉備には楯築様と言って地元の人々に大切にされた古い墓があるのだそうです。

真名　神武の墓か。

宮田　それは分かりませんが、とても古い墳丘墓だそうですよ。こういうようなことからしても、神武天皇というのは吉備に深い関係があり、しかも、出雲や九州ともつながる重要な人物だと思っているのですが……。

八　崇神天皇（奈良王朝）

宮田　次には……記紀では、神武天皇から綏靖、安寧、懿徳、孝昭、孝安、孝霊、孝元、開化天皇という八代天皇が続き、それから崇神天皇につながってゆくのですが、ここでも神武天皇の東征と矛盾することが多くありますね。

真名　吉備から奈良に移したのは崇神だろ。

宮田　ええ、私もそう思っているのですが、はっきりと言う人はほとんどいないですね。そこで、どうして奈良へ崇神が移ったのか、その理由を挙げてみますと……まず、神武天皇は始馭天下之天皇（ハツクニシラススメラミコト）という神武天皇と同じような称号が与えられていますから、崇神天皇はよほど重要な働きをしているのだと思いますよ。ですから、ここで崇神天皇が奈良に遷都したのだとすれば、この称号に相応しい業績だと思うのですよ。

真名　しかし、記紀とかには遷都のことは書いてないのだろ。

宮田　そうですよ。よく知っていますね。

真名　お前が、神武の東征東征と言っているじゃないか。

宮田　ああ……神武の九州からの東征で、神武天皇は橿原に都を置いたということですから、吉備からの遷都は有り得ないということになるのですよ。
真名　神武の東征か……。
宮田　それから……崇神天皇の宮は磯城なのですが、この辺りには突然のように大きな古墳が造られているのですよ。これがいわゆる前期古墳と言われるものなのです。それ以前にも奈良の同じ地方で前方後円墳が作られたようですが、この纏向、磯城あたりの古墳が重要な意味を持っているのです。
真名　……。
宮田　この奈良の古い古墳と吉備の墳墓には、よく似た点がいくつもあると言われているのです。まず、吉備や出雲、安芸では特殊壺や特殊器台が出土していると言いましたが、この土器が、吉備では特殊壺埴輪、特殊器台埴輪となって墓の副葬品となってゆくのです。これが埴輪の始まりだそうです。
真名　埴輪か……。
宮田　この吉備の特殊壺埴輪や特殊器台埴輪が、奈良の古い大きな古墳でも見つかっているのですよ。この埴輪は、二、三の例外はありますが、ほとんど吉備と奈良の古墳でしか見つかっていないのです。しかも、奈良の箸墓、中山大塚、西殿塚というような古墳は大変に大きなものですから、このような墓が突然のように造られたということは、重要な地位にあった人物が何処かからやって来たということではないでしょうか。だとすれば、それが崇神の遷都ではないのかと考えられるということですね。
真名　それは東征じゃないのか。
宮田　そのような説もあるのですよ。邪馬台国東遷説とか言うようですが……邪馬台国の神武天皇が、三世紀の末に九州から奈良に東征したということなのですね。しかし、神武天皇は橿原ということですから、同じ奈良でも、大きな古い古墳のある現在の平野市あたりから少しはずれていますし、吉備の古い古墳がほとんど説明できませんね。それに纏向の遺跡では環濠集落の上に別の集落の遺跡が見つかっているそうですから、これは明らかに新しく宮が造られたものであり、それ以前には国はなかったということになりますよね。国がなければ東征にはならないということなのですよ。何よりも、記紀では崇神天皇は纏向、磯城を宮にしたと、はっきりと書いていることなのです。

真名　神武では遅すぎるのだろ。

宮田　ええ。年代的なことは後から言うつもりですが……。それから、箸墓というのは前方後円墳の中でも、前方が三味線の撥のような形をしているのが特徴なのですが、この箸墓とそっくりな古墳が吉備には四つも五つもあるそうですよ。

真名　吉備の方が早いのか！

宮田　一説では箸墓がもっとも古い前方後円墳とか言われているのですが……。

真名　それならおかしいじゃないか。吉備から奈良へ移ったということなら……。

宮田　いえ、箸墓はもっとも古い前方後円墳ではなさそうですし、前方後円墳としては奈良地方のほうが早かったようです。これも、京都や滋賀の前方後方墳のほうがもっと早いような気もするのですが、それは今後の考古学によって明らかになるでしょう。問題は、むしろ計測の技術だと思うのですよ。

真名　ああ、計測か……運搬とかも……。

宮田　ええ、きちっと前方後円墳の形にするということなのですよね……。この他にも、吉備と奈良の古い古墳には相似点があるそうですから、吉備と奈良の間には強い関係があったということでしょう。
真名　年代的にはどうなる？
宮田　年代的にも、崇神天皇が奈良へ移ったと考えることがもっとも適当ですね。
真名　いつ頃のことだ？
宮田　崇神天皇の在位年代ということなのですが……その前に、大阪の摂津地方や、奈良にも古い古墳があるそうですから、崇神天皇が移る前から、吉備系の人々によって近畿地方にも国が開かれてはいたということでしょうね。
真名　神武はいつ頃だ。
宮田　神武天皇が吉備に落ち着いたのは、西暦一五〇年頃でしょうか、吉備の墳丘墓はその頃のものだと言われていますよ。だとしますと、八代天皇には名前からして疑わしいところがあるのですが、その後に崇神天皇が吉備から奈良に移ったのだとすれば、西暦二六〇～二八〇年頃ということになるでしょうか。
真名　記紀とかには年代が書いてないのか。
宮田　『日本書紀』では、崇神天皇の即位年が紀元前の九七年となっていますよ。これは明らかに間違っているのですが、崇神天皇の崩御年の干支が戊寅《つちのえとら》ですから、それが西暦の二五八年か三一八年に当たり、その頃を崇神天皇の即位年に当てはめる説がありますね。
真名　干支か……。
宮田　ただ……伝崇神陵が三六〇年ごろの古墳であるということと、在位年数のことなどから、九州の卑弥呼が天照大神であり、神武天皇が二七〇～二八〇年頃に東征したという説もあるのですが……。
真名 前に言っていたな。
宮田 ええ……しかし、この伝崇神陵が本当に崇神天皇の墓であるかどうかということには疑問がありますね。
真名 墓を調べても分からないのか。
宮田 まだ文字が使われていませんでしたから、誰の墓なのかはほとんど分からないそうですし、年代的にも大問題ですね。
真名 ……。
宮田 つい最近、女性の古墳が発掘されたと報道されていましたが、女性の古墳と言えば、記紀の崇神天皇のところには有名な箸墓のことが書いてあるのですよ。この箸墓は倭迹迹日百襲姫命（ヤマトトトヒモモソヒメノミコト）の墓だと書いてあるのですね。
真名 女の墓？
宮田 ええ、最近発掘された古墳は女性の特殊な古墳のようですが、箸墓はどうなのでしょうかね……。それはともかく、邪馬台国畿内説では、この倭迹迹日百襲姫命が『魏志』の倭人条でいう卑弥呼のことだと言うのですね。しかし、百襲姫命は崇神天皇から三代前の孝霊天皇の子供ですから、これを卑弥呼の年代に合わせますと、卑弥呼の死去は二五〇年頃のことですから、それ以前に崇神天皇は即位していたことになってしまうのですよ。
真名 そのトトト姫というのは天皇なのか？

宮田　いえ、天皇ではありません。

真名　卑弥呼は女王だろ。

宮田　そうです。

真名　それならおかしいだろ。

宮田　ええ……。『日本書紀』によりますと、この倭迹迹日百襲姫命というのは聡明でよく物事を予知されたと書いてあるのですが、このことが倭人条の言う〝卑弥呼が衆を惑わし、鬼道を事う〟ということと合致するということなのでしょうが、前にも言いましたように、卑弥呼は象徴的な要素の濃い女王ですから、単純にあてはめることはどうでしょうかね。

真名　うん。

宮田　それに、『日本書紀』のなかでも百襲姫命は大物主神という神様の妻ということなのです。このような物語は朝鮮神話や蒙古の神話にもあるそうですから、この百襲姫命の話は神様を称えるために作られた物語であり、卑弥呼の話とは次元の違うことだと思うのですよ。

真名　しかし、箸墓というのは大きな墓なのだろ。

宮田　ええ。でも、百襲姫命は神様の妻ということですから話が飛躍し過ぎていますし、陰《ほと》に箸を突き刺して死んだから箸墓だというのも神話的にさえなっていますよね。

真名　神様というのは出雲のことだろ。

宮田　ええ……。崇神天皇が大物主……大国主と同じと思いますが……大国主尊を祀るということは、双方の間に何らかの繋がりがあったということなのですよ。もし、神武天皇が九州から東征したということなら、出雲とは関係がないはずですから、神武系の崇神が出雲を祀ることはないと思うのです。

真名　神武と出雲の間に何か関係があったということなのだろ。

宮田　そうです。崇神天皇は出雲から神宝を奉られたということになっていますから、出雲は神宝を持っていたということなのですね。これでは出雲のほうが本家筋にもなりかねませんから、神武天皇が出雲から分かれて吉備に進出したとも考えられるのですが……。

真名　結婚じゃなかったのか。

宮田　ええ、『日本書紀』ではそうなのですが、出雲を神様として祀ったり、神宝をもらったりするということは、本家筋だと考えられなくもないということですね。

真名　出雲は今でも神様の古里と言われているのだからな。

宮田　ええ……。

真名　出雲とは戦争をしなかったのか？

宮田　いえ、神宝を奉る話のなかで、出雲の出雲振根（イズモノフルネ）が筑紫に行っている間に、振根の弟が崇神天皇に神宝を奉ってしまうのですが、怒った出雲振根が弟を殺してしまうのですよ。この出雲振根を、天皇が征伐したということになっているのです。これが出雲征伐だとも言えるのですが、結局、崇神天皇は大物主神を祀っていますからね。

真名　それは分家じゃないな。

宮田　そうですね……少し生臭いですかね。

真名　いずれにしても、神武の東征はなかったということだな。

宮田　まず、有り得ませんね。それに『日本書紀』の小さな記事なのですが、この崇神天皇のところで初めて船を造ったと書いてあるのですよ……確か、神武天皇の東征では船が使われたはずなのですが……この記事が正確かどうかは分からないとしても、吉備からの遷都なら船は必要不可欠なものではありませんからね。

真名　話がバラバラだな。

宮田　ええ、『日本書紀』は資料を寄せ集めているというところがありますね。それだけ、信憑性の高いものがあるということにもなるのですが。

真名　『古事記』は話がまとまっているとか言っていたな。

宮田　ええ、物語としては『古事記』のほうが読みやすいのですが、資料としては、『日本書紀』のほうが優れているのでしょうね。……それはともかく、このほかにも、崇神天皇のところには、四道将軍を派遣したと書いてあるのですが、四道というのは北陸、東海、西海、丹波のことなのです。これは明らかに奈良を中心とした地域ですから、九州の筑紫が入っていないのですよ。もし、神武天皇の東征が本当のことなら、とうぜん筑紫が入っているはずですよね。

真名　九州のことは書いてないいか。

宮田　出雲振根が筑紫に行ったようには書いていますから、九州に国があったのは間違いないでしょうが、次の垂仁天皇のところでも九州に関する記事はありませんね。

真名　東征はないか……。しかし、どうして記紀とかは神武の東征にこだわっているのだろうな。

宮田　やはり、万世一系ということなのですよ……。『日本書紀』というのは、西暦の七〇〇年頃に天皇家の人々によって編纂されたものですから……実際には、推古女帝の六〇〇年過ぎに書かれ始めているのです。邪馬台国の卑弥呼を中心として年代が創作されていますね。それはともかく……万世一系の崇高な天皇家にするためには、神武天皇以後に東征があっては不都合なのですよ。

真名　それを書いた人々の中にも、神武系統を祖先とする貴族がいたということか。

宮田　その通りですね。朝廷内だけではなく、地方の国造、県主としても、神武系の人々が派遣されていたはずですからね。

真名　天皇の系列と家臣の系列では、たいへんな違いだろうな。

宮田　家系そのものが地位にかかわってくるのですから、初代の神武天皇が東征したことにして、日本武尊や神功皇后という架空の人物を仕立てて、神武系を応神につないでいるということですね。

真名　しかし、本当に応神が東征したのなら、神武系統は残らないのと違うか？

宮田　それは後からも言いますが、応神天皇の東征が征服戦争ではなかったということでしょうね。『日本書紀』の神武天皇の東征でも、天皇と戦うという登美国の長髄彦（ナガスネヒコ）を、主人である饒速日命（ニギハヤヒノミコト）が殺して、天皇に帰順したということになっています。この場合は饒速日命は天皇の臣下になるのですが、応神天皇の場合には、和解に近い方法がとられて神武系統の人々も朝廷内に残ったということなのでしょう。

真名　神武の東征にしたから、崇神の遷都も書けなくなってしまったということか。

宮田　ええ、記紀では神武天皇が先に奈良に出ているのですから……。それから、このナラというのは朝鮮語で国を意味する言葉なのだそうですよ……『日本書紀』では語呂合わせをして〝ふみならす〟からきているとは書いていますが……それに、崇神天皇の和風名が御間城入彦五十瓊殖尊（ミマキイリビコイニエノミコト）ということなのですが、この御間《みま》というのも朝鮮語で王様のことなのだそうです。このような地名や名前をつけるのは、やはり祖先が朝鮮半島の出身だということでしょうね。

真名　崇神は朝鮮半島の王様か。

宮田　いえ、御間城入彦（ミマキイリビコ）という崇神天皇の和風名が、初めから付いていた名前だとは思えませんね。任那《みまな》は崇神天皇の名前から付けたと『日本書紀』では書いていますが、むしろ逆でしょう……『日本書紀』は後から書かれたものですからね……ただ、崇神天皇は朝鮮半島の王様であったという説もありますね。朝鮮半島の弁韓・後の任那のことなのですが、この弁韓の王様が崇神天皇であり、後に九州に進出して、その数代後の応神天皇が奈良の邪馬台国を制圧したということなのだそうですが……。

真名　騎馬何とかだろ。

宮田　ええ、騎馬民族説なのでしょうが……。しかし、この説をとりますと、記紀の記述とまったく合わなくなってしまうのですね。神武天皇や崇神天皇をでたらめだとしなければなりませんからね。考古学的にということでしょうか……。それに、西暦の三〇〇年頃では南朝鮮も一つの国として……高句麗、百済、新羅というような国は三〇〇年過ぎにできているのです……国として纏まっていなかったはずですし、朝鮮半島の『三国史記』にも何も載っていませんね。また、すでに日本では国ができていたはずですから、簡単に進出できたとは思えませんね。

真名　邪馬台国だろ。

宮田　ええ、九州には邪馬台国があったはずです。卑弥呼のことも『三国史記』には書いてあるのですから、この場合は、邪馬台国畿内説になるのでしょうね。もしそういうことがあったとしたなら、『魏志』の倭人条でも書けた時代だと思うのですがね。……それに、ナラとかミマというような朝鮮語系の言葉が使われたのは、朝鮮半島からやって来た人々が日本に土着したのだとすれば十分に説明できますからね。

真名　ミマナというのは王様の国か。

宮田　そういうことですね。

九　垂仁天皇

宮田　崇神天皇の次は垂仁天皇なのですが、『日本書紀』では、この垂仁天皇のところに天日槍（アマノヒヤリ）の話を載せていますね。天日槍というのは新羅の王子だったのですが、自分の国を弟に授けて日本にやって来たというのですよ……何だか素戔鳴尊（スサノオノミコト）の話とも似ているのですが……この天日槍は但馬国に住み、土地の娘と結婚して但馬諸助を生み、清彦、田島守と続くのですが、ここにも神宝の話がありますね。

真名　……。

宮田　この田島守が垂仁天皇の求めに応じて、非時《ときじく》の香菓《かぐのみ》を探し当てて戻ったのですが、その時には、すでに垂仁天皇が亡くなっており、田島守も嘆き悲しみながら死んでしまうというような物語なのです。

真名　……。

宮田　この天日槍の話は、『古事記』のほうでも天之日矛（アマノヒホコ）の話として応神天皇のところに載っているのですよ。そこでは、昔々の話として、朝鮮半島の卵生……神話・卵から人が生まれたという神話なのですが……この卵から生まれたという娘を追って天之日矛が朝鮮半島からやって来て、やはり但馬国に住み、この系統が神功皇后につながっているという話になっているのですね。

真名　ヒホコにヒヤリか……。
宮田　以前にも、神代の話として天稚彦（アマワカヒコ）の話をしたのですが、天稚彦というのは、大国主尊を討つために天上から派遣されたという神様なのですよ。ところが、大国主尊を討たずに葦原中国に国を開いたために、天上に逆らったということで殺されてしまうのですが、天稚彦と天日槍、天之日矛は、何となく似ていませんかね。
真名　名前がか？
宮田　名前もそうなのですが、行動も似かよっていますよね。しかも、天稚彦の友達として味耜高彦根神（アジスキタカヒコネノカミ）のことが『日本書紀』には書いてあり、味耜高彦根神が天稚彦とも似ているとも書いているのですね。
真名　同じ話か……。
宮田　だと思うのですが……ただ、前にも言いましたが、味耜高彦根神を神武天皇だとする説もあるのですが、この天稚彦から考えますと単なる渡来者ということなのでしょうか……。
真名　反乱か？
宮田　いえ、これは反乱とは違いますね。反乱としては、この垂仁天皇のところに狭穂彦王（サホヒコオウ）の反乱というのがあるのですが、むしろ、天之日矛等は、天皇には同調していますからね。
真名　そのアジスは神武ではないということか。
宮田　ええ……。但馬、今の豊岡地方の遺跡に何かがあれば違う答えもあるかも知れませんし、大胆に、彼等こそ東海北陸から吾妻国に広がった人々の祖先ではないのかとも……。

真名　大国主とは違う系統だと。

宮田　ええ、いろいろな人々が来たという考え方ですね。実際、吾妻の国々は急速に広がっていますし、何か信州では特異な遺跡・古墳も見つかっているようですね。

真名　考古学だな……。

宮田　それから……この垂仁天皇のところには、天照大神を伊勢神宮に祀るという話がありますね。

真名　天之日矛に天照か……おなじアマだな。

宮田　そうなのですよ。この天《アマ》というのは、実際的には朝鮮半島のことを指しているのだという説もあるほどですから、天上とかかわりの深い人となっているようですね。この天照大神も天上の神様なのですが、どうして伊勢神宮に祀られたのかということですね。

真名　その頃に神話ができていたのか？

宮田　いえ、無理でしょう。少なくとも言語としては成立していなかったはずです。

真名　それなら、天照を祀るということがおかしいじゃないか。

宮田　ええ。この話は、おそらく後から挿入されたものなのですが、ただ、伊勢の地に誰かが祀られていたということは十分に考えられるということですね。

真名　天照ではなく……ということか？

宮田　ええ、これは私の想像でしかないのですが……初めは、別の実在した人物を伊勢に祀っていたとも……例えば、倭迹迹日百襲姫命（ヤマトトトヒモモソヒメノミコト）とか、あるいは神武天皇の皇后である媛蹈鞴五十鈴媛命（ヒメタタライスズヒメノミコト）というような人が祀られていたのではと……。もっとも、天照大神が伊勢神宮に祀られたのは、ずっと後の話で、それをこの垂仁の時代に挿入しただけなのかも知れませんね。

真名　伊勢神宮を調べてみろ。

宮田　ほんとうに……考古学的に調べれば分かるかも知れませんよ。

真名　日本はずうっと天皇制だったのだから、古い物がよく残っている。

宮田　それは言えますね。天皇陵なども早く調べてみろという意見はありますから……。

真名　いまさら、墓がどうのというような時代じゃないよ。

宮田　記紀には、明らかに嘘が書かれていますからね……。また、この垂仁天皇のところには、野見宿禰（ノミノスクネ）のことも書いてありますね。

真名　野見宿禰は相撲の元祖だろ。

宮田　ええ。当麻蹶速（タギマノクエハヤ）を倒したという出雲出身の野見宿禰は、垂仁天皇に仕えたようですね。それに、この野見宿禰は埴輪を考え出した人にもなっていますよ。付き人を殉死させるのは痛々しいことだから、殉死の代わりに人や馬の埴輪をこしらえ、死者を慰めたということなのですが、実際の埴輪の始まりは、吉備で始まった特殊壺埴輪や特殊器台埴輪ということですから、この特殊壺、特殊器台というのは殉死と何か関係があるのでしょうかね？

真名　それは朝鮮半島にもあるのか？

宮田　もちろんあります。殉死を止めさせたという同じような話が、『三国史記』にもありますからね。

真名　生き埋めか……。

宮田　死者を世話するとか、人柱ということでしょうかね。
真名　殉死というのは墓を調べれば分かるのと違うか。
宮田　さあ、どうでしょうか……殉死ですから、棺に収められることはないでしょうから……。殉死はともかく、この垂仁天皇のところには、鳥取造のことや乙訓のことなどが書いてありますし、後に七枝刀で有名になった石上神宮のことが記されていますね。
真名　やっぱり、九州のことはないのか。
宮田　そうなのですよ。まず、神武天皇の東征ということはありませんね。

十　景行天皇

宮田　垂仁天皇の次は景行天皇ということなのですが、ここでは、主に日本武尊（ヤマトタケルノミコト）が熊襲征伐、蝦夷征伐をしたことが記されているのですね。これは日本統一の大事業ですから、当然のように、景行天皇は大帝と呼ばれてもおかしくはないのですが、景行天皇はそれ程の扱われ方はされていないのですよ。

真名　日本武尊なんだろ。

宮田　ええ、そうなのです。景行天皇をさしおいての、日本武尊の業績となっていますね。特に、『古事記』のほうでは、熊襲征伐も蝦夷征伐も日本武尊がひとりで行ったように書いているのですよ。もっとも、日本武尊もそのうちの一人なのですが、景行天皇は子作りの名人ではあったらしく、八十人の子供がいたということなのです。

真名　八十人！

宮田　その子供の中には、次の天皇の成務天皇、そして、日本武尊も子碓命（コウスノミコト）として大碓命（オオウスノミコト）と双子で生まれたと『日本書紀』では書いていますが、『古事記』のほうは双子ではありませんね。

真名　みんな景行の子供か。
宮田　ええ……。成務天皇、日本武尊は、それぞれ母親は違うのです。日本武尊の兄弟の話は、よく似た話が神功皇后のところにもあるのですが、この日本武尊のことは後で話しますよ。
真名　日本武尊は天皇にはならなかったのだろ。
宮田　ええ。日本武尊は蝦夷征伐の直後に病気になって死んでしまうのですが、子供が天皇になっているのです。それが仲哀天皇で、この仲哀天皇と神功皇后の間にできた子供が、応神天皇ということになっているのですよ。
真名　子供が天皇になっているのか……。
宮田　その仲哀天皇も、即位してまもなく死んでしまい、神功皇后が天皇になるのですね。
真名　ああ……それが卑弥呼とかなんとか言っていたな。
宮田　ええ、女王である必要性ですね……それにしても、どうして日本武尊の子供を天皇にしたのでしょうね。成務天皇には子供がいなかったとも書かれてはいますが……。
真名　神武系統を応神と繋ぐためだろ。
宮田　万世一系ということだけならば、日本武尊の子供でなければならないということではないのですよ。
真名　景行天皇には子供が多いとか……。
宮田　ええ……。それなのに、わざわざ日本武尊の子供を天皇に仕立てて、応神天皇に繋いでいるのは、それが日本武尊という大英雄でなければならなかったということですよね。

真名　どういう事なのだ？

宮田　おそらく……東征、熊襲、蝦夷征伐というのは、応神天皇の業績だと思うのです。ところが、神武天皇の東征にしなければならなかったために、応神天皇の業績がすべて隠されてしまうことになり、そこで記紀の作者は日本武尊という応神天皇の祖父をこしらえて、熊襲、蝦夷征伐をさせたということですね。

真名　応神の業績でもいいのだろ。

宮田　いいえ。応神天皇は日本武尊の孫ですから、神武系の日本武尊がいなければ、神武系が応神天皇には繋がりませんからね。

真名　ああ……。

宮田　つまり、日本武尊というのは、景行天皇の子供という神武の直系である必要性と、応神天皇の英雄的な祖父である必要性があったということですね。つまり、日本武尊は架空の人物で、実際には、応神天皇を写したものであったということですね。後に言いますが、応神天皇にも双子のような物語があるのですよ。

真名　へぇー……。それにしても、うまいこと繋いでいるな。

宮田　(笑)ま、そうも言えるでしょうが……。だからこそ、記紀では、景行天皇より日本武尊のほうが目立つようにしてあるのでしょう。

真名　必要性か……ごまかす必要性か……。

宮田　それから……この景行天皇というのは、熊襲、蝦夷征伐を除いてしまいますと、ほとんど業績のない天皇になってしまうのですが、少し気になることが記紀には書かれているのですよ……。それは、景行天皇の終末期に宮を近江の大津に移しているということなのです。次の成務天皇も宮は大津だと『古事記』は記していますからね。

真名　どういうことなのだ？

宮田　記紀にはその理由は載っていないのですが、奈良という大きな盆地から近江の大津に移るということは考え難いですから、ここで何か大事件が起こって、景行が大津へ移らざるを得なくなったのではないかということなのですね。

真名　大津に逃げたのか。

宮田　ええ……例えば、ここで応神天皇の東征があれば、景行が大津に逃げたということは納得のいくことなのですよ。

真名　記紀には書けないよな。

宮田　そうですよね。記紀では神武の東征ですから、有り得ないことになりますね……それに、崇神、垂仁、景行の三天皇ともに、奈良盆地内に都はあるのですから、大津に都を移したという考え方はできないのですよ。

真名　うーん。

十一　応神天皇（東征一）

宮田　もしここで、応神天皇の東征があったとしたならば、景行天皇が大津に宮を移したのは、応神天皇に奈良を追われたということで説明がつくと思うのですよ。

真名　応神の東征ではないのか、とはよく聞いているよ。

宮田　真名さんはそうでも、記紀では一言も言及していないことですから、ほとんど相手にもされないというのが現状ですね。

真名　応神の東征なんだろ？

宮田　私もそう思っていますから、今から、応神天皇が九州から東征したと思われる、幾つかの理由を並べてみますよ。

真名　理由か……。

宮田　まず最初に……私は子供の頃から不思議に思っていたことなのですが、応神天皇の墓が異常に大きいということですね。これ程の墓が造れたのは、応神天皇には、よほどの業績があり、権力を得ていたからではないのかということなのです。

真名　墓は仁徳のほうが大きいだろ。

宮田　それはそうなのですが、応神仁徳の墓は頭抜けていますからね。
真名　墓の大きさの競争をしていたとか……。
宮田　そういう傾向があったようには言われていますが、それは後の時代のことでしょうし、二人の墓だけは競争外ですよ、あまりに大きすぎますからね。ただ、墓の大きさは問題じゃないとかの意見もあるのですが、むしろ、これは大問題でしょうね。
真名　二人は認められていたということだな。
宮田　ええ、二人の天皇には、よほどの業績があったということでしょう。しかし、仁徳天皇の場合は、記紀でもはっきりと聖帝として扱われているのですが、応神天皇の場合は、記紀ではほとんど業績が記されていないのに、やはり随所で大帝としては扱われているのです。
真名　へえー……。
宮田　記述に矛盾があるのですよ。ですから、記紀は後に編纂されたものなのですが、墓はそれぞれの時代に造られたものですから、応神天皇にもよほどの業績があったという考え方ですね。
真名　墓の大きさか……。
宮田　ただ、天皇の陵墓は宮内庁の管轄ですから、はっきりとは断言できないのですが、仁徳陵は仁徳天皇の墓ではないという説がありますね。
真名　応神の墓も違うのか！
宮田　いえ、仁徳陵だけですよ。仁徳陵というのは、五世紀の中頃から六世紀にかけて造られた古墳だというのです。

真名　仁徳が死んだのはいつだ。

宮田　私の推定ですと西暦四三〇年頃ですから、五世紀の前半ということですね。

真名　あれ程の墓だから造るためにはそうとうな年数がいるだろ。

宮田　ええ。二十年くらいはかかっただろうとも言われていますし、何か、ある企業の計算では、九年ぐらいではないかとも言われていますね。

真名　それなら、完成したのが五世紀の後半になるじゃないか。

宮田　ところが、仁徳陵の場合は、生前から墓を造り始めたという記述が『日本書紀』にはあるのですよ。

真名　ふーん。

宮田　ですから、仁徳陵は五世紀の中頃迄には造られていたということになるのです。ただし、仁徳陵が仁徳天皇の墓ではないというのは、仁徳陵が五世紀の中頃から六世紀にかけて造られたという年代が正しい場合ですね。それに、明治五年頃に仁徳陵前方部から発見された石棺や冑甲は後の時代のもののようですが、普通は後円部に主体が埋葬されているはずですから、これは仁徳天皇の墓ではありませんが、どうしてそこに埋められていたのかは説明できないとはいえ、後に埋められたということは考えられることですよね。

真名　従者か……。

宮田　誰なのかは分かりませんし、どのような風習があったのかも分からないのですが……。それから、海岸近くにある仁徳陵が自然災害にあって、後から修復したことも考えられますしね。

真名　修理しているのか。

宮田　記紀にはそういう記事もありますから……。また、仁徳陵の後円部にある埋葬が横穴式石室だと考えられているのですが、これも年代設定の正確な条件にはならぬようですよ。

真名　横穴式とかが遅いということなのか？

宮田　ええ、確かに横穴墓は遅いのですが、横穴式石室というのは九州地方では早くから造られているというのです。

真名　しかも、東征があったとすれば……。

宮田　問題はないということなのですが……。それに、なにより記紀では明確に時代の流れを捉えていますし、仁徳天皇は聖帝としての名誉も与えられているのですから、彼の墓が最大であったとしても不思議なことではありませんからね。

真名　うん。

宮田　でも……仁徳陵が仁徳天皇の墓ではないということになりますと、大変なことですよね。

真名　歴史が変わるか。

宮田　記紀を読む限りでは、仁徳天皇に比肩するような天皇はいないのですが……。しかし、記紀をまったく信用しないということならば、日本の統一自体を、ずっと後のこととする考え方もあるようですね……。

真名　何か……神道神道と小馬鹿にしている先生もいるとか……。

宮田　ええ、そうです。記紀を避けようという気持ちも働いているようですが、〝天皇陛下万歳〟で戦争をした後遺症ですかね。

真名　ああ、それは言えるよ。

宮田　墓のことはともかく……。次には、応神天皇が北九州から東征したのだという理由の一つに、国の名前がありますね。ヤマトという読み方は邪馬台国からであるというのが一般的な意見ですし、大和にしても倭にしてもヤマトとは読んでいますが、この字ではヤマトとは読めませんからね。ですから、奈良は現在でもヤマト地方なのですから、邪馬台国畿内説というのは根深いものがあるのですね。

真名　もともとヤマトが奈良であったとすれば良いわけだ。

宮田　そうなのですよ。今でも奈良を大和地方というのは、邪馬台国が奈良にあったということなのか、あるいは、九州から邪馬台国が奈良に進出して、応神天皇がヤマトという国名を使ったのかのどちらかだと思うのです。しかし、『魏志』の倭人条からしても、考古学的にも、邪馬台国が奈良にあったとは考え難いですから、九州の邪馬台国の応神天皇が奈良に出て、ヤマトという国名を残したのではないのかということですね。

真名　うーん。

宮田　次は年代的なことなのですが、この四世紀半ば・西暦の三五〇年過ぎには、大きな変革が起きているというのは多くの人々の一致した意見なのですよ。前方後円墳が急速に東の国にも広がり、全国的なものになったのは明確ですから、この年代を応神天皇の在位年代と合わせても十分に通用するものなのですね。

真名　他の天皇では無理なのか？

宮田　いえ、年代ということだけでしたら、崇神、垂仁、景行、成務、仲哀、神功、応神、仁徳天皇というようには当てはめることはできるのですが、四世紀半ばに成務、仲哀、神功ということになりますから、大事業を達成した人としては、彼等には歴史的背景が薄いのですよ。とても応神天皇とは比較できないでしょう。

真名　歴史的背景？

宮田　ええ……例えば、応神天皇の大きな墓とか、応神天皇の業績は記されていないのだけれども大帝とされていること、それに、後の継体天皇は応神天皇の直系とされているということなどですね。

真名　うーむ。

宮田　それに、これは前にも言いましたが、記紀では応神天皇を九州生まれとしていることですね。神功皇后に実際の年代とは違う朝鮮出兵をさせてまでも、応神天皇を九州生まれとしているのは、何らかの理由があるはずなのですよ。これは実際に応神天皇が九州の人であったということではないでしょうか。

真名　卑弥呼とヤマトと応神か……。

宮田　神功皇后が卑弥呼と無関係に書かれたとは思えませんし、神功皇后の出産を延ばしてまでも、筑紫で応神天皇を生んだようにしているのは、事実とは思えないだけに、応神天皇と九州を結び付けようという強い意図があったと思えるのですが……。

真名　万世一系だけならば、応神は九州生まれである必要はなかったのだろ？

宮田　そうなのですよ。

真名　何らかの事実があったということか……。
宮田　それから……もっとも重要なことは、騎馬の技術ということでしょうね。応神天皇の古墳からは、最初の馬の埴輪が出土しているようですし、この四世紀半ば過ぎから馬具が副葬品として使われたと言いますから、この頃から馬に乗って移動したり、騎馬が通信の手段として用いられたと思いますね。東征に限らず、熊襲、蝦夷征伐には、行動範囲が大変に広がるということですから、騎馬の技術なくしては無理なことでしょう。行動範囲が広がるということでは、騎馬というのは革命的なできごとのはずですよ。
真名　船もいるだろ。
宮田　ええ、それに武器も含めてということでもあるのですが、これらの優れた技術を修得するためには、朝鮮半島との深い交わりがあったと想像できるのですね。その点において、朝鮮半島に最も近い北九州ならば容易なことであったはずですし、それに考古学的にも、馬具は九州が早いということなのですよ。
真名　へえー。
宮田　それに……これは後のことなのですが、日本は朝鮮半島の新羅や高句麗とは戦っていますが、百済とはほとんど戦っていないのですよ。これは九州の邪馬台国時代から馬韓と深く交わっており、百済が馬韓を統一したのが三四〇年過ぎということですから、邪馬台国の応神が刺激を受けて東征を企てたという考え方もできると思うのですね。
真名　それなら、九州のヤマトは百済の人間じゃないのか？

宮田　ええ、卑弥呼が朝鮮半島から来たという説もありますし、それ以前に馬韓系の人々によって邪馬台国連盟ができたとも考えられなくはないのですが、『魏志』の倭人条からしても、卑弥呼の使者は楽浪へ行くのに馬韓・後の百済を経由しているはずですから、そういうところから繋がりができたと思いますし、百済も新羅や高句麗に対抗するために日本を利用しているようにも見えますからね。いずれにしても、日本と百済の関係は尋常なものではありませんね。これが百済が滅亡するまで続くのですから……。

真名　すると、応神の東征には朝鮮半島がかかわっているということだな。

宮田　朝鮮とのかかわりがなかったら東征などできないでしょう。ただ、卑弥呼以後の北九州の歴史がまったく分かりませんし、記紀では応神天皇は業績のない天皇なのですよ。

真名　ややこしいことだな……。

宮田　それから、これは応神天皇の東征とは直接的な関係はないのですが……。東征、熊襲、蝦夷征伐、それに半島出兵という一連の軍事行動が、何人もの権力者によってなされたというようには考えにくいということなのです。

真名　……？

宮田　例えば、この応神天皇よりずっと前の前漢の武帝は、中国を統一してから朝鮮半島に出兵していますし、豊臣秀吉、明治政府でもそうですね。外国の場合でも、ジンギスカン、ナポレオン、ヒットラーというように、外国へ出兵する場合は、よほど国内を掌握していなければ無理だということなのです。ヨーロッパの植民地政策も、王国制という強い国内組織があったからこそですからね。ですから、神功皇后のような立場では、とても国外出兵はできないということなのですよ。

真名　ああ……。

宮田　これを応神天皇が東征、熊襲、蝦夷征伐という国内統一をしてから、朝鮮半島に出兵したとするなら、一連の軍事行動としては認めやすいということなのです。

真名　大大帝だな。

宮田　ええ、あまりに偉大過ぎるような気もしますが……。確かに、権力が集中し過ぎますと、のぼせ上がって余計なことをして潰されてしまうことのほうが多いのですが、応神天皇の場合は後からも言いますが、和解という方法を用いたために、反対勢力をも吸収してしまったということですし、後の歴史編纂では、彼の業績が神武天皇、日本武尊、神功皇后に移されることによって、前王朝との繋がりができたということなのですよね。

真名　応神の東征か……。

宮田　有り得ると思うのですよ。

真名　そうか……記紀とかでは書けないか……。

宮田　応神以前の王朝が消えてしまいますからね。

十二　応神天皇（東征二）

宮田　ここまでは、応神天皇が東征したのではないのかという理由を挙げてみたのですが、これからは、応神天皇の東征がどの様にして行われたのかということなのですね。

真名　東征の方法だな。

宮田　ええ。ただし、記紀には一言も応神天皇の東征だとは書いてありませんが、何度も言っていますように、神武天皇の東征としては記紀に載せてあるのですね。

真名　神武と応神を入れ替えればいいのだろ。

宮田　そうは簡単にはゆかないでしょう……。神武天皇の東征では、出発点が吾田、日向ですし、豊予海峡、宇佐、筑紫そして広島の安芸と辿り、吉備に着いて三年間戦さの用意をしたことになっているのですよ。

真名　吉備とは戦わずか？

宮田　ええ……戦さの用意を三年間でするというのが、どのような事なのかは分かりませんが、これが九州の応神天皇であれば、まず吉備を攻略しただろうとは考えられますから、これは吉備との戦いだという説もありますね。それに戦さの用意というのは、そこに止まっていたということですから、神武天皇の根拠地とも言えないことはないのですよね。
真名　まあ……作者としてもいろいろと気を遣っているわけだ。
宮田　（笑）……笑いごとではなく有り得ることなのですよ。
真名　奈良では戦っているのだろ。
宮田　難波から上陸した神武天皇は、生駒山のほうから奈良の登美国を攻めて、初めは負けてしまうのですよ。破れた神武軍は和歌山のほうから紀伊の熊野に迂回して、その熊野から奈良の宇陀に出るのですが、これは大変な山越えの道筋ですよね。
真名　宇陀というのはどこに在るのだ？
宮田　宇陀というのは景行天皇が宮を置いた纏向の裏手にあるのですが、この宇陀から纏向を攻めたということですから、山越えで攻めたということですね。
真名　生駒の反対側か。
宮田　そうです。奈良盆地の南方ですね……。この宇陀から纏向を攻める迂回作戦は大したものだと思うのですが、熊野からでは無理だとしても、宇陀に辿り着くには是非とも騎馬の技術が必要なのではないでしょうか。
真名　馬を使ったのか？
宮田　いえ、この東征では馬の話はありませんね。
真名　それならおかしいじゃないか。
宮田　ええ……。ただ、記紀の神武天皇の東征というのは、紀元前六〇〇年頃の話になっているのですから、とても騎馬は書けないでしょう。

真名　大昔は馬を使わなかったのは明確だからな。

宮田　ええ。だから書かなかったということでしょうかね……。しかし、近くでの戦いならともかく、遠征とかいうことになりますと、騎馬は欠かせないと思うのですよ……騎馬戦というようなことではないのでしょうが……記紀では日本武尊のところから騎馬の話が出てきますね。

真名　馬か……。

宮田　この神武軍は、宇陀の兄猾（エウカシ）弟猾（オトウカシ）の討伐から、兄磯城（エシキ）弟磯城（オトシキ）を征伐して、再び登美国の長髄彦（ナガスネヒコ）を攻めるのですが、登美国というのは奈良盆地の北方、現在の奈良市近くのことでしょうから、神武軍は奈良盆地を南方から北に向かって攻めたということですね。

真名　はっきりと書いてあるのだなあ。

宮田　ええ、話の内容としては兄弟の戦いというパターンに当てはめたようなところがあるのですが、戦いの道筋としてはとてもリアルなところがありますね。これが単なる作り話なら、地名的にも一致しないでしょうし、こうもはっきりとは書けないでしょうから、この東征の話には事実の言い伝えが相当に含まれていると思えるのですよ。

真名　うーん。

宮田　実際にあったことを神武の東征としたということですね。

真名　神武でなくてもよいわけだ。

宮田　そうです。
真名　だから、応神でも……。
宮田　しかし、何度か断片的には取り上げているのですが、邪馬台国東遷説というのがあるのですよ。これは、九州の邪馬台国が卑弥呼の後二七〇～二八〇年頃に、神武天皇として奈良に移ったということなのですね。もちろん、それ以前にも邪馬台国から分かれた人々が、安芸、吉備そして近畿地方にも進出していたということなのですが……。
真名　ああ……天照が卑弥呼とかいうあれか。
宮田　ええ、そうです。この場合は、ほとんど神武天皇の東征の内容を信用するということですね。
真名　神武天皇が三〇〇年近くでは困るのと違うか？
宮田　それがですね……その当時の王様の平均在位年数から逆算して、神武天皇は二七〇～二八〇年頃の天皇だというのですよ。
真名　平均在位？
宮田　ええ、その時代の王様の平均在位が十年ほどだという理由から、神武天皇から仁徳天皇までは十七代ですから、仁徳天皇の崩御を四三〇年としますと、神武天皇は二七〇～二八〇年頃に奈良に出たという計算は成り立ちますからね。
真名　合っているのか。
宮田　確かに、計算は合っているのですよ……。しかし、私は間違っていると思います。と言いますのは、王様の平均在位年数の十年というのは、権力が集中した後の数字ではないでしょうか。日本の場合でも、仁徳以後には大変な権力闘争が生じていますから、おそらく、平均在位年数は十年ほどになるでしょう。

真名 仁徳以前は……。

宮田 逆に在位年数は長いと思いますね。それは、権力が集中していないということと、まだまだ未支配地のあった状態でしょうから、兄弟喧嘩をすることもなく、領地に配属することができますからね。

真名 ああ、お前にはあそこをやる……で済むわけか。

宮田 ええ……。それに、これは事実かどうかは分からないのですが、仁徳天皇以前には兄弟相続がないのですよ。しかも長子相続でもありませんし、皇位争いの戦いというのはあるのですから、これはもっとも在位年数が長くなる相続方法だと思うのです。

真名 ああ、優秀な子供の中から王様を選ぶというのだな。今でも……どこかの国でやっているよな。

宮田 ええ……。それから、細かいことを言うようですが、神功皇后に朝鮮半島出兵の年代を合わせますと、三六〇年頃には神功皇后が即位していなければなりませんから、それ以前の十四代の天皇が八十～九十年の間にひしめき合うということになりますが、これはちょっと考えられないことなのですね。

真名 十四代が間違っているとは言えるだろ。

宮田 それはあるのですが……確かに、仁徳天皇までの十七代を正しいとは言い切れませんね。そうしますと、平均の十年というのも、おかしくなってしまいますよ。

真名 ああ……年代もおかしいけれど、平均の十年のほうもおかしいということか。

宮田 ええ。単純に平均値を用いるだけでは無理があるということなのです。それに、この邪馬台国東遷説というのは、私が応神の東征だとしたことの理由に……墓とか、騎馬、朝鮮半島遠征、応神の出生、卑弥呼の年代などなどですが……東征の理由に、ほとんどがひっかかってくるのですよ。

真名　その東遷論とかは、神武が奈良だと言いたいのだろ。

宮田　ええ。それに、記紀を信じようとする思いが強いですね。

真名　神武の墓が橿原にあるからだよ。

宮田　この東遷論のことはともかく……これは東征ということではありませんが、記紀の神功皇后のところには、香坂王（カゴサカオウ）忍熊王（オシクマノオウ）の反乱というのがあるのですが、この香坂王、忍熊王というのは仲哀天皇の前の妃の子供ということですから、朝鮮征伐を終えた神功皇后が九州からとんぼ返りをして、反乱した忍熊王を討つという話なのですよ。

真名　……。

宮田　九州からとんぼ返りをした神功軍は、難波から紀伊に回り、紀ノ川の中流付近に陣を構えてから、奈良に攻め入っているのですね。この紀ノ川の上流には宇陀があるのですよ。

真名　宇陀から攻めたのか？

宮田　いえ、神功軍は宇陀へは行っていませんが、熊野から宇陀に出ることはほとんど不可能なのですが、紀ノ川を溯れば容易に宇陀に辿り着けますからね。

真名　……。

宮田　その事実はともかく……神功軍は奈良に入り、宇治に陣を構えた忍熊王軍を攻めて、逢坂山に追い払い、近江の大津で忍熊王軍を壊滅させるということになっているのですが、これは神武天皇の東征と大変によく似ているのですよ。

真名　どういうことなのだ。

宮田　そもそも神功皇后が架空の人物だとすれば、神功軍の忍熊王征伐というのは、むしろ、応神天皇の東征ではないのかということなのですね。

真名　神武の東征はどうなる？

宮田　それは、話としては同じ所から出ていて、それぞれの物語に合わせて脚色しているのではないのかということなのです。

真名　うーん……。

宮田　そもそも、神功皇后が朝鮮半島に出かけるというのがおかしな話ですから、忍熊王の反乱など起こりえないことなのですよ。ですから、これは九州から誰かが攻めてきたということを、しかも神功皇后としていることは、その子供の応神天皇の東征ということと一致しているということですね。

真名　ほんとうか？

宮田　もちろん、真実のほどは分からないのですが……。ただ、神功皇后の忍熊王征伐を武内宿禰が指揮したということになっているのですが、これが応神天皇の東征であれば、武内宿禰は景行軍にいたはずなのですね。

真名　宿禰は景行の家来だよな。

宮田　そうです。ところが、武内宿禰は応神天皇にも仕えているのですから、ここで想像できることは、武内宿禰が何か重要な働きをしたのではないのかということですね。

真名　敵と味方になるはずなのにか？
宮田　ええ……端的に言えば、武内宿禰が応神天皇の味方をしたのではないのかということなのです。
真名　裏切りか。
宮田　いえ、後の武内宿禰の使われ方を見ますと、景行側の武内宿禰が大きな働きをして応神天皇と和解したのではないのかということですね。
真名　……。
宮田　それに、応神天皇の妃は景行天皇の曾孫である三人姉妹ですからね。
真名　和解か……。
宮田　応神天皇としても、景行天皇……おそらく成務天皇に代わっていたのでしょうが……景行軍と戦い続けるとなると、地方に派遣されていた景行系の人々とも戦わねばなりませんから、和解を受け入れる要素は十分にあると思うのですよ。もし、ここで和解が成立したとしたならば、武内宿禰が応神天皇にも仕えるということになったということですね。
真名　たいわ（大和）の国か……。
宮田　ええ、大和という文字も気になるのですが、それはともかく……武内宿禰が応神天皇にも仕えたとすれば、蝦夷征伐や朝鮮半島出兵に宿禰が活躍したとしても不思議なことではなくなりますからね。
真名　武内宿禰は景行から仁徳まで仕えたのだろ。
宮田　記紀の年代のままなら絶対に無理なことなのですが、日本武尊や神功皇后を架空の人物とするなら、景行成務そして応神仁徳でも、五、六十年の間に入りますから、その事実は有り得るということですね。
真名　万世一系になった理由か。
宮田　ええ。ここで和解したとすれば神武系統も朝廷に残ったはずですから、記紀での創作は後の人々の体裁的なものでしょうが、実質的には、この和解こそ万世一系そのものだということですね。
真名　もし、応神が征服にこだわったら……。
宮田　武内宿禰も戦い抜いたとしたなら……おそらく、天皇制は消滅していたでしょう。
真名　それほど、万世一系は重要なことなのか？
宮田　神武系統が途絶えてしまうということは、王様としての権威も、それに神様までふっ飛んでしまいますからね。
真名　ああ、神様もだなあ。
宮田　そうなのですよ。出雲を神様にしたのは崇神天皇の時代ですからね。
真名　すべてを纏めているんだなあ。
宮田　それから、武内宿禰という人は、後に弟の讒言に会い探湯《くがたち》をさせられたということですが、自分の思いを通したということですから、尋常な人間のようには描かれていないのですよ。
真名　宿禰か……。
宮田　それから……話は少し戻りますが、神武天皇の東征が時代的に無理なことと、東征は宇陀から纏向、磯城を攻めているのですから、奈良盆地には相当な国があったということになるはずなのです。この纏向、磯城には崇神、垂仁、景行が宮を置いているということですから、応神なら攻めることは可能ですが、神武の年代では国があったとは思えませんし、崇神にしても、攻めるほどの国はなく、崇神天皇は東征ではなく遷都であるという考え方ですね。

真名　すでにその辺りに国はあったのか。

宮田　ええ、この纏向の辺りからは三世紀頃の古い前方後円墳が発掘されているということなのです。

真名　しかし、それは東征があったとした場合だろ。東征などなかったとした場合には……。

宮田　奈良の神武系の邪馬台国が、九州や東の国々を征伐したということになるのですが、はたして、それ程単純なものでしょうか……考古学的にも無理なことだと思いますよ。とにかく、四世紀後半には大変革が起こったというのは明確なのですからね。

十三　応神天皇（熊襲征伐）

宮田　東征を終えた後に熊襲征伐ということになるのですが、『日本書紀』では景行天皇の熊襲征伐と日本武尊の熊襲征伐、それに神功皇后も熊襲征伐をしたことになっていますね。『古事記』のほうでは日本武尊の熊襲征伐だけですけれど……。

真名　何度も戦ったということか。

宮田　いえいえ、熊襲征伐が度々行われたとは思えません。蝦夷とは違いまして、地域としても狭いですし、すでに国としても成立していたでしょうからね。

真名　架空か……。

宮田　ええ、日本武尊や神功皇后を架空とした場合には、熊襲征伐は天皇が行ったということになるのですよ。

真名　そう言えば……九州の応神は南九州の熊襲を征伐する前に東征したことになるなあ。

宮田　そうですね。

真名　どうして先に熊襲征伐をしなかったのだろうな。

宮田　九州統一ですよね……。

真名　うん……熊襲征伐ということは、北九州ではないということだから……奈良から攻めるのなら、九州征伐になるはず……。

宮田　何度も言ったのですが、そういうことなのですよ。北九州の応神が東征した後に熊襲を征伐したということなら話は合ってくるのですよ。

真名　奈良からなら……熊襲征伐は有り得ないか。

宮田　ええ……。問題は熊襲征伐の内容ということになるのですが、『日本書紀』の景行天皇のところでは、熊襲が背いて貢物を奉らないので、天皇自らが九州に行幸したということになっていますね。

真名　熊襲が何もよこさないからと言っているのか。

宮田　ええ、ですから、これは九州征伐ではなく熊襲征伐なのですよ。ただ、記紀では応神天皇の東征とは一言も言っておりませんから、絶対に九州征伐となるはずなのですが、『日本書紀』の北九州の神夏磯媛とか速津媛という女王は、初めから白旗を掲げたとか、天皇を出迎えたということですから、天皇とは戦わなかったというようには書かれていますね。

真名　女王なのか！

宮田　ええ……何か『日本書紀』が倭人条の卑弥呼、台与に合わせているような気もするのですが……いずれにしても、戦いを明示してあるのは熊襲のほうなのです。もっとも、すでに奈良地方の邪馬台国が三世紀中頃までに、北九州まで統一していたのなら、話は通じるのですが、まず有り得ないことですからね。

真名　応神の東征だな。

宮田　この景行天皇の行幸では、北九州の土蜘蛛を討ち日向に高屋宮を置くということなのですが、この宮崎で熊襲梟帥（クマソタケル）を殺したことになっているのです。しかも、この後に宮崎の小林と熊本の人吉に行って戦ったとされていますから、これが本当の熊襲征伐だと思うのですが、熊襲梟帥は宮崎にいたということになってしまいますね。

真名　どうして宮崎に？

宮田　ま……この話が正しいとは言い難いと私は思っていたのです。ところが、宮崎の有名な西都原古墳には、四世紀初頭・三〇〇年頃からの前方後円墳があるという話もあるのですよ。

真名　……？

宮田　しかも、奈良の箸墓や吉備の前方後円墳と同じように前方が三味線の撥に似た前方後円墳なのです。もちろん、北九州にもわずかなのですが、前期古墳時代の前方後円墳はあるわけですから、古墳の造成を文化として捉えれば、明らかに前方後円墳は奈良から発して全国に広がっている事にはなるのですが……。

真名　奈良に邪馬台国があったというのはそういう事なのか。

宮田　そうです。この前方後円墳を奈良の邪馬台国が作り始め、それが九州四国吉備にも広がったという考え方ですね。ただ、この場合は前方後円墳と政治がしっかりと結び付いていると考えた場合ですよね。私のように墓を文化の伝播とした場合は、同じような墓があるから同じ政治集団だとは考えないということなのです。それぞれの政治集団が独立していても、同じような墓をこしらえるということも十分に考えられるということですね。

真名　墓の形か。
宮田　そうなのです。私は前方後円墳も前方後方墳もほとんど同じ時代に発生した、いや、おそらく前方後方墳のほうが早かったのではないかとも思っているくらいですから、前方後円墳に固執することはないと思いますし、確かに前期古墳というのは、奈良、吉備、北九州、今言いました西都原、そして四国にもあるようですが、いずれも九州系の政治集団ということですね。
真名　うん。
宮田　では、なぜ奈良から前方後円墳が発生したかということですね。私は以前に四隅突出墳こそ古墳の原形ではないのかと言いましたが、古墳というのはさざれ石、小石を並べることによって形が作られているのです。この小石を並べて形作るというのは四隅突出墳からなのですよ。
真名　その四隅とかはずっと古いんだろ。
宮田　そうなのです。
真名　だから……そうなのか。
宮田　ええ、そうなのです……なんだかよく分からないですが（笑）……つまり、古墳は四隅突出墳という、山陰地方から発生した墳丘墓にも原形があるという見方ですね。
真名　ああ、だから、九州へは逆に流れるわけだ。
宮田　ええ、山陰から北陸そして畿内から九州となるだろうということですね。だから、古墳と邪馬台国とはまったく関係ないことで、むしろ、出雲の神様のほうこそ古墳に関係が有るということなのです。
真名　しかし、奈良の箸墓とかは古いんだろ。

宮田　ええ、非常に古い、しかも、大きな墓なのですよ。

真名　どうしてなのだ。

宮田　それが崇神の遷都によって生じた墓だということなのですね。もちろん話題になっていますように、それ以前から前方後円墳は奈良で作られ始めたということなのですが、二〇〇年頃といえば、すでに吉備系の人々が近畿地方にも入っていたはずですから、彼等が前方後円墳を作り始めたとしても不思議ではないのですよ。もしこの奈良の古い古墳が邪馬台国だとしたら、ずっと前からの墓がなければならないはずなのです。卑弥呼が女王になったのでさえ一八〇年頃なのですからね。

真名　要するに、墓の形と政治体制とは関係ないということだ。

宮田　関係ないというようには断言できませんが、少なくとも、前方後円墳と邪馬台国を結び付けることはできませんね。

真名　ああ、それを結び付けるのが畿内説とかだな……。

宮田　少し話が逸れてしまいましたが、そういうことなのですよ……。それはそれとして、宮崎の前方後円墳のことなのですが、一説では、神武天皇は狗奴、つまり熊襲の出身ではないのかとも言われているのですよ。

真名　宮崎の熊襲か。

宮田　ええ、狗奴の人々が宮崎から瀬戸内を伝って吉備に辿り着いたという考え方ができるのですね。

真名　ああ、それが神武か。

宮田　ですから、奈良の箸墓、吉備の古墳そして宮崎の古墳に類似点があるということは、彼等には何らかの繋がりがあったのではないのか、とも考えられるということなのです。

真名　九州では南と北で戦っていたということだな。

宮田　倭人条でも卑弥呼が狗奴に苦しめられているという記事がありますし、南九州の神武系が奈良に出たのを北九州の応神が東征して、その後に南九州の熊襲を征伐したということですね。つまり、熊襲は宮崎にいたということでもあるのですよ。としますと、『日本書紀』の吾田の記述がある程度理由があるということなのですが……。

真名　それなら、南九州からの何とかが、皇孫だとかいうのも正しかったということか。

宮田　そうです。あの天津彦火瓊瓊杵尊（アマツヒコホノニニギノミコト）の話は私は単なる作り話だと言ったのですが、神武天皇を狗奴の人だとしますと、記紀の皇孫の話はまったくのでたらめではないということになるのですね。

真名　そのほうが正しいよ。

宮田　さあ……。それはともかく、襲の国というのは宮崎の大隅半島辺りであるのは明確ですし、熊というのは熊本、球磨のことでしょうから、熊襲というのは南九州一帯を指している言葉なのですね。ですから、熊襲征伐というのは、熊と襲の征伐ということなのですよ。

真名　当たり前だろ。

宮田　しかし、伝説ということになってしまいますと、熊襲梟師という人物を倒すというようになってしまうようですね。『古事記』のほうでは、この伝説を中心に書かれていますからね。

真名　すると、熊襲征伐は天皇が行ったことになるのか。

宮田　ええ、まず間違いないでしょう……ただ、後から言いますが、日本武尊は応神天皇だとも考えられますから、天皇の行幸に囚われる必要もないのですが……熊襲征伐というのは、『日本書紀』に書かれている景行天皇の行幸に近いと思いますね。と言いますのは、何度も言っていますように、宮崎には西都原という大きな古墳群がありますし、天皇の子孫が日向国造の祖先だとも書いてありますからね。

真名　景行とは違うのだろ。

宮田　ええ、この天皇は応神天皇だと思うのですが、『日本書紀』では、はっきりと景行天皇の行幸と記していますから、記紀の物語に合わせて構築物ができてしまうことが数多くあるはずなのです。

真名　後からか……。

宮田　それから、『古事記』のほうでは、日本武尊が熊襲征伐をした直後に出雲征伐をしたことになっているのですが、どうしてここに出雲の話が出てくるのかよく分からないのですが……。

真名　神様はずっと前だろ。

宮田　ええ、崇神天皇のところで、すでに神様として奉っているはずですから、九州の応神天皇ならば出雲征伐をする可能性はあるのですが、今でも出雲の神様は健在なのですからね。すでに応神天皇は神武系と和解していたのですよ。

真名　うん。

宮田　それに、『古事記』の日本武尊の出雲征伐というのは、『日本書紀』の崇神天皇のところで出雲振根（イズモフルネ）が弟を殺したのと同じ方法で日本武尊が出雲健を殺したことになっていますから、これは明らかに『古事記』が日本武尊を称えるために挿入した話ということになるでしょうね。

十四　応神天皇（蝦夷征伐）

宮田　熊襲征伐を終えた天皇軍は次に蝦夷征伐に出向くのですが……。その前に、『日本書紀』には蝦夷に住む人々がどの様な暮らしをしていたのかということが記してあるのですよ。それによりますと、東の夷というのは乱暴で村に長もなく、山には邪しい神があり多くの人々が苦しんでいる。それに凌犯するとか相盗むというようにも書いてありますね……。また、東の夷の中には男女が交じって住み、父子の別がなく、冬には穴に夏には巣に住み、野獣のように恩を受けては忘れ、恨みには必ず報いる、体が大きくて力の強い人々がいると、まるで熊のような人々のことが書いてありますね。

真名　山賊がいたのか！

宮田　『日本書紀』の記述には、蔑視を交えた大袈裟なものもあるのでしょうが、東北地方には縄文時代の遺跡が多いですから、平野に住む人々は縄文人、つまりアイヌ系の人々なのでしょうが、山に住む人々は山賊というより別種の人間のようにも思えますよね。

真名　原人か？

宮田　いえ、原人とまではゆかないでしょうが、この『日本書紀』の記述通りならば、あるいは石器時代の生き残りなのかもしれないと私も考えたのですが、洞穴に住んでいた人々の骨も見つかっているそうで、アイヌ系の人々であったということですから、縄文時代には山に住んでいた人々もいたということなのでしょうね。

真名　同じなのか……。

宮田　ええ。記紀のいう土蜘蛛ということでしょう。

真名　その蝦夷を日本武尊が征伐したということなのか。

宮田　いえ……『日本書紀』によりますと、日本武尊は蝦夷を簡単に征伐したことになっていますが、実際には竹水門《たかのみなと》にまでしか行っていないのですよ。

真名　たかのみなと？

宮田　この竹水門というのは、現在の水戸市近くにある那珂湊だとか、日立市にも多賀というところがあるそうですが、いずれにしても東北地方に入る手前なのですよね。

真名　蝦夷へは行っていないのか。

宮田　この『日本書紀』の書き方からすると、いわゆる蝦夷征伐はしていないのではないでしょうか。後の時代にも蝦夷征伐はありますし、記紀でも焼津で戦ったとか、信濃を従わせたとか、伊吹山で大蛇退治をしたというように、吾妻の国が中心ですから、日本武尊の蝦夷征伐というのは、むしろ吾妻国の平定だと思いますね。

真名　あずまこく……蝦夷とは違うのか？

宮田　ええ、この吾妻の国が問題なのですよ……。考古学的に見ましても、崇神天皇以前つまり四世紀以前にも東の国があったとは考えられます。それは北陸地方から東海以東のことなのですが、これらの東の国々には前方後円墳が出現する前に、前方後方墳というのがあったのですよ。この後方墳の調査はそれ程詳しくはなされていませんから、はっきりとは言えないのですが、後円墳というのは東の国では主に四世紀半ば以後にできたものですから、それ以前から国造りがなされていたということですね。

真名　後円墳と後方墳は違うのか？

宮田　ええ……。前方後方墳というのは前方後円墳に比べて規模も小さく副葬品も貧弱なものだそうですが、時代としては大変に古いように思えるのです。問題は、この前方後方墳を造った人々がどこからやって来たのかということなのですよ。

真名　天之日矛か……。

宮田　ええ、多くの人々が朝鮮半島からやって来たというようには考えられますし、単純な出雲からの国の広がりだとも私は思っているのですが……記紀によりますと、崇神天皇の支配力が及んだのは、北陸東海までなのです。北陸東海には前方後方墳と前方後円墳が入り乱れて造られているのですが、京都や滋賀などの前方後方墳のほうが古い時代に造られていると言われているのですよ。三世紀初めですから、崇神天皇の前になりますよね。

真名　崇神の神武系ではない人々が国を造っていたということか。

宮田　ええ。吉備から奈良に進出した崇神が前方後円墳を造ったとするなら、北陸東海以東の東の国々には、別系統の人々が国造りをしていたのではないのかということなのです。

真名　吉備系ではないということは……。

宮田　私も真っ先に思い浮かべたのが、大国主尊の出雲系ですよね。出雲系の人々ならば、北陸東海を経て東の国に進出できたはずですし、時代としても吉備よりも出雲のほうが古いのですからね。この後方墳というのは東北の米沢盆地、仙台にもあるそうですから、『日本書紀』の竹水門が茨城だとすれば、それよりずっと東の地方にまで国造りは成されていたということですね。それに、出雲だけが、後々まで前方後方墳を造り続けているのですよ。

真名　出雲系か……。

宮田　ただ、前方後方墳のことはそれ程はっきりとは調べられていないようですから、単純に出雲系だとは言い切れないところもあるのですが、銅鏡でも前方後方墳にしか出土しない銅鏡があるそうですから、彼等が同系統の人々であることは間違いないと思うのですが……。

真名　ずいぶん早くから東にも国があったということだな。

宮田　ええ……。

真名　すると……その東の国々を支配下においたのが日本武尊ということだな。

宮田　北陸東海は、すでに崇神天皇の時代に支配下に入っていたはずですから、応神天皇の時代に吾妻の国を平定したということですね。もっとも、それが日本武尊かどうかは問題なのですが……。

真名　蝦夷征伐には天皇は行っていないのだろ？

宮田　ええ、記紀では日本武尊が一人で蝦夷征伐をしたことになっていますし、この日本武尊も蝦夷征伐の直後に病死したことになっているのですよ。

真名　殺されたのではないのか？

宮田　いえいえ……記紀では、日本武尊は偉大な人物として墓が三つもあると記されているほどなのですが、これも伝説過ぎますよね。

真名　架空の人物か……。

宮田　神功皇后の場合もそうなのですが、架空の人物だろうと思われる人々の話には、常に奇妙な話がつきまとっていますよね。例えば、神功皇后の出産にまつわること、三韓征伐の内容もそうですし、仲哀天皇の死に絡まった話や、日本武尊の出生にまつわる話や熊襲、蝦夷征伐の内容、それに白鳥の墓というようなことなど、少し脚色が過ぎているようなところがありますから、作り話としての特徴があると思うのですよ。人気のある映画のように（笑）……。

真名　しかし、作り話としても、日本武尊はだれかをモデルにしているのと違うか。

宮田　ええ……日本武尊については後から言いますので……。

十五　応神天皇（朝鮮半島遠征）

宮田　熊襲、蝦夷征伐を終えた応神天皇は、これで、日本統一をほとんど成し遂げたことになるのですが、日本統一と言っても、後に起こるような大きな戦いというのはほとんどなかったでしょう。とは言え、応神天皇が頂点に立ったのは事実ですし、大変な権力が集中したわけですから、勢いに乗ったのか、あるいは百済と組んだのかはよく分かりませんが、朝鮮半島へも出兵しているようですね。

真名　三韓征伐か……。

宮田　いえ、それは後から言いますが……とにかく、応神天皇は朝鮮半島へも出兵していますね。ただ、日本の『古事記』では、朝鮮半島との関係は神功皇后の三韓征伐以外はほとんど書き留めていませんから、これから言いますことは主に『日本書紀』の記述なのです。

真名　どうして『古事記』にはないのだ。

宮田　『古事記』のほうが正しいとか言う人もいるのですが、『古事記』は主に日本の初めをまとめて書いているようですから、物語性を大切にしているのですよ。ですから、ややこしいことを省略したということでしょうかね……。

真名　『古事記』には、初めから朝鮮のことはほとんど書いてないわけだ。

宮田　その通りですね。……そこで、『日本書紀』には朝鮮半島の最初の記事として、崇神天皇の終り頃に任那が朝貢してきたという記事があるのですが、その任那の使者が蘇那曷叱知（ソナカシチ）という名前なのですよ。次の垂仁天皇のところでも、大加羅国の王子として都怒我阿羅斯等（ツヌガアラシト）またの名を于斯阿利叱智干岐（ウシキアリシチカンキ）が日本にやって来たという話があるのですが、この二つの話は、後の新羅との戦いの後で新羅の王子の微叱許智伐旱（ミシコチホッカン）が日本の人質となったという事実がありますから、その重複記事ではないのかと言われていますね。と言いますのは、三つの話に出てくる人物の名前に叱知、叱智、叱許智というように同じような字が使われていますし、崇神、垂仁天皇の時代に任那があったとは考えられませんから、それぞれの時代に合わせて脚色しているようですね。

真名　アマワカヒコと同じことか。

宮田　……。

真名　話の重複ということだろ。

宮田　ああ、天之日矛のことですか……そうですね、物語の作り方としては同じ事でしょう。ただ、事実としては、こちらのほうが信憑性が高いでしょうし、『三国史記』が盛んに倭として取り上げているのは、『日本書紀』を参考にしていたのかも知れませんね。時代が合っているのですよ。

真名　ミマナとかのことなんだろ。

宮田　ええ、倭とは違うのですが……。これは前にも言いましたが、任那というのは崇神天皇の和風名・御間城入彦五十瓊殖（ミマキイリビコイニエ）から付けた地名だと『日本書紀』には書いてあるのですが、和風名も後に付けられたものでしょうからね。
真名　そうだよな。三韓征伐は神功皇后だから、崇神の時代に任那があるわけがない。
宮田　そうですよね。……しかしですね、任那に関しては重要なことがあるのですよ。
真名　……。
宮田　朝鮮半島の古代史を記録した『三国史記』には、任那という国がまったくありませんね。
真名　ない？
宮田　この『三国史記』というのは、新羅、百済、高句麗の歴史をそれぞれに、新羅本紀、百済本紀、高句麗本紀としてまとめてあるのですが……。
真名　それに日本のことが書いてないのか。
宮田　それは前にも言いましたが、日本のことは倭としては大いに記してあるのですよ。ところが、任那という文字は一字もありませんね。
真名　一字もない。
宮田　ええ……でも、倭としては、特に新羅本紀では紀元前五〇年頃から倭が出兵して新羅を攻めたと書いているのですね。
真名　どういうことなのだ？
宮田　それは、この『三国史記』がどのような視点から書かれたものなのか、ということと関連していると思いますよ。
真名　嘘があるのか。

宮田　私は嘘もあると思っています。この『三国史記』というのは、新羅を中心として書いてありますから、新羅としての歴史操作があると思います。『三国史記』は新羅系の朝鮮王朝によって、十二世紀頃に金富軾という人によって書かれたものなのです。

真名　そんなに遅いのか……。

宮田　ええ。記紀よりもずっと後に編纂されているのですよ。だから間違っているということではないのですが、新羅という国は早くても三〇〇年過ぎの成立と言われていますし、一説では三六〇年とも、また中国の史書では西暦の三七七年にようやく新羅の国名が出てくるということですから、三〇〇年代にならなければ新羅という国はないはずなのです。

真名　間違いないのか。

宮田　ところが……『魏志』の東夷伝韓人条のなかでは、辰韓の一国として斯盧国がありますね。この韓人条は三〇〇年より前のことも書いてあるのですから、この斯盧国が後の新羅だと言われているのです。

真名　ややこしいな。

宮田　ええ、この韓人条の斯盧国が後の新羅だとすれば、紀元前から斯盧国としてはあったということにはなるのですが……。

真名　邪馬台国と同じようなことじゃないのか？

宮田　ええ。年代もよく合っているのですが、おそらく同じ民族の支配者か、少なくとも同じ系統の人々が北九州に来ていると思うのです。それはともかく、小さな斯盧国としてはあったとしても、『三国史記』の新羅、百済というような国が、南朝鮮を二分するような勢力になるのは三〇〇年過ぎのことなのですよ。

真名　しかし、その三国とかには、紀元前からの日本のことが書いてあるということなのだろ。

宮田　そうなのですよ。十二世紀にどのような資料を元に作成したのかはよく分からないのですが、『日本書紀』の崇神天皇のところに任那のことが書いてあると言いましたが、書紀の年代どおりですと、崇神天皇は紀元前に即位したことにはなるのですね。

真名　日本のを見ているな。

宮田　ええ、あるいは……『三国史記』には年表もありますが、日本の天皇の事は書いてないそうです。しかし、『日本書紀』の崇神天皇のところには任那のことが書いてあるのです。『日本書紀』の年代ですと、ちょうど紀元一年ごろですからね。

真名　でたらめということなのか。

宮田　でたらめとまでは言いませんが、朝鮮の『三国史記』の三五〇年以前の倭に関する記事も史実とは認めがたいということですね。日本の弥生時代に、船の何百艘も用意して、兵士を外国に送れるような力があったとは、とても信じられないのですよ。それから、中国の史書でも日本が新羅を占領しているかのように書いているほどですから、新羅は日本を恨んでいたはずなのです。ですから、新羅本紀が『日本書紀』を参考にして、必要以上に日本の非道を宣伝したのではないのかということですね。

真名　しかし、その本に書いてあるのも事実だ。

宮田　ええ……目的がなんであろうと書いてあるのは事実ですから、この『三国史記』の紀元前からの倭の記事を信じられるものとして、倭というのは朝鮮半島南部にあった国だとする説もありますね。確かに、『三国史記』に書かれている倭というのは、まるで新羅の隣国であるというような書き方なのですよ。

真名　……。

宮田　でも、これは新羅のそばの国、つまり後の任那のことではないでしょうか。ところが、任那というのは四世紀後半・三五〇年過ぎに、日本が朝鮮半島に出兵することによって生じた国ですから、新羅本紀の作者は、後の時代に生じたことを時代を移して書いているのではないのかということですね。ただ、『三国史記』には卑弥呼のことや、結婚の話、朝鮮に渡った日本人の話などがありますから、任那以前にまったく通交がなかったということではないどころか、大変な関係があったということでもありますね。もちろん、これは九州の邪馬台国とのことでしょうが……。

真名　うーん……ごちゃ混ぜにしているな。

宮田　たぶん、そうだと思いますよ。新羅と百済を混同していますね。それから、この『三国史記』というのは年代を基準にして大雑把な書き方がされているのですが、『日本書紀』のほうは、とくに六世紀・五〇〇年代の朝鮮半島との関係が丁寧に記されているのですよ。

真名　……。

宮田　この『日本書紀』でも、任那という国はなかったようですね。

真名　どういうことなのだ！

宮田　国としてはなかったのですが、任那はあったのですよ。

真名　国ではないということか。

宮田　そうなのです。応神天皇は朝鮮半島に国を造らなかった、朝鮮半島の王様にはならなかったということですね。

真名　出兵はしているのだろ。

宮田　ええ、軍事的には占領とも思えますし、経営したという言い方もされているようですが、むしろ朝貢的な関係ということではないでしょうか。日本の武力に頼ったところが任那ということなのですよ。つまり、任那加羅とか、任那安羅、任那多羅というように『日本書紀』では書き留めていますからね。

真名　ああ、そういうことか。

宮田　人々を支配していたのは、その地の王様のままであったということでしょう。しかし、日本府というのは設置していたように『日本書紀』は書いているのですが……。

真名　日本府なのか？

宮田　いえ、日本という国名はずっと後ですから、倭府ということなのでしょうが……。新羅と国を接していたところに日本が兵士を派遣して、常に新羅とは争いがあったということなのでしょうね。

真名　ああ……。

宮田　ところが、新羅本紀では紀元前から続いた倭との戦いが五〇〇年過ぎからぴたりと消えてしまっているのです。

真名　日本が手を引いたのか。

宮田　いえ、違いますね。日本の天皇の権力も弱くはなっていたのでしょうが、日本の派遣部隊が新羅に買収されたとか、任那の国々が寝返ったということで、次々に新羅に併合されてしまうのですよ。あげくのはてに任那は全滅するのですが、『日本書紀』では任那の滅亡ですし、新羅本紀では新羅が加羅国を討つというように書いていますね。そして、その年号が西暦の五六〇年ということで、『日本書紀』と新羅本紀がぴったりと合っているのですよ。

真名　任那の終りか……。

宮田　ほかにも、中国の史書には西暦四〇〇年代に、倭王が新羅、加羅、秦韓、慕韓、任那の軍事安東将軍に中国政府から任命されたと書かれているのです。ここでは任那を独立した国のように中国は扱っていますが、秦韓、慕韓は、辰韓、馬韓のことなのでしょうが、国としては重複していますから、こういうようなところでは中国の史書はずぼらなところがあるのですね。

真名　任那はあったということなのか。

宮田　ええ、その任那があったとして、問題は、いつ日本が朝鮮半島に出兵したのかということなのですよ。『日本書紀』では、神功皇后のところに半島出兵の事が書いてあるのですが、『日本書紀』の年代のままですと、西暦の二〇〇年代の話となってしまうのですね。

真名　卑弥呼の時代だろ。

宮田　ええ。これは神功皇后の年代が『魏志』の卑弥呼の時代に合わせてあるからなのでしょうが、半島出兵が二〇〇年代だとはとても考えられませんし、だいいち、『魏志』の倭人条には何も書いてないということですから、多くの人々は『日本書紀』の年代は干支の六十年を二回り、つまり一二〇年の違いがあると言っているのですね。そうしますと、『日本書紀』による初めの三韓征伐はともかく、後の二四九年の戦いは三六九年の戦いとなるわけですから、多くの外国の史書とも合ってくるのですよ。

真名　干支でなら合うということか。

宮田　そうなのです。日本の作者が合わせたということなのでしょうが。

真名　記紀とかは、年代を引き伸ばしているのだろ。

宮田　ええ、明らかに年代を操作していますね。しかし、何らかの言い伝えや、記録を参考にしているのも事実なのですね。

真名　ややこしいことをしているなあ。

宮田　そこで……実際には、いつ日本が朝鮮半島に出兵したのかということなのですが……。応神天皇の日本統一が三五〇年過ぎのことであるとすれば、それ以前に半島出兵があったとは考え難いですし、神功皇后の三韓征伐が三二〇年頃とすると、新羅本紀でも三三二年に倭兵と戦うという記事はあるのですが、いずれの場合でもこの年代に戦いがあったとは思えないのですよ。それに、新羅本紀では三四六年に倭が金城を攻めたという記事があるのですが、三九三年にもほとんど同じ内容の記事がありますから、これも『三国史記』の重複記事ではありませんかね。

真名　実際には、いつ出兵したのだ。

宮田　新羅本紀では、西暦三六四年に倭の大部隊がやってきたということが書いてあります。もちろん新羅本紀では倭兵を撃退しているのですが。『日本書紀』では前に言いました一二〇年違いを計算に入れますと、西暦三六九年に百済と組んで新羅を破ったということになるのですね。この時に多くの国を平らげたということですから、これが後の任那ということでしょうか……。

真名　それが最初の出兵なのか。

宮田　私はそう思っています。それは、三七一年には百済が高句麗を攻めて一時的に勝利を得ていますから、これは百済が日本の出兵に刺激されたのか、あるいは日本と歩調を合わせたのかも知れませんね。また、この頃に百済の近肖古王が倭王に七枝刀を贈り、その刀が今でも奈良の石上神宮にあるそうですから、百済と日本はよほど仲が好かったのでしょう。ただですね……『三国史記』の百済本紀には、この三七〇年頃の日本の出兵がまったく書かれていないのですよ。

真名　百済と組んでいたのだろ？

宮田　『日本書紀』ではそうなっているのですが、『三国史記』の百済本紀では三九七年のところで、ようやく倭国と友好関係を結んだと記しているのですから、大切なところが何も書いてないのですよ。

真名　ふーん。

宮田　この日本出兵のことなどが、百済本紀に載っていれば問題はないのですが……。これは『日本書紀』が間違えているのか、あるいは、『三国史記』の作者が意図的に百済と日本の関係を削除したのかのどちらかなのですが、私は『三国史記』の作者が任那のことを書かなかったことと関係があると思いますね。

真名　どうして？

宮田　この三六九年の戦いこそ任那の始まりなのですから、任那を認めないためには、日本と百済の関係を書かないほうが良いはずなのですね。

真名　ないことにしたのだな。

宮田　いえ、戦いそのものは新羅本紀には書いてあるのですから、百済本紀には書いてないということなのですよ。……それから、任那を認めないことと関連していると思うのですが……。『三国史記』の列伝では、新羅の国の将軍・干老が倭国の使者に〝早晩、そなたの国の王を塩奴にし、王女を炊事婦にしよう〟と戯れたのですが、このことを伝え聞いた倭王が怒り、新羅を打ち、干老を殺したという話や、例の人質事件でも、新羅は高句麗に朴王（ボクオウ）を、倭には未斯欣（ミシキン）を人質として送るのですが、〝高句麗は大国で、一言で以てその意を汲んでくれるが、倭人のごときは、弁舌で諭すことができないから、策謀でもって帰国させよう〟と言っているのですよ。この新羅の人質奪回の話は、『日本書紀』にも書いてありますから事実なのでしょうが、内容としては、いかに新羅が日本を見下していたかということですよね。

真名　日本は新米の国だからなあ。

宮田　そういう事ですよね。ですから、新羅としては任那などという王様の国を認めたくないでしょうし、実際に任那は日本の属国ではなかったのですから、任那を無視したのだと思いますね。このことが後々までも続いたということは、結局のところ、新羅は百済と日本に勝っていますからね。

真名　勝てば官軍か……。

宮田　しかし、『三国史記』にこそ任那のことは載っていませんが、同じ朝鮮半島の広開土王碑には任那加羅と、はっきりと刻んでありますし、その碑では、西暦三九一年に、倭が百済、新羅、加羅を属国にしたとも刻んでいるのです。この広開土王というのは高句麗の王様なのですが、広開土王碑は次の長寿王の時に建てられたものですから、年代も史実としても正しいと言われていますよ。

真名　ほとんどその時代に建てられたということだな。

宮田　そうです。だから、絶対に正しいということではないのですが……。それに『日本書紀』では、例の一二〇年違いの計算で、日本が三九一年に百済の辰斯王を倒して、阿花王を王位に就けたとも書いていますし、新羅本記でも、西暦三九二年に新羅が高句麗に人質を送り国交を開いたとか、西暦三九三年には倭兵が新羅の金城を包囲したと書いてあるのですよ。これらのことなどから、高句麗は新羅を助けるために大軍を送り、倭と百済の連合軍と戦ったということが、広開土王碑の四〇〇年のところにありますね。

真名　日本が新羅を占領していたということなのか。

宮田　その様にも受け取れますね……。そして、この四〇〇年の戦いの後の四〇二年には、新羅は日本に人質として未斯欣（ミシキン）を送っていますから、これは一種の和解なのでしょうかね。

真名　それが例の人質事件か。

宮田　ええ。新羅本紀では西暦の四〇二年のことになっているのですよ。『三国史記』、『日本書紀』、広開土王碑をそれぞれに検討してみても、なんだかよく分からないのですが、この三つの書物や石碑の内容を考え合わせてみますと、三九〇年代には新羅と日本が大きな戦争をしているということですね。

真名　つまりは……応神の半島遠征はどういう事になる。

宮田　まず、『日本書紀』の神功皇后のところでは、新羅が百済からの貢物を奪ったから三韓征伐をしたということなのですが、本当の新羅との戦いは三九〇年代のことですから、最初に半島に出兵したのは、『日本書紀』の例の一二〇年違いでは西暦三六九年に、百済と連合して新羅を攻めたということなのです。実際にはこの戦いで加羅諸国を日本が手にいれたのではないのかということですね。『日本書紀』では、比自炑《ひしほ》、南加羅《ありひしのから》、喙国《とくのくに》、安羅、卓淳《とくじゅん》、多羅、加羅の七ヵ国を平定すると書いていますからね。

真名　それが、初めの戦いだろ。

宮田　ええ……『日本書紀』では逆になっているのですが、神功皇后の三韓征伐というのは、『日本書紀』の年代を一二〇年遅らせても、三二〇年のことになるのですし、その内容も神懸かり的なところがありますから、史実とは思えないところがあるのですよ。しかし、『日本書紀』で何度も取り上げている人質事件がここに挿入されていますから、これは卑弥呼の年代に神功皇后を合わせるために、三九〇年代の戦いをここに持ってきて、半島出兵や応神の出産をここでしたように見せかけているということですね。

真名　逆にしたか……。

宮田　ええ……。史実を利用して、しかも、西暦はなかったはずですから、西暦二〇〇年というのは偶然でしょうが、卑弥呼あたりというのがいかにも『魏志』を見ているという証拠になるでしょうね。

真名　それが新羅との戦いということか。

宮田　ええ、再征という言葉も使われていますから、まず間違いないでしょう。……それにしても、どうして新羅との戦いが生じたのか不思議ですね。

真名　日本の王様を怒らせたとか言っていたじゃないか。

宮田　ええ、あの干老の事件ですよね。原因としてはぴったりのような気もするのですが、『三国史記』によれば、干老の年代は三九〇年頃ではありませんね。

真名　その話は日本の本には載っていないのか。

宮田　ありませんね。

真名　それなら、百済とのことはどうなっているのだ。

宮田　新羅との戦いは、広開土王碑では百済と倭の連合軍との戦いとなっているのですが、『三国史記』の百済本紀では、阿花王の時代の三九七年に子供の直支王が、日本に人質として送られていますし、四〇五年には阿花王が死亡して直支王が百済に帰るのですが、これと同じ話が『日本書紀』にもありますからね。ただ……百済本紀の倭に関する記事が、後の唐・新羅との戦いを除けば、ここに書いてあるだけなのですよ。

真名　少ないとか言っていたな。

宮田　ええ、日本と百済はこの直支王の後にも、東城王のことで関係がありますし、これは中国の史書とも合うそうですから、やはり、『三国史記』の作者は百済と日本の関係を極力避けているようですね。

真名　任那のことか。

宮田　ええ。なんだか蟠りがあるように思えるのですが……。

真名　それにしても……応神はどうして朝鮮半島に出兵したのだろうな。

宮田　ええ、本当に。常識的には新参国の日本では考えにくいことなのですが……。ただ、東征、熊襲、蝦夷征伐と矢継ぎ早に成功した応神天皇ということならば、時の勢いということもあるでしょうし、仲のよかった百済の後押しということも十分に考えられますし、百済に利用されたということでもあるのでしょうかね。それに、当時の加羅地方が鉄の生産地としても有名であったそうですから、その狙いもあったのでしょうか……。

真名　東征でも船は使っているのだろ。

宮田　そうです。そうです。朝鮮半島出兵には、どうしても船が必要になるのですからね。応神天皇のところでも、武庫の船火災ということが書いてあります……新羅が云々ということなのですが……。応神天皇というのは記紀では実績のない天皇なのですが、朝鮮半島との関係では多くの事が書いてありますね。例えば学者の王仁（ワニ）のこととか、縫衣工女（キヌヌイヒメ）を求めるとか、弓月君（ユツキノキミ）が百済からやって来たというようにですね。

真名　関係があったということだ。

宮田　それに、考古学的に見ましても、この四世紀後半には、あらゆるところで大きな変革が認められるそうですから、ここで応神が任那に進出していたとすれば、半島の文化が急激に流れ込んだということは十分に考えられることなのですよ。

真名　任那はあったということか。

宮田　ええ。ほとんど間違いのないことでしょう。

十六　応神天皇（日本武尊）

宮田　ここで、日本武尊（ヤマトタケルノミコト）についてなのですが……私は、初めは武内宿禰を景行天皇の子供と間違え、武内宿禰こそ日本武尊ではないのかと思っていたのですよ。

真名　何！　日本武尊が武内宿禰だと……。

宮田　ええ……『日本書紀』では、景行天皇の最初のところで、景行天皇は播磨稲日大郎姫（ハリマノイナビノオオイラツメ）を皇后として、二人の子供を授かった。それが、大碓皇子（オオウスノミコ）と小碓尊（ヲウスノミコト）という双子として生まれたと書いているのです。もちろん、小碓尊が後の日本武尊となる話なのですが、この話のすぐ後から、景行天皇は紀伊国に行くつもりだったのだが、占いが悪く、屋主忍男武雄心命（ヤヌシオシヲタケオゴコロノミコト）を紀伊に遣わせて祭らせたと書いているのです。この屋主忍男武雄心命が影媛を娶って、武内宿禰が生まれたとなっているのですね。

真名　どうして、日本武尊と間違えたのだ。

宮田　私の本名が、宮田武男ですので……。

真名　えこひいきをするな。

宮田　冗談ですよ（笑）……実際には、この武内宿禰の記事の後に、成務天皇の稚足彦天皇（ワカタラシヒコノスメラミコト）が生まれたと書かれていたからなのです。『日本書紀』では天皇の子供はまとめて書いてありますね。この景行天皇のところでも、初めに小碓尊のこと、次に武内宿禰のことなのですから、私は武内宿禰もてっきり景行天皇の子供だと思い込んでしまったのですね。しかも、武内宿禰と成務天皇は同じ日に生まれたとされていますから、同じ話の多い記紀ですので、日本武尊と武内宿禰は同じ人物ではないかと……後にも『日本書紀』では蝦夷に竹内宿禰を遣わしたとも記されていますし……私には、武内宿禰が日本武尊のモデルになっているのだと思えたのですが……。

真名　へえー……日本武尊と武内宿禰か……。

宮田　それから、武内宿禰がいくら有名な家臣でも、これ程の出生扱いの記録をされるのはおかしいということと、記紀上は何百年も生きていたということや、後の大臣・蘇我氏の祖となっていること。それに、おそらく国記……『日本書紀』とは違うのですが……国記が聖徳太子や蘇我馬子によって書かれ始めていますから、この武内宿禰の話は、蘇我氏によって付け加えられた創作だという説もあるのですが……。

真名　架空の人物か。

宮田　ええ、戦前の有名な人の説だそうです。しかし、私の考えは違いますね。前にも言いましたように、記紀には創作の意図が明確ですし、年代を引き伸ばしているという面があり、武内宿禰の年齢が三百歳以上になる記紀の年代は間違っていますし、天皇陵の年代の考古学的考察でも、私の考えにほぼ一致していますから、武内宿禰が実在の人物であったという事は十分に考えられるのです。

真名　だから、武内宿禰が日本武尊なのか？

宮田　ああ、それは間違えて考えていましたね……武内宿禰が万世一系に重要な役割を果たしたという考えは間違っているとは思わないのですが、日本武尊との繋がりという点では、間違えてしまったのですね……成務天皇と武内宿禰は同じ日に生まれたから、双子という連想は成り立つのですが、記紀では同じ日に生まれたから、成務天皇が宿禰を取り立てたというように書かれていますから、宿禰はやはり臣、臣下の地位にすぎないようです。

真名　しかし、武内宿禰を特別扱いしているな。

宮田　そうですよね。武内宿禰を祖先としている蘇我氏が国記の著作に関係していたと思われますから、蘇我氏とも無関係ではないでしょうね。

真名　そうだよ。

宮田　宿禰のことはともかく……同じ日に生まれるということではないのですが、『古事記』では、神功皇后には品夜和気命（ホムヤワケノミコト）と品陀和気命（ホムダワケノミコト）の二人の子供がいたと記されているのですね。品陀和気命は後の応神天皇ですから、兄に当たるはずの品夜和気命のことがまったく書かれていないのですよ。ただ、『日本書紀』では、誉屋別皇子（ホムヤワケコウシ）と誉田別皇子（ホムタワケコウシ）がいるのですが、誉屋別皇子は神功皇后の子供ではないのですよ。

真名　それが日本武尊の話のもとか。

宮田　ええ、神功皇后のところにも同じような話があるということなのですね……双子が、当時どの様に扱われたかはよく分からないのですが、双子のうち一人だけを育てるという話はよくありますから、日本武尊が兄を投げ捨てたというのは、そういう事なのかも知れませんね。もっとも、兄の大碓命は蝦夷征伐を命じられて、逃げ回っていたという記録もあるようですが。

真名　すると、景行天皇の子供の話と神功皇后の子供の話が同じだということなのか？

宮田　ええ……。

真名　それなら、日本武尊は……？

宮田　それが問題なのです……。日本武尊というのは順当なら天皇になる資格があるのです。それが蝦夷征伐を終えた後に、突然死んでしまうのですよ。病死ですから、不自然ではないとしても、何か唐突な感じは免れませんし、それに、母の播磨稲日大郎姫（ハリマノイナビノオオイラツメ）というのは景行天皇の皇后ですから、日本武尊にこれ程の業績があれば、日本武尊は確実に天皇になれたはずなのです。……実際には、子供の日本武尊にこれ程の業績を書き記すということ自体がおかしいのですよ。景行天皇の業績になるはずですが、『古事記』などは日本武尊だけの熊襲・蝦夷征伐ですからね。それはともかく……おかしな言い方ですが、日本武尊を死なせているのですよね。また、少し細かいのですが、景行天皇の皇后は初めは播磨稲日大郎姫なのですが、後に八坂入媛（ヤサカノイリヒメ）を皇后としているのですよ。

真名　皇后が変わっているのか？

宮田　ええ、後の敏達天皇でも皇后が推古天皇に変わってはいますが、珍しいことですし、ここではおかしなことでもあると思うのです。つまり、播磨稲日大郎姫は架空の人物だということなのですね。しかも、ある説によればということですが、播磨稲日大郎姫には第三子があり、その名前が稚倭根子皇子（ワカヤマトネコノミコ）となっているのです。ところが、八坂入媛の第四子にも、稚倭根子皇子という名前があるのですね。

真名　稲田姫とかは、素戔嗚のか……稲日姫か……。みんな、何かうさんくさいなあ。

宮田　ええ……景行天皇や神功皇后のところで、よく似た名前の二人や、同じ名前の二人が続出しているのは、日本武尊と応神天皇が同じではないのかと……。

真名　万世一系か……。

宮田　そうなのですよ。何度も言っておりますが、万世一系にするためには、応神天皇の東征というのはあってはならないことですから、神武天皇の東征にして、しかも、その神武につなぐためには景行天皇の子供の日本武尊という英雄が必要となり、しかも、彼の子供の仲哀が天皇になり、九州で神功皇后と結婚して、その子の応神が天皇になったということにしたのですから、日本武尊を死なせる必要があったということなのですね。しかし、前にも言いましたが、東征、熊襲、蝦夷征伐、朝鮮半島遠征を複数の人がなしたと考えるよりも、このような大軍事行動は一人の人間によってなされたと考えるほうが合理的なのですよね。

真名　うーむ……やはり、応神の業績を殺しているのだな。

宮田　その通りなのですよ。

真名　つまり、日本武尊は応神天皇だと……。

宮田　ええ……。これが、日本の始まりには大英雄がいたのではないのかという考え方なのです。朝鮮半島はともかく、中国などにはすでに大英雄が出現していましたし、九州北部の、国家としての歴史が古いのも明確ですし、技術的に見ましても、騎馬という革命的な通信、運搬手段が有り得ましたし、武力的にも九州北部のほうが各段に優れていたのは明白ですから、邪馬台国の東征というのは、十分に考えられることなのですよ。

真名　熱田神宮はどうなる。

宮田　日本武尊の草薙の剣ですか……物語が先に作られていたとすれば、その物語に沿って構築物ができるというのは、珍しいことではないでしょう。だいたい、景行天皇の時代ですのに、日本武尊の方を有名にしてあるということのほうがおかしいですよ。

真名　どうしても景行の子供にしなければならなかった……。

宮田　そうですね。万世一系にするためには……。

真名　もともと、記紀とかは神話から始めているのだから、まともなことが書いてあるはずがないのだけれど……。

宮田　そうですね。万世一系というのも、天皇の権威を誇示するためには、とてつもなく重要なことですから、記紀の創作の原点を万世一系に求めても、それ程の違和感はないと思うのですよ。

真名　うーん……要するに応神天皇の問題だな。

宮田　そうですね。

真名　応神の墓を暴くか……。

宮田　まあ、今でも万世一系ですから、それはともかく……実際には記紀では応神天皇は業績のない天皇ですから、後の記述でも、ほとんど無視されても良いはずなのですが、前にも言いましたが、大きな応神陵や、継体天皇の祖先を応神に求めていること、祖禰の問題があるとはいえ、有名な雄略の中国への手紙、それに、少し調べてみましたが、『日本書紀』では応神天皇を、しばしば大王として取り上げているのですね。

真名　調べたのか。

宮田　ええ……まず、雄略天皇のところで、誉田陵の赤馬の話がありますね。次に、継体天皇のところでは、〝応神天皇以来、官家を置いてきた……〟とあるのですが、これは朝鮮半島のことですから、応神が半島に侵攻したということですし、同じ継体のところで〝海外の諸国に、応神天皇が官家を置かれてから……〟というように書かれているのですが、これでは、応神天皇が半島遠征をしたということですよね。

真名　記紀とかでは神功皇后なんだろ。

宮田　そうです。欽明天皇のところでは、〝神功皇后が新羅を助けた云々……〟というようなことが書いてあるのですから、記紀としては、朝鮮半島とのことは明らかに神功皇后の時代なのですよ。

真名　同じ人間が書いていないのと違うか。

宮田　おそらく、そうでしょう。『日本書紀』は多くの人々によって編纂されているということなのですね。ある意味では『日本書紀』の間違いなのですが、著者が間違うほどに、応神天皇は別格であったということでしょう。孝徳天皇のところでも、〝応神天皇の世にも白いカラスが……祥瑞が現れて有徳の君に応える〟というように書かれていますね。

真名　記紀には、応神の業績がないのにか……。

宮田　これは、神功皇后の話が作り話でないのなら、有り得ない間違いですし、また作り話ということでは、この『日本書紀』が書かれ始めた時代は……日本の国記が書かれ始めたのが……おそらく、推古女帝の頃でしょうから、記紀の特徴として、卑弥呼、神功皇后、天照大神というような女性が重要な役割を担っているのは、単なる偶然とは思えないのです。

真名　いろいろと絡めているんだ。

宮田　苦心惨憺して万世一系を誇示しているのですが、あいまにポロポロとほころびが……というような感じもするのですね。

真名　神功皇后を卑弥呼に当てはめたというのは間違いないのか？

宮田　まず、間違いないでしょう。書かれ始めた時代が推古女帝の時代ですし、ある意味では卑弥呼・神功皇后を中心として、時代が設定され、物語が作られているということですね。

真名　しかし……九州の邪馬台国の応神が東征したということは、なかなか言い切れないだろ。

宮田　そのことはすでに言いましたので、詳しくは繰り返しませんが、邪馬台国畿内説では、日本統一の過程が説明できないのですよ。天皇制の中心が奈良にあったことは間違いないのですが、だから、邪馬台国も奈良であったということにはならないと思うのです。この日本統一から朝鮮半島遠征まで、大きな役割を果たしているのが騎馬と船ですね。その手段を大陸から容易に手に入れることができるのは、北九州しかないということですし、考古学的にも武器とか、集落国家というような大陸の文化は、ほとんどが九州からですね。ただ、土器とか生活用具というのは、逆に東からのもののほうが多いのだそうですが、これは文化の発祥地がそれぞれ違うということではないでしょうか。交流があったということではあるのですが……。

真名　邪馬台国畿内説だと、国家統一はどのようになされたということになるのだ？

宮田　はっきり言って、しっかりとした説明はなされていませんね。ただ、日本統一そのものが、ずいぶん遅くなるということのようですよ。このことは後にも言いますが、間違っていると思います。

真名　聞くところによると、応神の東征というのは昔はよく言われていたそうだが、考えが古いとか聞いたことも……。

宮田　真名さんともあろう人が……古いとか新しいとかではなく、正しいか間違っているかということでしょ！

真名　お前が万世一系にこだわり過ぎているのじゃないのか。

宮田　考古学的に見ましても、四世紀後半から五世紀にかけては、大変な変革の時代であるということは誰もが認めることですし、外国の文献にも載っている、任那や倭の五王を無視してしまうことはできないことなのですよ！

真名　そう、怒るな。

宮田　（笑）……実際、継体天皇からが正しい事実で、彼こそ大王なのだというように書かれている本もあるのですが、はっきり言って、継体天皇などというのは臣によって祭り上げられた大王なのですよ。この時代から、大伴氏とか、蘇我氏がでしゃばってくるのですが、天皇の権力が弱くなっているのは明確ですね。臣下に殺される天皇も出てきますし、朝鮮半島での勢力も徐々に衰えてゆくのは、国内をまとめ切っていないということですね。

真名　逆か……。

宮田　天皇の権力という観点からすれば、雄略天皇で頂点に達しているでしょう……このことは後で言いますが、邪馬台国畿内説ということでは、朝鮮半島の任那、倭の五王のことは、ほとんど無視する必要があるでしょうね。

真名　どうして？

宮田　国内を統一したことさえ、ずっと後のことになるということなのですよ。

真名　……？

宮田　任那という文字は『三国史記』にはまったく載っていないということから、任那という国が朝鮮にあったのかどうかも疑わしく、後に雄略天皇が百済を助けているのですが、それが本当の朝鮮半島遠征ではないのかということと、倭の五王というのは九州地方の地方豪族のことであり、天皇家のことではないということなのですね。事実、記紀には、ほとんど中国との関係が記されていないのですよ。

真名　まだ天皇家が日本を統一していなかったということなのか？

宮田　そのような事のようですが、実際には、しっかりとした考えにさえなっていないのですよ。日本統一が、つまり天皇がどのように日本の中心になったのかということなのですが、記紀の熊襲・蝦夷征伐と朝鮮半島遠征が、事実であるかどうかということなのですよね。そして、その年代は何時なのかということなのですが、前にも言いましたので繰り返しませんが、熊襲・蝦夷征伐・朝鮮半島遠征は事実であり、しかも四世紀後半であることもほとんど間違いないでしょう。

真名　しかも、応神天皇だと言うんだろ。

宮田　ええ……。

真名　理屈だけを並べても、なかなか信用してもらえないだろ。

宮田　いえ、考古学的な古墳とかでも大まかに見れば、明確にこの時代の趨勢を物語っているのですよ。ただ、鏡とか土器の年代とか古墳の形というような些細なことにこだわっていますと、話はいかようにも展開してゆくのですが、その典型的なことが、邪馬台国畿内説ということなのですね。

真名　つまり、お前は反旗を翻しているのだ。

宮田　（笑）……前にも言いましたが、これは以前から言われていることでもあるのですよ。それが正しいだろうと言っているだけで……まあ、反旗でもいいですけれど……だいたい、考古学者は鏡とかに囚われ過ぎていますよ。確かに、三種の神器として……三種の神器というのは皇位の印とされているのですが……鏡があるのは事実なのですが、何十枚もの鏡が墓の中から見つかるというのは、宝物の鏡というようには考えられないのですよ。

真名　うん、宝物を埋めるものか。

宮田　そうですよ。あの鏡は当時としては貴重品でしょうけれど、高位の人々の副葬品としての必需品ではなかったのか、ということなのですね。だとすれば、いろいろな鏡を取りそろえておくというのは、権力の誇示でしかないわけで、鏡そのものにはほとんど意味がないということですね。ただ、年代が記されているのは、年代や内容そのものに意味があるのではなく……文字は使われていなかったはずですから……偶然的な要素が強いのではないのかということですが……。

真名　誰が作ったのだ。

宮田　それも問題になっているのですよ。三角縁神獣鏡というのは、中国ではまったく見つかっていないそうですが、つい最近には、三角縁神獣鏡は中国製だという結論が科学的に証明されたそうですね。だから、卑弥呼のもらった鏡などというのはとんでもないことですよ。三角縁神獣鏡は、近畿地方を中心として見つかっているのですから、近畿地方を中心に治めていた豪族が、中国に特別に注文をして作らせたということは十分に考えられますからね。非常な貴重品であったのでしょうし、特別注文なら中国では見つからないのが当たり前ですよね。その頃には崇神天皇が近畿地方を支配していたはずですよ。

真名　商売だな。

宮田　鏡を信奉している先生なら目を剥いて怒るでしょうが……宝物・領主からの贈物として分配されたという見方は、その数の多さからしても有り得ないことですね。

真名　いや、わしも前に聞いたことを覚えているが……結局、鏡に記された年号をどのように見るかということだろ。卑弥呼が鏡をもらった年号と、三角とかの鏡の年号がぴったりと合っているということなのだから……。

宮田　『魏志』に記されている景初三年の年号の鏡は、大阪や出雲で見つかっているのですが、出雲のほうは方墳で四世紀前半に作られ、大阪のほうは前方後円墳で四世紀の終り頃のものだというのです。もし有力者から配られたものを副葬品として使うのなら、同じ時代の人々のはずですね。とすれば、景初三年は二三九年ですから、その時に配られたものだとすれば、少なくとも三世紀の墓でなければならないでしょう。時代が離れ過ぎているのですよ。それに、三角縁神獣鏡が発見される中心地が近畿地方であるというのも、三角縁神獣鏡が近畿地方の人々によって購入されたということにすぎないでしょう。

真名　鏡には作者の名前も書いてあるそうじゃないか。

宮田　真名さん、よく知っていますね……。これは、中国製であることを証明しているということでしょうか。確かに、あの精緻さはこの時代の日本では無理であったのかも知れませんね。いずれにしても、中国製であることを誇示したかったのですよ。

真名　しかし、鏡に書かれた年号は……。

宮田　青龍とか景初・正始というような三国時代の年号が使われていますから、その頃に作られたのは間違いないでしょう。しかし、年号にも誤りがあるということから、神獣鏡は正確にその時代に作られたものではなく、その辺りの時代に中国で制作されたということでしょうね。

真名　それなら、卑弥呼がもらった鏡である可能性もあるのではないか……。

宮田　何度も言っていますが、三角縁神獣鏡は数が多すぎますし、宝物とは認め難いということですね。ましてや、卑弥呼のもらった鏡であることを証明することはほとんど不可能ですしね。

真名　しかし、その鏡は中国製に間違いないのか。

宮田　三角縁神獣鏡を科学的に分析した結果のようですし、精緻なものだけが中国製ということですから、まず間違いないでしょう。格からしても、輸入品のほうが上になりますからね。

真名　ブランドの鏡か……。

宮田　（笑）……ええ。

真名　問題は鏡だけなのか。

宮田　いえ、前方後円墳は奈良から、土器も東海地方が中心ということなのですが、前方後円墳のことは前に言いましたからここでは言いませんが、土器は材料の問題ですよね。

真名　瀬戸物か。

宮田　瀬戸かどうかは私には分かりませんし、瀬戸物はずっと後に始まったことだとは言われていますね。

真名　成分を調べてみればわかるだろ。そう言えば、鏡でも銅の成分から、どこで作られたのかは分かるのじゃないか。

宮田　土器は東海地方のものだとは言われていますが……銅鏡の成分を分析できたのも、つい最近のことのようですよ……ここで言いたいのは、何でもかんでもが奈良からということではありませんし、何でもが九州からではないだろうということなのですよ。

真名　ああ……そうだな。

宮田　明治維新でも、西洋から大変な文明が入ってきたのですが、日本古来のものも捨て去ってはいませんからね。

真名　邪馬台国畿内説とかでも、邪馬台国をヤマトだとすれば、奈良が大和地方であるということと、飛鳥奈良から文字文明が始まっているから、奈良が中心だということになってしまうようだな。

宮田　ええ……それはあると思います。ですから、奈良は日本の中心であり、実質的な天皇家の発祥地でもあるわけですから、九州からの応神が天皇家を起こしたのでは困るのですよ。ですから、日本武尊という英雄をこしらえて、応神天皇につないだのですが、実際には日本武尊と応神天皇は同一人物だという考え方ですね。『古事記』『日本書紀』は、あくまで天皇家の物語なのですよ。

真名　『古事記』とか『日本書紀』は、そういうものなんだ。

宮田　日本の歴史を明らかにするという強い意志を、この時代の作者に望むべくもないでしょうね。

十七　仁徳天皇（その一）

真名　日本武尊や鏡のことはともかく、新羅との戦いは、すべて応神の時代なのか？

宮田　その事なのですが……。もちろん、応神天皇自身は朝鮮半島へは行っていないでしょうね。『日本書紀』でも、初めの三六九年の戦いでは、荒田別（アラタワケ）鹿我別（カガワケ）が指揮をしたことになっていますし、後のいわゆる三韓征伐では、前にも言ったような事情で、神功皇后が行ったようにはなっていますが、武内宿禰を中心に戦っていますからね。問題はこの時、つまり三九〇年代の天皇が応神天皇であったのか、それとも仁徳天皇に代わっていたのかということなのですが……。

真名　いつ、仁徳が天皇になったのかということだろ。

宮田　『日本書紀』によりますと、仁徳天皇は西暦三一三年に即位して三九九年の崩御になっていますので、九十年も在位したことになりますから、不可能なことになっているのです。

真名　歴史の引き伸ばしだろ。

宮田　そのようですが……。『日本書紀』には天皇の即位した年の干支がすべて記してありますし、『古事記』ではところどころに崩御年の干支が記録してありますね。

真名　干支は合っているのだろ。

宮田　いえ。まったく合わないと言えるほどに、『古事記』と『日本書紀』の干支が違っているのですよ。それでも、ようやく五三五年の宣化天皇の辺りから『古事記』と『日本書紀』の干支が合ってくるのですが、『古事記』のほうは物語がすでに終り近くになっていますからね。
真名　どうして合わないのかな。
宮田　『古事記』、『日本書紀』の双方ともに、同じ記録から写しているのならこのような違いは生じませんから、記録そのものがなかったということなのでしょう。ですから、記紀ともに、それぞれに年代を積もりながら書いてあるということですね。
真名　すると干支は滅茶苦茶なのか。
宮田　ええ、この時代の干支はほとんど信用できないということですが、年代としては、四〇〇年過ぎになれば在位年数が、記紀と符合するところがありますからね。
真名　……。
宮田　それに、前に『日本書紀』には神功皇后のところで一二〇年、つまり干支の二回りの引き伸ばしがあると言いましたが、これを神功と応神それぞれに仁徳、それぞれに六十年ずつ在位年数を伸ばしているのだとした場合、応神天皇の即位年の干支は庚寅《かのえとら》ですから、書紀の年号では二七〇年の即位ということなのですが、六十年を繰り下げますと、応神天皇は三三〇年の即位ということになるのです。同じように仁徳天皇の場合でも、癸酉《みずのととり》の即位ですから、書紀では三一三年の即位なのですが、六十年を繰り下げますと、仁徳天皇の即位は西暦三七三年のことになりますね。
真名　一二〇年をそれぞれに六十年ずつ引き伸ばしたとするのか……。

宮田　ええ、これは足掛かりを探っているということなのですが……書紀も、何らかの足掛かりをもとに書いているのではないかということですね。
真名　干支は当てはめただけか。
宮田　ええ……。それに、ここで重要な手紙が中国の史書に残されているのですよ。
真名　手紙？
宮田　それは倭王の武が中国の宋に出した手紙なのですが……。その『宋書』夷蛮伝・倭国のなかで〝昔祖禰躬《みずか》ら甲冑をまとい、山川を跋渉し、寧《やす》らかに処るにいとまあらず。東は毛人の五十五国を征し、西は衆夷の六十六国を服し、渡りて海北の九十五国を平らぐ……〟と書いているのですね。
真名　祖禰とは誰のことだ。
宮田　それが問題なのですが……。その前に、この倭王武というのは雄略天皇だと言われているのですよ。確かに、手紙の中で〝臣の亡き考《ちち》済は〟とか〝奄《にわ》かに父兄を喪ない〟というように書いていますから、雄略天皇の父は允恭天皇ですし、雄略の兄の安康天皇は即位してまもなく殺されてしまうのですから、雄略天皇としては、俄かに父兄を失うということになりますからね。
真名　倭の五王とかの話だろ。
宮田　ええ。この手紙を出したのは、倭の五王の最後の武ということなのですが、讃、珍、済、興、武の倭王が、それぞれにどの天皇に当てはまるのかということなのですよね。
真名　武が雄略なんだろ。
宮田　ほとんど間違いありませんね。

真名　それなら、雄略から逆に当てはめてゆけばいいだろう。
宮田　武が雄略天皇で、その兄の安康天皇が興、二人の父の允恭天皇が済、允恭天皇の兄の反正天皇が珍、允恭、反正の兄の履中天皇が讃であると言われているのです。この三兄弟の父が仁徳天皇なのですから、この手紙を出した倭王武の雄略天皇にとっては、仁徳天皇が祖父ということになりますね。
真名　それが祖禰か。
宮田　ええ、祖禰というのは祖父のことで仁徳天皇だという説もありますし、祖禰とは祖先のことだという説もあるのですよ。しかし、昔々の祖先の話をこうも自慢そうには書けないでしょうし、自分の祖父の話ならはっきりと祖父と書けるでしょうし、後から言いますが名前も書けると思うのです。それなのに、わざわざ祖禰という言葉を使ったのは、仁徳ではないということですね。
真名　応神か！
宮田　ええ……。手紙に記されている東の毛人とか西の衆夷、海の向こうの海北などという言い方は、蝦夷、熊襲、朝鮮半島を指していることは誰にでも推測できることですからね。
真名　しかし、応神なら東征がないのと違うか。
宮田　……。
真名　どういうことなのだ。
宮田　しかし、事実でも書きようがないでしょう。
真名　……。
宮田　それに東征が事実上の和解であったのなら、征服とはなりませんからね。前にも言いましたように、応神天皇のやり方というのは、宇陀や纏向、それに朝鮮半島でもそのようですが、逆らわぬ相手を潰すようなことをしなかったようですし、応神天皇は景行天皇の曾孫を妃としているのですから、二つの王朝が合体したようなものなのですよ。

真名　ああ……大和だよなあ。

宮田　和解なら、九州から来たとは書けませんからね。

真名　すると、雄略の手紙とかは応神のことを書いているということか。

宮田　ええ、後に詳しく言いますが……この手紙は少し大袈裟だとは思うのですが、まったくのでたらめだとは思えないのですよ。

真名　うーん。

宮田　それに『日本書紀』では履中天皇の即位が四〇〇年になっていますし、允恭天皇の在位期間も異常に長くなっているのですね。詳しくは後から言いますが、中国の史書とは、だいたい二、三十年のくい違いがあるということなのです。

真名　日本のは当てにならないのだろ。

宮田　ええ、このくい違いには理由があるとも思えるのですが……。

真名　要するに、どちらの年代が正しいかということだろ。

宮田　ま、そういうことなのですが……『日本書紀』のほうは年代が正しいとは言えませんし、中国の史書の場合は、ほとんどがその時代に書かれているものですから、それ程間違っているとは思えないのですね。ですから、中国の年代を正しいとした場合、『日本書紀』の年代には二、三十年の間違いがあるということになるのですよ。

真名　……。

宮田　この二、三十年の違いが反正天皇以前にもあるとすれば、応神天皇の即位した年は、例の六十年違いの干支では三三〇年とも考えられますから、この二、三十年の違いを計算に入れますと、応神天皇の即位は三五〇～三六〇年であるとみなせるのですよ。同じように仁徳天皇の場合でも、三九〇～四〇〇年頃の即位ということになりますから、私の考えた年代と、ほとんど合ってくるのですよ。

真名　干支が狂ってくるだろ。

宮田　干支はでたらめになってしまうのですが、そもそも、この時代の『日本書紀』は干支を当てはめただけで、干支から年代を決めているのではありませんから、干支そのものはでたらめでもいいのですよ。

真名　……。

宮田　『日本書紀』と中国の史書の在位年数はある程度合っているのですから、在位年数から逆算した場合ということですね。

真名　ああ……いずれにしても日本のほうが間違っているということだろ。

宮田　そうです。ですから、応神天皇の即位年が三六〇年頃であり、仁徳天皇も四〇〇年前後の即位だとすれば、仁徳天皇が新羅との戦いにかかわっているかどうかは微妙なところがあるのですね。

真名　仁徳に代わってから新羅との戦いを止めたとも考えられるのと違うか。

宮田　有り得ますね。

真名　仁徳は聖帝だものな。

宮田　記紀では仁徳天皇を大聖帝として扱っていますよね。例えば、有名な民の竈の煙の話とか、民の貧乏は私の貧乏だという言い方もありますし、何よりも、堀江を掘ったとか、茨田の堤を築いた、宇治には大溝を掘って田を作り、和珥池を造る、猪飼津に橋を渡した、大通りを京に造り、石川の水を引くというように、これは明らかに仁徳天皇が国内産業の振興に力を注いだということなのですよね。

真名　仁徳天皇が、国の基礎をこしらえたということだな。

宮田　ええ。応神天皇が国を統一して、仁徳天皇が国を安定させたという見方ですね。

真名　墓が大きいだけではなさそうだ。

宮田　二人の業績は、ほとんど日本の始まりではないでしょうか。

十八　仁徳天皇（その二）

宮田　もう一度、仁徳天皇の倭の五王の問題に戻りますが……。

真名　倭の五王というのはもう一つ曖昧なところがあるなあ……学校の教科書では取り上げていないのだろ。

宮田　ええ、讃珍済興武の倭王の名前だけは有名なのですが、教科書では日本の天皇とは直結させていませんね。

真名　どうしてなのだ。

宮田　実は……日本の記紀では倭の五王の記事が載っている『宋書』をまるで無視しているのですよ。

真名　『魏志』とかの話は取り上げていたとか言っていたな。

宮田　そうです。『日本書紀』では卑弥呼の名前はありませんが、倭の女王として、年代もほとんど合っていますから、間違いなく神功皇后に当てはめていると分かるのですが、倭の五王の場合は、まったく『宋書』を引用していないのですね。

真名　書いた奴が読んでいなかったのか。

宮田　さあ……知らなかったと言えないことはないのでしょうが……いろいろとこのことは問題になっ

ているようですね。しかし、『魏志』を読んでいる人々が、『宋書』を知らなかったとは考えられないですよ。

真名　……。

宮田　しかも、日本にとっては大変に重要なことが書かれていたのですから……実を言いますと、この『宋書』を取り上げますと、記紀が一変してしまうほどの大事件が書かれていたのです。

真名　年代がはっきり書いてあるのだろ。

宮田　それもそうですが……何度も言っております祖禰ですよ。『宋書』には祖禰が日本を統一して半島に出兵したとはっきりと書いてあるのですね。祖禰は一人のことでしょうから、景行天皇が熊襲・蝦夷征伐をして、神功皇后が朝鮮半島へ出兵したという『日本書紀』の記述とは合わなくなってしまうのですよ。

真名　合わなければ……無視するしか仕方がないか。

宮田　(笑)……何時の時代でも、有り得ることなのですよ。『三国史記』が任那のことを無視したように……。

真名　しかし、無視したとしても、『宋書』とか何とかの倭の五王が、日本の天皇と合わないのなら仕方がないだろう。

宮田　それは、そうですよね。これは前にも言ったのですが、実際に『宋書』の記事がどの様に書かれているのかということが問題なのですね。『晋書』では……記事は『宋書』だけではないのですが……『晋書』では四一三年に最初に倭が東晋に使いをだしたということなのです。この年は高句麗の広開土王の死んだ翌年ですし、高句麗も東晋に使いを出しているのですから、この時の日本の王が讃であるかどうかということですね。

真名　それには、はっきりと書いてないのか。

宮田　ええ……倭国が方物を献ずとだけ書いてあるのですから……。

真名　……。

宮田　東晋のことは、はっきりとは分からないのですが……『宋書』の夷蛮伝・倭国には、四二一年に讃が貢ぎ物を納めたので徐授を賜うべし、四二五年にも、讃が方物を献ずとあるのですね。この四二五年に讃が方物を献ずとした後に、讃死して弟珍立つとなっているのですが、これは四二五年のことではないようですね。ある本によれば、この年を四三八年としているのですよ。

真名　珍が立った年か……。

宮田　そうです。しかし、『宋書』には年代は書いてないのですね。

真名　それは重要なことだろ。

宮田　そうなのです。そして、四四三年に済が使いを出し、四五一年にも済が安東将軍になり、四六二年には世子の興が安東将軍……興が死んで武が立ち、自ら安東大将軍と名乗る。四七八年には、有名な上表文を出した武が、安東大将軍にしてもらったということなのですね、これが、いわゆる『宋書』の明確な年代なのです……つまり、この年代だけでは、誰が何時、倭王になったのかはまったく分からないのですね。

真名　話が違うじゃないか。

宮田　いえいえ、ほとんど間違っていないのですよ……と言いますのは、四三八年頃に珍の反正天皇が立ち、四四三年頃に済の允恭天皇が、興は安康天皇ですから四六二年頃にすぐに殺され、武の雄略天皇がすぐに即位したということなのです。ただ問題なのは、允恭天皇の在位期間ですね。『日本書紀』では四十年以上の在位期間になっているのですから、どうしてもつじつまが合わないのですよ。

真名　四十三年から六十二年だから、二十年ぐらいだよな。

宮田　ええ、『宋書』ではそうですね……ところが、『日本書紀』の記述では允恭天皇の在位期間は四十二年ほどなのですが、允恭二十四年から、突然、允恭四十二年に飛んで、天皇が死んでしまうということになっているのですよ。

真名　年代が正しいのか。

宮田　もちろん、記紀ともに後から積もって年代を書きそろえているのですが、履中、反正、允恭というのは兄弟相続ですから、常識的に考えても在位期間は短いはずですし、それに允恭天皇は病気であったのですね。

真名　病気？

宮田　ええ。病気は即位した後に、新羅の医者が治したとは書いてあるのですが……。

真名　ああ、そうか。

宮田　だから、在位期間が短いということではないのですが、在位期間が長い天皇というのは、ほとんどが大天皇で業績が顕著である場合が多いのですよね。

真名　うん、あらゆる意味で健康であることは大切だろうな。

宮田　ですのに、允恭天皇の四十何年の在位期間というのは、間違いではないのかということなのですよ。

真名　『古事記』も『日本書紀』も同じなのか。

宮田　いえ、『古事記』のほうは、反正天皇の崩御年丁丑《ひのとうし》から、允恭天皇の崩御年の甲午《きのえうま》までですから、允恭天皇は十八年の在位期間ということになりますね。逆に雄略天皇の場合は、『日本書紀』では在位期間が二十二年ですし、『古事記』のほうではだいたい三十年ぐらいですね。

真名　なんだか、おかしいな。

宮田　『日本書紀』では、雄略天皇の時代から、きちっとした年号による書き方がされているのですが、それは後のこととして……。やはり最も問題となるのは、『宋書』に載っている雄略天皇の手紙ですね。全文をここで取り上げるのは難しいのですが、内容は朝鮮の『三国史記』とも合いますし、天皇の年代とも合いますから、間違いのない上表文なのですが、まず、〝昔より祖禰躬《みずか》ら甲冑を着て……〟の祖禰が誰なのかということですね。

真名　それが応神だと前に言っていたな。

宮田　しかし、祖禰を仁徳だと簡単に書いている先生方が多いですね。

真名　仁徳が日本を統一したのか。

宮田　ま、記紀にはその様なことは一言も書いてありませんのですが……ただ、記紀の年代が正しいとすると、年代的には三五〇年以後が仁徳天皇の在位期間となりますから、合わないこともありませんし、文字的にも祖父のことだと断言している人もみえますよね。

真名 仁徳は国内事業なんだろ。

宮田 そうです。記紀では明らかに仁徳天皇を聖帝とはしていますが、英雄と言われるような事は、つまり、武力による争いはほとんど無いのですよ。明らかな新羅との戦いは三九〇年頃ですから、はたして、この戦争にさえもかかわっていたのかどうか……また、讃を仁徳だとすれば、讃が中国に使いを出したのは有名ですから、これはある意味では朝鮮半島における和解工作になるのですからね。

真名 竈《かまど》の煙を気にしていたのだろ。

宮田 いわゆる啓蒙君主の始まりですよね。

真名 祖禰の祖は昔のことだろうけれど、禰はどういう意味だ。

宮田 禰は、示偏はついているのですが、爾だけですと、君とかなんじという意味のようですね。むかしは上の人を尊敬して使われた言葉のようですから、貴い人というような意味にも取れるはずなのです。

真名 応神天皇で合っているじゃないか。

宮田 ええ……。しかし、応神天皇だという人はほとんどいないのですよ。

真名 どうして?

宮田 応神天皇が日本の統一をしたのだとは、誰も言わないからですね。

真名 ああ……おまえだけか。

宮田 (苦笑)……しかし、この祖禰は仁徳天皇とは違いますね。もちろん、祖先というような曖昧な複数の人を意味する言葉では有り得ませんし、躬《みずか》らという言葉もありますから明らかに一人のことなのですよ……。としますと、応神天皇でしかないのですよ。

真名　逆に言うと、その手紙こそ応神天皇が日本を統一した証拠でもあるということか。

宮田　ええ、真名さんのように素直にとってもらえれば有り難いのですが……。

真名　記紀とかには何も書いてない。

宮田　しかし、古墳の天皇陵でも、ほとんど私の説に沿った年代となっていますよ。

真名　いったい何が、歴史をややこしくしているのだ。

宮田　人間ですよ。記紀を書いた人々ですよ。日本の記紀だけではありませんが……真名さんが言われるように人間というのは、夢を追い過ぎる癖がありますからね（笑）。

真名　『汝自らを知れ』だよ。

宮田　そうですよね。自然に打ち勝てるとすると、神様ですかね。

真名　神様は自然に近いよ。

宮田　禅問答になってしまいますね。

真名　まあな……何の話をしているのだ（笑）。

宮田　そう……応神天皇のことなのですが、前に応神の東征については、理由を幾つもあげましたから繰り返しはしませんが、ほぼ間違いないと私は思っていますね。

真名　うん。必ず東征があったということなんだろ。

宮田　ええ。さもなければ、天皇制そのものの成立と、後々までの堅固さが説明できないのですよ。……単純に考えれば、奈良の邪馬台国が大きくなり、九州征伐をして東の国を征して、朝鮮半島に遠征したということになるのですが……繰り返しになるかもしれませんが、『魏志』に載っている邪馬台国には長い歴史があるのです。しかし、奈良では急に大きな古墳が造られているのです。しかも、考古学的にも紀元前に国の歴史があるのは北九州だけなのですよ。それに、熊襲征伐であり、これは南九州を征伐したということですから、征伐した国は、北九州の国か北九州にいた国ということになるのですね。

真名　ああ、熊襲征伐が北九州からの東征なら説明がつくか……。

宮田　ええ……それに、記紀の言うように、ずうっと前に・紀元前に東征があった、ということはありえませんよね。

真名　卑弥呼以前から、日本が統一されていたということになるのだろ。

宮田　そうです。ところが、崇神天皇でも、東海、北陸、西海、丹波ということなのですから、崇神以前に東征があったはずがないのです。

真名　うーん。

宮田　それから、朝鮮半島の遠征が本当のようですから船がいるのですが、これは九州から東征した場合にのみ……東征には、船を使っているのですから……船の必要性があるのですね。

真名　あー、みんな繋がっているということか。

宮田　しかも、記紀のいうように何代にもわたってということではなく、応神天皇一人によってのみ可能なことだということなのですね。

真名　すべてが関連しているということならそうだよな。

宮田　ええ。そして、記紀は歴史を操作しているのですが、その基本が万世一系ということなのですよ。

真名　そうか……神様も全部繋がっているのだ。

宮田　記紀の万世一系は非常に明らかなことなのですよ。
真名　作者の意図か……嘘の根拠か……。
宮田　万世一系については、すでに明確に説明したので……。ここでは仁徳天皇のことなのですが
……まず最初に、仁徳天皇というのは応神天皇の第四子となっているのですが、前にも言いましたが、応神天皇というのは、景行天皇の曾孫の三姉妹を妃としているのです。皇后には仲姫を立てているというのは仁徳天皇の母が仲姫だからなのでしょうが、応神天皇には姉姫の子供である大中彦皇子と大山守皇子がいたのです。そのほかにも、宮主宅媛（ミヤヌシヤカヒメ）との間に、菟道稚郎子皇子（ウジノワキイラツコノミコ）がいたのですよ。何故か応神天皇は、この菟道皇子を太子と定めたのです。ところが、大山守皇子がいろいろと妬んで帝位を取ろうとして菟道皇子を殺すつもりが、逆に菟道皇子に殺されてしまったのですが、ここからが問題なのですよ。
真名　問題？
宮田　これで菟道皇子が天皇になるということなのに、菟道皇子は仁徳天皇に位を譲るために自殺をしたということになっているのです。
真名　自殺？
宮田　この帝位を譲るということでは、いろいろと不可解な事件が後にも生ずるのですが、ここでは明確に自殺ということになっているのですね。〝これが天命です……〟という菟道皇子の死は仁徳天皇が聖帝であることを強調するための創作だとも言われているのですが、『日本書紀』では、菟道皇子は〝応神天皇が私を皇子としたのは、可愛かったからだけであり、兄のあなたが天皇になるのは当たり前

だ〟と言って仁徳天皇に皇位を譲るために自殺をするのです。

真名　それは、皇位継承者の問題だなあ……。

宮田　その通りなのですよ。皇位継承の問題で誰が天皇になるのかということと、生々しい権力争いが、記憶としても残され始めているようですね。

真名　ある意味では、永遠の問題だよなあ。

宮田　言えますね。形は違っても権力を維持をするためには、激しい闘争が生じるのですが、ましてや、国を統一した後の権力争いということになりますと、仁徳以後は本当に凄いのですよ……それはともかく、菟道皇子は仁徳天皇を兄としているのですが、これは兄が相続するという一つの形を示しているようですが……。

真名　記紀とかでは、きちっと説明するというようなことは全くできていないのだな。

宮田　記紀で一番重要なことは、ある意味では家系・系列ですから、妃や皇后、子供のことが重要なのですが、どこの天皇にも子供のことだけは書かれていますね。

真名　後の人々がそれを利用しているのだろ。

宮田　ええ……。系列と言えば、応神天皇には日向泉長媛という妃がおりまして、日向の人なのですね。

真名　熊襲征伐だ。

宮田　ええ、宮崎には大きな古墳があるのは、熊襲征伐で天皇が宮崎に宮をこしらえるほどであったということと無関係ではないのでしょう。

真名　お前は自信があるのだな。

宮田　もっとも、景行天皇にも日向の妃はいるのですが、書紀では景行天皇による熊襲蝦夷征伐ですからね。しかし、景行天皇の妃のことは『古事記』には記されていませんから……。日向といえば、私は神武天皇は降臨神話や古墳から狗奴（熊襲）から来ているのではないかとも言いましたが、確かに、宮崎には三〇〇年頃の古い古墳はあるそうですから、記紀における宮崎での熊襲征伐は間違いないのですが、大きな古墳ではもっと後のようですね。ですから、一概に降臨神話を信じて、神武天皇は南九州から来た狗奴とは断定できないとも言われていますね。

真名　……？

宮田　大きな古墳が三〇〇年頃ですと、熊襲征伐の前に古墳があったということになりますから、吉備奈良王朝と熊襲との関係が明確になるからですよ。

真名　前に、撥型の古墳がなんとか言っていたが、間違っていたということか。

宮田　いえ、多くの人々がいろいろなことを言っているということですよ（苦笑）……私には古墳を詳しく調べるだけの余裕はありませんから……。

真名　参考書も正しいということではないのだ。

宮田　そうです。

真名　だんだん昔に戻って行くじゃないか。

宮田　切りがありませんね（苦笑）……仁徳天皇に戻してもう少し詳しく言いますと……皇位継承に関しても、仁徳天皇は第四子とありますから、おそらく順番でゆけば、姉媛の子供の大中彦皇子と大山守皇子と姉の次に仁徳天皇なのでしょうが、応神天皇は菟道皇子を太子と定めているのですね。

真名　どうして？

宮田　さあ……妃の和珥臣を祖とする宮主宅媛（ミヤヌシヤカヒメ）とのことだと思うのですが……前にも言いましたが、この菟道皇子を妬んだ大山守皇子が菟道皇子を殺そうとするのです。それを知った仁徳天皇が菟道皇子に連絡して、逆に菟道皇子は大山守皇子を宇治川で溺れ死にさせてしまうのですね。

真名　なるほど、話の筋は通っているな。

宮田　ええ、単純な作り話とは思えないのですよ。しかも、菟道皇子は仁徳天皇に〝あなたは兄なのだから、天皇になってくれ〟と言い続けるのですが、仁徳天皇が断り続け、ついには菟道皇子が自殺をしてしまい、ようやく仁徳が天皇になったということになっているのですね。

真名　本当なのかな？

宮田　真実は誰にも分からないのでしょうが、皇位継承問題はこの後も様々な形で生ずるのですが、とにかく凄い戦いというほどのことになるのですよ。

真名　うーん、天皇に権力が集中すればするほど……ということなのだろうな。

宮田　そうです。逆に言えば、応神天皇によって天皇に権力が集中されたということでもあり、日本統一がこの時代であったということの証明になるのではありませんかね。

真名　応神以前にはないのか？

宮田　ほとんど皇位継承に関しての闘争はありませんね。反乱はあるのですが……。

真名　そのことは前にも言っていたな。

宮田　そうですね。しかも、このような事実は、物語としても残りやすいと思うのですよ。事実、『古事記』でも『日本書紀』でもほとんど同じ内容の物語になっていますからね。

真名　その仁徳天皇が、いつ頃天皇になったのかということだな。

宮田　実は、これは前にもいろいろなことを言ったのですが……仁徳陵が五世紀中頃以後に造られたという調査結果があるのですが、この古墳が仁徳の生きている間に造り始められていたとはいえ、やはり、築造には十年ぐらいの年月を要したろうという試算が正しいとしまして、仁徳の没年を四三〇年過ぎという私の考えからでは、仁徳陵が五世紀中頃のものだという数字に合ってくるのではないかということですね。

真名　俺がそう言っていただろ。

宮田　そうでしたね……そこから逆算しますと、仁徳天皇が三九〇年頃の朝鮮半島の新羅との戦いに、関わっていたかどうかは微妙なところがありますね。ただ、『日本書紀』では、仁徳の治世年間は八十七年なのですが、これは無茶だとしても、私の計算では、例の干支の一回りの違いと允恭の二十年ほどの違いを入れますと、『日本書紀』では三一三年の即位ですから、三九三年頃の即位ということになるのですが、これは新羅との戦争中ということになりますね。

真名　そのことは記紀とかには書いてないのか。

宮田　年代を無視すれば、仁徳のところには新羅との戦いも書いてありますし、とくに高麗国・高句麗の使いのことなども書いてあるのですが、『三国史記』の新羅本紀では、四〇二年に倭に人質を送って国交を結ぶとなっていますから、これが実質的な新羅との和解ではないのかということですし、四一三年には倭王が東晋に使いを送ったという話もありますから、どちらかというと、仁徳天皇は外国とは和解の政策ではなかったのかという気がしますね。
真名　仁徳が内政に力を入れたということと合うということだな。
宮田　そうです。竈の煙の話は寓話的ですが、彼がいかに内政に重点を置いたかの象徴でもありますからね。
真名　考古学的にはどうなのだ。
宮田　はっきりと言って、確かな証拠はないようですね。仁徳天皇が難波の高津宮に都を置いたということなのですが、考古学的には実証されていないそうです。そのほかにも仁徳記には様々な事業が成されたと書かれているのですが、それを実証するのは難しいでしょう。と言いますのは、事業の多くは川や池を掘るとか、堤を築く、橋を造るというようなことですから、後世においても常に改造はされているはずですから、仁徳時代の痕跡を見つけ出すことは難しいということなのです。
真名　大阪なんだろ。
宮田　そうです。
真名　奈良や京都より古いということだよな。
宮田　恐らく……いや、奈良には崇神天皇の磯城があるはずですが……。
真名　ああ、そうか……。
宮田　本格的な都ということなら、たぶん仁徳天皇の大阪でしょうね。都を造るという発想そのものが、大陸から来ているのですから、よほどの技術の導入がなければ無理だということなのですよ。川を引いて田を造るとか、堤防を築いて氾濫を防ぐというようなことでも、容易なことではないでしょう。

真名　正しく、国造りだよな。

宮田　そうですね。無茶なことのようですが、応神天皇が朝鮮半島へ出兵したことが、国内に大きな変革をもたらしたのは間違いありませんね。

真名　それにしても、武力だけは通用したのかな。

宮田　応神天皇の半島出兵ですか？

真名　そうだよ。

宮田　確かに……ですから、逆に朝鮮半島の王様が日本にやって来たのではないのかという説もあるのですが、まったくと言ってもよいほどに、外国の文献には、その頃に日本に遠征したという話は見当らないのです。それに、朝鮮は半島ですから、日本のような島国ではありませんから……『三国史記』にも書いてありますが……船をこしらえて外国に戦いを挑むというようなことはしなかったようですね。

真名　日本は島国だから船が発達したか……。

宮田　そうなのですよ。時代は違いますが、明治時代でも海軍が強かったから、ロシアにも勝ったのですし、イギリスの大帝国、スペインの無敵艦隊というのも、船が主力なのです。

真名　武力だけでも可能か……。

宮田　ええ……ましてや、『魏志』の倭人条を見る限りでは、邪馬台国は相当に国家としての戦いを経験していたはずですから、武力的に優れていたとは、十分に考えられるはずなのです。

真名　応神の東征から、半島出兵か……。

宮田　朝鮮半島にも前方後円墳があるそうですが、この築造年代が鍵を握っているかもしれませんね。

真名　任那のことだろ。

宮田　ええ……応神の遠征以後の前方後円墳ならば、日本人が行ったということですし、『日本書紀』では、盛んに任那・日本府の偉いさんのことが書かれていますからね。

真名　大切なことだろ。

宮田　ええ、朝鮮半島の前方後円墳は、四〇〇年代であり、いわゆる伽耶諸国の海岸線にあるということらしいですから、明らかに日本府と一致するということらしいのですが……。

真名　前方後円墳は朝鮮半島からではないのか。

宮田　そうです。朝鮮半島では方墳や円墳が中心ですので……。

真名　それならはっきりしているじゃないか。

宮田　いえ、なにしろ、私たちにとっては外国のことですので……いずれにしても、日本がこの頃に朝鮮に進出というか、出兵したのは間違いないでしょう。

真名　だとすれば、その頃に日本が統一されたのも間違いないということだな。

宮田　ですから、応神の東征というのは、ほぼ間違いないと私は言っているのですよ。

真名　うーん。

十九　仁徳天皇（その三）

宮田　それから、応神天皇の東征ということであれば、仁徳が『宋書』の讃であることも間違いないことになるのですね。
真名　問題は記紀とかだな。
宮田　その通りなのですよ。『古事記』『日本書紀』ではまるで違うことが書いてあるのですから、多くの人々が戸惑うのもよく分かるのですが……。
真名　現在でも天皇制なのだから、なおさらだよな。
宮田　ええ。私ははっきりと讃は仁徳天皇だと言うのですが、多くの人々は……研究者はということですが……『宋書』の讃は応神、仁徳、履中の三説があると曖昧にしている場合が多いですね。それぞれに理由はあるのですが……。
真名　その理由が問題だろ。
宮田　そうですね……応神天皇を讃とする場合は、例の朝鮮半島出兵は神功皇后と記紀ではなっているのですから、応神がその後に天皇となったとすれば、四〇〇年過ぎに応神が天皇になったとしても不思議ではないのです。

真名　その場合、仁徳はどうなる？

宮田　ええ……まったく、当てはめようが無くなるのですが……この場合は、初めから記紀の在位年代を無視していますし、記紀の歴代天皇だけを鵜呑みにしなければなりませんから、無理ですね。

真名　仁徳はお前が説明したが、後の履中となると……。

宮田　履中天皇を讃にしますと、四一三年の東晋に使者を送ったというのは讃かどうかが怪しいのですが、『宋書』の四二一年に讃が使いを送ったという記事や、讃が死んで弟の珍が四三八年に王様になったと『宋書』には書いてあるのですから、履中の在位年は記紀ともに五、六年ですから、履中を讃に当てはめることが難しくなりますし、また、允恭や雄略の時代に朝廷が全国に勢力を拡大し、朝鮮半島にも出兵したという考え方をしますから、この考え方は応神や仁徳の実在を疑問視しているところがあるようですね。

真名　雄略とかの手紙はどうなる？

宮田　ええ、確かに雄略が百済を助けるために出兵したのは間違いないのですが……あの『宋書』の手紙には、雄略の父の済や、兄の事も書いてあるのですが、彼等自身が国を統一し、半島へ遠征したとは読めない手紙なのですよ。

真名　統一したのは祖禰なんだろ。

宮田　そういうことですね。それに、私は記紀の在位年代をそれ程無視できないと思うのは、『古事記』でも『日本書紀』でも、この頃になると、在位年代にもそれ程の食い違いがないからなのです。

真名　記紀とかを無視しているのか。

宮田　無視しているのかどうかはよく分かりませんが、允恭が国を統一したとすると、記紀を相当に無視しなければならないのでしょう。実際、応神や仁徳の在位年代も年齢も記紀のままでは、とても信用することはできないのですが、それは、明らかに記紀は年代を引き延ばしているからなのですね。だからと言って、実績を疑うのはどうでしょうか。

真名　どうしてなのだろうな。

宮田　事実だけということになりますと、継体天皇以後が年号的にもあらゆる意味で確実に実在する天皇だと言われていますから、その近くに日本の成立を持ってくるということなのでしょうかね。ただ、教育というのは教えることが中心ですから、どういう説がある、こういう説があるということだけでも通用するのですよ。お前は間違っているというような危険なことは言わないのですね。

真名　真剣さが足りない。

宮田　確かに、それが教育と研究の違いでもあるのですが、それはともかく……ですから、消去法的に考えましても、倭王の讃は前の応神天皇でもありませんし、後の履中天皇でもないということになりますと、残りの仁徳天皇ということになるのですよ。

真名　しかし……それは、おまえが自分の都合がよいように解釈しているだけと違うのか。

宮田　そうですね。消去法という方法が少し無理があるかもしれませんが、これは一つの理由としてあげるということでもあるのです。実際、仁徳天皇が讃であるだろうというのは、前にも言いましたように、その在位年間なのです。『宋書』では、四二一年と四二五年に讃が方物を献ずとなっており、四四三年に済が献ずとなっていますから、『宋書』からだけで解釈すれば、讃を履中として、その後に反正が天皇となり、四三〇年過ぎに済の允恭が天皇になったとしても合うのです。

真名　讃は珍の兄じゃなかったのか？

宮田　そうです。履中は反正の兄なのですよ。

真名　それでいいのじゃないか。

宮田　『宋書』だけならばそれでよいのですが、問題は、『晋書』に載っている四一三年に倭王が東晋に使いを出したということと、『宋書』・帝紀の四三八年に珍が立つ、天皇になったという記事なのですよ。この記事を正しいとしますと、讃の在位期間が長いですから履中は讃ではありえませんし、間違いなく讃は仁徳天皇ということですね。

真名　おまえが前に説明したのはそういうことなのだよな。

宮田　ええ、そうです。

真名　墓の問題もあるだろう。

宮田　そうです。古墳の年代がもっとしっかりと調べられたなら、はっきりすることではあるのでしょうが、私は学者ではありませんし……。天皇陵の古墳の年代を簡単な表にしてあるものを眺めていても、大きな古墳のだいたいの年数と場所は合っているようですが、個々には、おそらく後から定めたに違いないと思われる古墳が多いようですね。とくに、私が後から付け足しの物語とした神功皇后の神功陵、日本武尊の白鳥陵、仲哀天皇の仲哀陵などは、とくに考古学的な年代が滅茶苦茶ですね。

真名　天皇の墓は固まってあるのか？

宮田　集まっているのかということですか？

真名　そうだよ。

宮田　そうですね……前期、つまり応神天皇以前までの天皇の墓は、だいたい奈良にありますし、その後はほとんどが古市古墳群と平尾山古墳群等の河内にあるのですよ。

真名　記紀に場所が書いてないのか。

宮田　天皇陵の場所は書いてある場合と無い場合があるのですが、記紀に書いてあったとしても、それが正しいとは断定できませんからね。なにしろ口伝ということですから、間違いは多いでしょうし、すりかえることも簡単ですからね。

真名　墓を調べれば、何か分かるのと違うか？

宮田　分かると思います。しかし、天皇陵には入れないような状況ですし、文字も使われていなかったのですから……しかし、この時代には、天皇家が墓地として河内地方に定めていたということは間違いありませんから、年代としてはそれ程の間違いはないでしょうね。

真名　仁徳の墓が何とか言っていたな。

宮田　ええ、仁徳天皇の崩御を『日本書紀』の四〇〇年頃だとしますと、間違いがあるということなのでしょうが、私のようにもっと後であるということなら、それでいいのではないですかね。それにあれだけの大古墳ですから、いかに口伝とはいえ、まず間違えるというようなことは有り得ないですよね。

真名　やはり、仁徳天皇は大帝か。

宮田　ええ。私もそのように思っています。もちろん、帝王学としての修辞はあるのでしょうが、仁徳天皇も八田皇女との恋愛から、皇后との不仲というような、いかにも人間臭い面も描かれていますし、前に言いました即位の時の事件にしても、そのような事実めいたことがあったから大帝として認められたのであって、大帝にするための工作だとする風潮は、現代日本人の自己本位的な社会意識の喪失に問題があるのではないでしょうか。

真名 国家意識の欠如か……。

宮田 もっとも、明治時代のような神国日本でも困るのですが……大袈裟ですかね。

真名 日本を立て直す必要がある。

宮田 歴史に対する不信があるかも知れませんね……それから、この時代は西暦の四〇〇年過ぎのことですね。『古事記』『日本書紀』の原本が六〇〇年過ぎに書き始められていますから、二〇〇年ほど前のことになるのですが、口伝えとしても正確さを維持できるぎりぎりの年ぐらいかも知れませんし、もちろん、文字が入ってきたはずですから、断片的には記録できたかも知れませんよね。

真名 うん。

二十　履中天皇

宮田　次の履中天皇は、仁徳天皇の太子であったのですから、倭の五王の讃ではないのかとも言われているのです。それは、『宋書』において、讃が死んで弟の珍が立つと書かれているのが主な理由なのですが、何度も言っていますように、讃は仁徳天皇ですから、『宋書』の間違いだとするのですよ。

真名　珍は弥とかなんとか聞いたことがあるが……。

宮田　ええ。『梁書』には、讃死んで弟の弥立つ、弥が死んで子の済が立つと書いてあるのです。

真名　中国の本による違いか……。

宮田　そうですね。どれが正しいとは、なかなか言えないのですが、ただ、記紀では間違いなく履中と反正に允恭は仁徳天皇を父とした同じ母の兄弟ですから、中国側が間違えたとしても問題はないはずですね。

真名　少々間違えても、どうでもいいからな。

宮田　なにしろ、『宋書』では日本は夷蛮伝・倭国ですから、まともには扱っていないでしょうからね。

真名　年代だけは正しいか。

宮田　ええ……年代を後からつもり書きしている記紀とは、比べものにならないでしょう。

真名　仁徳が長く天皇の地位にあったとすれば、履中はそうとうな年のはずだ。

宮田　ええ、しかも長男ですから、ざっと計算しても、五十歳は下らないとは思うのですが、『日本書紀』では崩御したのが七十歳とはなっていますが、この年齢はまったく当てにはできませんし、履中の在位も六年と短いのですよ。

真名　跡継ぎの喧嘩はなかったのか。

宮田　（笑）……ありますよ。これは正確には跡継ぎの争いではないのですが、仁徳天皇には履中・反正・允恭の三兄弟の子供がいたと言いましたが、実は四兄弟なのですね。履中の下に住吉仲皇子（スミノエノナカツオウジ）がいまして、この仲皇子が黒媛のことで履中を騙し、履中を殺そうとするのですが、履中は反正に頼んで仲皇子を殺してしまうのですよ。

真名　兄弟喧嘩か。

宮田　単純にはそうなのですが、これがややこしくなるのですよ。履中はこの事件のことからなのか、弟の反正を皇太子としているのですね。

真名　履中には子供はいたのだろ。

宮田　ええ、黒媛との間に磐坂市辺押羽皇子（イワサカノイチノベノオシハノオウジ）と御馬皇子（ミマノオウジ）がいたのですがね。

真名　それが跡を継ぐのが普通だろ。

宮田　そうですよね。しかも、履中はそうとうな年であり、皇后の黒媛は履中より先に死ぬのですから、子供達も大きくなっていたはずですし、仁徳以前の記紀の正確さには問題があるのですが、ここで初めて、兄弟による皇位の相続ということが行われたのですよ。
真名　長子相続でもなかったのだよな。
宮田　ええ。典型的なのが仁徳天皇ですし、応神天皇の場合でも、例の誉屋別皇子の弟とも書いてあるのですね。そして、どういう訳なのか偶然なのか、第二子が天皇となっているのですよ。
真名　履中は長男だろ。
宮田　そうですね。
真名　何かあるな。
宮田　相続が、形式化され始めたのではないでしょうかね。
真名　権力が弱まってゆくのだろ。
宮田　そうです。それは後から、はっきりとするのですが……。
真名　都は？
宮田　履中天皇は宮を磐余・現在の桜井市に定めるのですが、陵墓は仁徳天皇と同じ場所ですね。
真名　何もしていないか。
宮田　とりたてては……国史を初めて置くとか載っていますね。そして、相変わらず女のことや・これは系図ですよね。また、狩りとか池で遊ぶとか……ただ、この履中天皇のところには、筑紫にまします三《みはしら》の神《かみ》の事が書いてありますから、この時代には、明らかに筑紫が天皇制の枠組みに入っていたということであり、倭の五王を九州地方の地方政権だと解釈する事はできないはずですよ。
真名　その九州の王様というのは、倭の五王が中央の天皇とは関わりないということなのか？

宮田　そういう説もあるのですが、『宋書』では、大将軍とか、倭王、六国諸軍事というような書き方がなされていますので、九州の地方政権では及びもつかないことでしょうね。

二十一　反正天皇

宮田　次の反正天皇は、『古事記』でも『日本書紀』でも、取り立てるほどの物語さえないのですが、中国の国史ではこの天皇のことが問題となっていますね。

真名　珍だな。

宮田　ええ、前にも言いましたが……まず、『宋書』では讃死して弟珍立つとなっていますし、『梁書』では讃死して弟弥立つとなっているのです。また、『宋書』の帝紀でも四三八年に倭国王珍を安東将軍と為すとなっているのですよ。

真名　珍が履中で、弥は反正ということでは……無理か。

宮田　讃死して世子珍立つとなっていればいいのですが、弟ですのでねえ……いずれにしても、間違いがあるのでしょう。それに、ほとんどの人が珍や弥が反正だというのは、弟という言葉ですね。履中なら世子ですから、弟ならたとえ間違いがあるとしても、仁徳と履中を間違えたということで済みますからね。

真名　前に言っていたな。

宮田　ただ、『梁書』では弥死して子済立つとなっているのです。

真名　弥と済は兄弟のはずだ。

宮田　そうなのですよ。しかし、資料の多い現代でも世子だとか弟だとか、こんがらがってしまいそうですから、聞き書きしていたのだろう、中国の作者が間違ったとしても不思議ではありませんが……。

真名　おまえには、書き手の気持ちがよく分かるか。

宮田　（苦笑）……たいして気にしていなければ、間違いなどというのは日常的なことでもありますね。

真名　反正の在位年数は……。

宮田　五年と、やはり短いですね。

真名　次の允恭も同じ母の兄弟なんだろ。

宮田　そうですよね。そういう点からしても允恭の在位年数が四十二年というのはおかしいですよ。

真名　どうして兄弟相続なのだ。反正には子供はいなかったのか。

宮田　それがですね……皇女ばかりだという説もありますし、いや皇子もいたとか、記紀が反対のことを書き記しているのですよ。

真名　履中には子供がいたとか……。

宮田　ええ……それが後に大問題となるのですが……いずれにしても、弟の允恭が天皇になるのですよ。

真名　皇太子は天皇が任命するのだろ。反正は履中の太子だとか言っていたよな。

宮田　そうです。しかし、反正天皇のところにはそれがないのですよ。

真名　どうして？

宮田　天皇が跡継ぎを指名するかどうかは、大変に重要なことなのですが、反正天皇は指名しなかったようですね。
真名　都と墓はどうなっている。
宮田　都は河内の丹比・現在の大阪府羽曳野市であり、古墳は仁徳天皇と同じ耳原陵ということですね。百舌鳥古墳群では、大きな古墳が三つぐらいあるのですが……どうなのでしょう。
真名　仁徳天皇と同じ頃の墓にならないか。
宮田　ええ……私もそれを考えていたのですが、はたして古墳から、正確な年代が割り出せるでしょうか。
真名　機械が発達しているだろ。
宮田　確かに……科学的な調査に期待は寄せているのですが、すべては科学が明らかにしてくれるということではないでしょう。タイムマシンでも発明されれば別ですが（苦笑）……。

二十二　允恭天皇

宮田　次の允恭天皇には問題が多いのですが……。

真名　また、跡継ぎ問題か。

宮田　反正天皇は太子を定めていなかったのですから……。

真名　太子が天皇か……つまり、後継者は天皇が決めておくということなのだな。

宮田　そうなのです。太子が天皇にはならなかった仁徳天皇の場合は特殊ですね。……その前に、私はこの時代を、はっきりとした歴史があるかのように言っていますが、これは仁徳天皇以後になりますと、『古事記』も『日本書紀』もほとんど同じ事実を記しているからなのですよ。つまり、物語の信憑性が高くなるということなのです。記紀が書かれた年代は七二〇年としても、六〇〇年過ぎには国の記録として作り始めていたようですし、四〇〇年過ぎからでも外国から多くの人々が来ているはずですから、すでに文字として歴史が残されていた可能性があるはずなのです。『古事記』『日本書紀』の年代が合うのは五三六年の宣化天皇あたりとはいえ、史実としての信憑性は大変に高いということから、はっきりとした歴史があるかのように言っているのですよ。

真名　間違っている場合もあるわけだ。

宮田　ええ、記紀の年代が合わないというのも、明らかに何らかの歴史操作があったということなのですね。
真名　しかし、無視するのは良くないか……。
宮田　そうなのです。この允恭天皇の時代に、国としてまとめられたのではないかという説もあるのですが、『日本書紀』の允恭天皇のところには、まったく、そんなことは書いてないのですよ。
真名　どうしてそんな説が……。
宮田　前にも言いましたが、基本的には記紀を信用する度合いが少ないということなのでしょうが、それはともかく……この允恭天皇の皇位継承で私が最も注目するのは、太子が定まっていなかったのですから、群臣が集まって協議をして、雄朝津間稚子宿禰皇子（オアサヅマワクゴノスクネノオウジ）である允恭天皇を推したということなのですね。
真名　反正の子供ではなかった。
宮田　ええ……反正天皇には皇子がいなかったとも『古事記』では書いていますが……仁徳天皇の子供ということに絞っているのですね。
真名　それほど仁徳天皇の影響が強いということなのかな。
宮田　さあ……なぜなのかは、はっきりとは分からないのですが、天皇が太子を定めてなかったのですから、実質的には群臣が協議をして天皇を決めているのですよね。
真名　後継者争いはなかった。
宮田　ええ。それどころか、允恭天皇は病を持っていましたから、歩くこともままならないような状態で、帝や兄たちに軽んじられたような人間に、天下を治めることはできないと天皇になることを辞退するのです。

真名　いわゆる一つのパターンだな。

宮田　（苦笑）……その通りですね。それでも天皇になってくれと特に妃に頼まれて、天皇になるのですが、即位の後、すぐに新羅の医者が天皇の病気を治してしまうのですから、この病がなんであるのか疑うところもあるのです。それに、反正天皇はなぜ彼を太子にしなかったのか。また、歩けないほどの皇子を天皇に推挙した群臣たちは何を考えていたのか……というような疑問も残るのですが……。

真名　兄の子供がいたはずだ。

宮田　ええ……履中天皇の子供の磐坂市辺押羽皇子（イワサカノイチノベノオシハノオウジ）がいたはずですが、若すぎたのでしょうか……。

真名　若すぎることを嫌っているのか……。

宮田　それは、この頃には全般的には言えそうですよ。やはり、天皇は飾りものではなく、しっかりとした統率者でなければならないということなのでしょうね。

真名　若造では無理か……。

宮田　ええ。それはともかく……私が注目するのは、允恭天皇を決めるのに群臣が決めているということなのです。仁徳以前の記紀による歴史はともかく、仁徳天皇でも皇子間の戦いや禅譲ですし、履中でも皇子の戦いですよね。

真名　臣下が力を持ってきたということでもあるか。

宮田　ええ、それに経験というのは大切ですよね。

真名　何時の時代でも同じさ。

宮田　もちろん、允恭天皇の場合は特殊でして、この後の安康天皇や雄略天皇は、たいへんな殺し合いをして天皇となっているのですから、この時代の天皇の権力というのは図抜けているのですが、それでも臣下の台頭は感じられるのですよ。

真名　臣下が允恭を利用したのか。

宮田　そういう面があるのでしょうね。このような人が大きな力を発揮することはほとんどありえませんね。

真名　天下統一などとんでもないということか。

宮田　それを言いたかったのですよ……実際、允恭天皇のところには、闘鶏《つげ》の国造の話・皇后の話や、允恭天皇の病を治した新羅の医者の話、玉田宿禰のこと、そして、妃としての衣通郎姫（ソトオシノイラツメ）の話、阿波の大真珠とか、木梨軽皇子と妹の話というようなことばかりで、政策としては、僅かに氏姓を糾すということだけなのですよね。

真名　允恭の在位年数がなんとか言っていたじゃないか。

宮田　ええ、在位年数が長すぎるということですよね。『日本書紀』では、次の安康天皇からは、きっちりと年号毎に事件の内容が書かれているのですが、この允恭天皇のところでは、元年から二年、三年、四年、五年、七年、八年、九年、十年、十一年、十四年というようにして、次に二十三年、二十四年とあり、次の年が四十二年で天皇が死ぬとなっているのですよ。

真名　……。

宮田　だからおかしい、ということでもあるのですが、内容としてもその年に起こった事件を、年号別に書くというようなことはされていませんし、事件をひとかたまりとして書いて、年号を適当に当てはめているようにも見えますから、年号を信用するほどのことはないのです。いずれにしても、あまりにもいい加減ですから、允恭天皇にも年代の引き伸ばしがあるのではないのかということですね。

真名　允恭天皇は倭王の済とかだろ？

宮田　まず間違いありませんね。

真名　済ならば、二十年の在位ということなのか。

宮田　ええ……。ただし、興が安康天皇ならばということですね。これもまず間違いないのですが、安康天皇は即位してすぐに殺されてしまうのですから、四六二年に済の世子興を倭国王とすると『宋書』では書いていますし、『宋書』の帝紀では四三八年に珍を安東将軍となすとして、四四三年に済が方物を献ずと載っていますから、少なくとも允恭天皇の済は四四三年から四六二年の十九年の在位期間があるということなのです。

真名　二十年ほどの違いがあるというのはそういう事なのだな。

宮田　ええ。はっきりとした二十年の違いというようなことではありませんが、例えば『日本書紀』によれば、履中天皇の即位は四〇〇年ですし、反正天皇は四〇六年、允恭天皇は四一二年、安康天皇は四五三年、雄略天皇は四五七年にそれぞれに即位したということですから、『宋書』と年代を比較にすれば、允恭までは三十年ほどの違いがありますし、安康では十年ほどの違いですから、差し引きしますと、やはり二十年ぐらいの違いとはなるのですよ。
真名　何？……。
宮田　允恭天皇の即位年の違いだけを三十年としますと、允恭天皇の在位期間が十年しかないのですが、安康天皇の即位年も十年ほど違っているのですから、允恭天皇の在位期間も二十年くらいということになるのですよ。
真名　ああ……間違いがだんだん少なくなっているということだ。
宮田　そうです。記紀の年代が合ってくることと符合しますよね。
真名　記録が残され始めているということだな。
宮田　おそらく、そうだと思います。これは普通に考えれば、当然のことなのですよ。
真名　朝鮮半島から多くの人々が来ているのだからな。
宮田　『古事記』も『日本書紀』も漢文ですから、いつ文字を使い始めたのかということとは違いますよね。
真名　彼等がやって来たということは、文字を使い始めたということでもあるのだ。
宮田　そうだと思いますが、確かな資料でもありませんでしたから、年代のくい違いも多いだろうということなのですよ。
真名　それは、中国の年代が正しいとしてということだろ。
宮田　そうですね。履中や反正の在位期間も、記紀が符合しているということだけですから、だから正しいということでもないのですね。ただ、話としても筋が通っているのですよ。

真名　半島の『三国史記』とかとはどうなっているのだ。

宮田　実を言いますと、『三国史記』とは雄略天皇のところから、年代も内容も合ってくるのです。それは後に詳しく言いますが、允恭天皇のところには、天皇が亡くなったときに新羅の弔使がやってきたこと以外は何もないのですね。

真名　年代も合わないか。

宮田　新羅本紀には倭人との戦い……おそらく任那の倭府との戦いでしょうが……戦いの事は書いてあるのですが、弔使のことなどまったく書いてありませんね。これは、『日本書紀』と『三国史記』がまるで違うことを書いているということなのですが……。

真名　雄略からは正しいということなのか。

宮田　ええ、雄略天皇のところから、書き方もまるで変わっていますから、だから正しいということではありませんが、その信憑性は高くなっていると思うのですよ。しかし、雄略、清寧、顕宗、仁賢、武烈には、どうしても腑に落ちないところがあるのですがね……。

二十三　安康天皇

宮田　次の安康天皇は、本当に大事件の天皇なのですよ。
真名　倭王の興だろ。安康だから興か。
宮田　そういう説もありますね。しかし、安康という漢風名が使われていたかどうかという問題がありますから、どうでしょう。
真名　しかし、讃珍済興武というのは、間違いなく倭王なのだから……すると、日本の名前は後から付けられたものなのか？
宮田　名前から推察しようという試みはいろいろとなされているようですが、後の雄略天皇の名前でも和風名は大泊瀬幼武天皇（オオハツセノワカタケルノスメラミコト）として、武という名前は記録にあるのですが、漢風名は後から付けられた名前だと思いますね。安康天皇の和風名は穴穂天皇（アナホノスメラミコト）ですから、興という字は使われていませんよね。
真名　しかし……その時・『日本書紀』が書かれた時には、中国の本はあったはずだろ。
宮田　ええ……。
真名　それなら、名前を参考にしたとも考えられるだろ。

宮田　そうですね……有り得ないことではないのですが……しかし、『日本書紀』は中国の『宋書』や『梁書』を意識的に無視しているところがありますから……正直なところ、良く分からないですね。偶然なのか、それなりに参考にしたのか、タイムマシンがあれば聞きに行きたいところですが……。
真名　讃珍済興武というのは、何なのだ。
宮田　結局、その時に便宜的に用いた名前ということですね。ただ、雄略の武だけは幼武という日本名がありますから……。
真名　説得力がないなあ……。
宮田　ええ（苦笑）……。それはともかく、実は、安康は太子ではなかったのですよ。太子には允恭天皇の第一子の木梨軽皇子（キナシノカルノオウジ）が指名されていたのですね。
真名　天皇の決めたことだろ。
宮田　ええ……仁徳天皇のところでは、太子の菟道稚郎子皇子（ウジノワキイラツコノミコ）が自殺して仁徳天皇に皇位を譲ったというほどですから、天皇の決めた太子というのはほとんど絶対的な皇位継承者でもあるのですから、普通なら木梨軽太子が天皇になるはずなのですが……。
真名　自殺したのか。
宮田　ええ……自決したとも書かれているのですが、流刑にされたとも書かれているのです……『古事記』では、流刑になったのだけれども、皇子は自決したとなっていますね。
真名　どうして？
宮田　木梨軽皇子が妹の軽大娘皇女（カルノオオイラツメノミコ）を犯したということで……允恭天皇

のところでは、淫《たわけ》たとなっていますが……、多くの人々から謗られ、群臣が従わなくなってしまったということなのですよ。
真名　たわける？
宮田　密通ですが、兄妹ですから許されないのです。
真名　ああ……。
宮田　允恭天皇のところでは軽大娘皇女が伊豫《いよ》に移されているのですね。木梨軽太子も同じ伊豫に流されたということでは、示しがつかないのですが……しかし別の話では、この軽大娘皇女はあの允恭天皇の皇后・つまり木梨軽太子の母の妹である衣通郎姫（ソトホシノイラツメ）だということも書いてありますね。
真名　……？
宮田　衣通郎姫というのは、允恭天皇が浮気をしていた相手でもあるのですよ。いずれにしても、木梨軽太子にとっては不義密通なのですが……。
真名　いずれにしても相続争いだろ。
宮田　ええ、この話が本当かどうかはともかく……穴穂皇子の安康天皇が勝って天皇に即位するのです。
真名　何かおぞましくリアルなところがあるなあー。
宮田　事実は小説より奇なりとは言われていますが、これを劇にでも仕立てたら、受けるかも知れませんね。
真名　売れる小説にはならないだろう。多くの人々はタイムマシン的な幸福を夢見ているんだよ。

宮田　（苦笑）……安康天皇の場合はこれだけじゃないのですよ。
真名　安康は殺されたとか言っていなかったか？
宮田　そうなのです。即位してすぐに殺されてしまうのです。
真名　どうして？
宮田　これが実に面白いと言っては語弊があるのですが……『日本書紀』に載っていることを少し詳しく話しますと……この安康天皇は、弟の後に雄略天皇となる大泊瀬皇子（オオハツセノオウジ）の妃として、反正天皇の皇女たちをあてようとするのですが、皆が〝雄略は乱暴ですぐに人を殺してしまうから、命を奉ることはできない〟……と断ってしまうのですね。
真名　ふーん。
宮田　実際、雄略が後に行ったことは凄いですよ。正しく暴君なのですが……反正天皇の皇女に断られた安康天皇は、今度は大草香皇子の妹の幡梭皇女（ハタビノヒメミコ）を雄略天皇の妻としようと、祖根使主（オヤネノオミ）を遣わして大草香皇子に頼みますと〝喜んでお受けします。妹の醜いのもかまわず貰っていただけますなら、私の宝としております押木珠縵《おしきのたまかずら》を奉ります〟と、祖根使主に押木珠縵をわたすのです。
真名　なるほど。
宮田　しかし、祖根使主はこの宝の美しさに惑わされ、珠縵を自分の宝としたいがために、安康天皇に〝大草香皇子は、私の妹を雄略の妻とするのはいかかがなものか、と断わられました〟と嘘を言ったのですね。これを真にうけた安康天皇が怒り、大草香皇子を殺してしまうのですよ。

真名　へぇー。
宮田　ところが、大草香皇子に仕えていた親子が、主君が罪無くして殺されたことに抗議して自ら死んでしまうのです。多くの人が嘆き悲しむので、安康天皇もどういう訳か、大草香皇子の妻の中蒂姫（ナカシヒメ）を宮中に入れ自分の妃として、後には皇后にまでするのですね。もちろん、幡梭皇女は雄略天皇の妃となるのですよ。
真名　めでたしめでたしか……。
宮田　とんでもない……安康天皇がどうして大草香皇子の妻の中蒂姫を皇后にまでにしたのかはよく理解できないのですが、中蒂姫には大草香皇子との間に眉輪王という子供までいたのですが、安康天皇は、この眉輪王まで宮中に引き取って育てているのです。大草香皇子を殺したことをよほど気にしたのでしょうかね。
真名　その中蒂姫とかが美人であったのだよ。
宮田　安康天皇は、それほど無慈悲には描かれていませんね。
真名　そう言えば、弟のためなんだよな。
宮田　そうです。雄略天皇のためにしたことですから、とても良い人のような感じはしますね……ところが、やはり大草香皇子を殺したことを悔やみ、そのことを中蒂姫に話したことを眉輪王に聞かれて、幼い・一説では七歳の眉輪王に安康天皇は殺されてしまうということなのですよ。
真名　七歳？……そんな子供に何が分かるのだ。
宮田　七歳が正しいかどうかは分かりませんね……大草香皇子は仁徳天皇の子供ですから……そう言え

ば、雄略天皇の妃になった幡梭皇女も大草香皇子の妹ですから仁徳天皇の子供なのですね。安康天皇が宋に使いを出しているのが四六二年ですから、どう考えても彼女は三十は越えていますし、大草香皇子もそれほど若くはないでしょうが……ここで、大変なことが起こるのですよ。兄の安康天皇を殺された雄略天皇が怒り狂い、兄たちを疑って殺しまくり、眉輪王も殺してしまうのです。

真名　へえー、凄いなあ。

宮田　『日本書紀』では、雄略天皇のことを〝逞しきこと人に過ぎたり〟と書いていますよ（笑）……これが事実かどうかは現在では確かめようがないでしょうが、雄略天皇というのは天皇になるためには己の敵をすべて殺していますから、あるいは安康暗殺も雄略の謀略があるのではないかとも思うのですが……。

真名　すべて雄略の仕業と……。

宮田　子供の眉輪王の話が信じ難いからなのですが、それは後からとして……安康天皇が即位してすぐに亡くなったのは事実のようです。と言いますのは、例の雄略の宋への手紙の中で〝奄《にわ》かに父兄を喪い〟という言葉がありますから、兄の安康天皇が即位してすぐに死んだということなのですよね。

真名　ああ……しかし、自分で殺しておいて、父兄を失いとは書けないだろう。

宮田　この手紙はずっと後のものですから……ま、それは次のこととして、安康天皇のところでは、この事件の説明ばかりで、朝鮮のことも中国のことも何一つ書いてないのですが、『宋書』では明確に四六二年に興を安東将軍・倭国王とすると書いてあるのですよ。

真名　すると、安康が殺されたのは？
宮田　安康天皇は即位後の三年に殺されていますから、四六三、四年頃に殺されたということですね。しかし、『日本書紀』では四五八年に雄略天皇が即位していますから、これは『宋書』と『日本書紀』では、五、六年の違いがあるということなのです。
真名　だんだん合ってくるということだろ。
宮田　ええ、『古事記』と『日本書紀』の年号が合い始めるのも、大まかには五〇〇年過ぎですから、正しく、だんだんと年号が合ってくるのですね。
真名　都は？
宮田　允恭天皇の都が飛鳥で墓も河内なのですが、安康天皇の都は今の天理市ということですから、奈良盆地の南方なのですよね。雄略天皇は桜井だそうですから、飛鳥を中心にはしていますが、どちらかといえば河内王朝ということですね。
真名　ずっと河内が中心だよな。
宮田　応神天皇が橿原、仁徳天皇が難波ですから……そうですね。だいたい河内を中心としていますね。

二十四　雄略天皇（その一）

宮田　さて、問題の雄略天皇なのですよ。
真名　問題児だな。
宮田　（笑）……しかし、辞典でさえ、この雄略天皇を日本統一の画期的な天皇だとする説が強いと書いているのです。……確かに秦の始皇帝の暴政と中国統一は有名なのですが、日本の雄略と中国の始皇帝を同列にはできないでしょう……権力を得るために兄弟・八釣白彦皇子（ヤツリノシロヒコノオウジ）や坂合黒彦皇子（サカイノクロヒコノオウジ）を殺してしまったのですから、このような人間では、国を滅ぼすようなことはあっても、国を興すことはできませんよ。
真名　そうだよな、雄略は権力の亡者になってしまう。しかし、それだけ天皇という地位も固まっていたということだよ。
宮田　ええ、それはそうでしょうが……。中国の秦の・始皇帝の次の皇帝でもそうなのですが、兄弟を殺すというのは、跡継ぎに困るということでもあるはずなのですね。
真名　ああ、そうなるよな。
宮田　事実、次の清寧天皇で跡継ぎがなくなってしまうのですが……。それから、天皇の地位なのですが、実を言うと、安康天皇は雄略を太子とは定めていなかったのです。安康は跡継ぎの太子を定めてはいなかったのですが、履中天皇の皇子の市辺押磐皇子（イチノベノオシハノオウジ）を跡継ぎとしたいと思っていたと『日本書紀』では書いていますね。ですから、雄略は市辺押磐皇子を狩に誘い出して射殺し、その弟の御馬皇子（ミマノオウジ）も殺してしまうのですよ。

真名　ふーん。

宮田　正しく、雄略は天皇の地位を略奪したということなのです。これでは兄の安康天皇を殺したのも、雄略ではないのかとも穿ちたくなるのです。しかし、『日本書紀』を読む限りでは、眉輪王以外には考えられませんのですが、誰かが協力したということは有り得ますが、雄略ではないですね……。実際には、天皇の位を継げる人は雄略だけになったのですよ。

真名　もし、雄略が兄たちを殺さなかったら、どうなったのだろうな。

宮田　安康天皇には子供はいませんでしたから、履中天皇の子供の市辺押磐皇子が天皇になったということでしょう。ただし、市辺押磐皇子は皇太子には指名されていなかったのですから……。

真名　安康は殺されたのだから、跡継ぎの指名はできなかったのだろう。……しかし、そんな雄略の暴虐が許されるのか。天皇には相応しくないということになりはしないのか。

宮田　天皇としてどうのこうのというより、人々は雄略を恐れたというように『日本書紀』では書いていますね。それに、大臣（おおおみ）の真鳥、大連（おおむらじ）の大伴や物部はそのままのようでしたから、臣下としては天皇に反対のしようがないでしょうね。また、それだけ、天皇の権威が強かったということなのでしょうが。

真名　……。

宮田　でも、雄略天皇は、結局のところ、天皇の権威を落すことになってしまったのだと思いますよ。

真名　どうして？

宮田　次の清寧天皇の後の継体天皇は、ほとんど臣下で決めていますし……もっとも、跡継ぎがまったくいなくなってしまったのですが……後には、皇后の出身豪族が権勢を誇るようになってしまうのですからね。

真名　こんなことができたのは雄略だけか……。

宮田　いえ、記紀では、とくに『日本書紀』では、武烈天皇というとんでもない天皇がこの後に現れるのです。この天皇はおかしいと私は思っていますが、それは後のこととして……確かに、世界では始皇帝とかネロとかの暴君はいるのですが、いずれの王朝も滅びていますからね。

真名　どうして天皇制だけは残ったのだろうな。

宮田　いろいろ理由はあると思うのですが、初めから、日本を統一してしまったということが大きいのでしょうね。

真名　応神の東征か。

宮田　ええ。記紀には表れない応神天皇の東征と神武系統との大和解でしか、天皇制が後々まで残ったことを説明できないでしょう。

真名　真っ先に国が分裂して、天皇制が崩壊してしまうものな。

宮田　ええ……ただ、雄略天皇は暴君の一面ばかりではありませんが……とくに皇后の幡梭皇女（ハタビノヒメミコ）が蚕を飼ったり、天皇を諫めたりと有徳の人として描かれているのですよ。
真名　ああ……例の……仁徳の子供だったかな。
宮田　そうです。相当な年齢になっていたはずです。事実、幡梭皇女には子供がいなかったのですよ。
真名　仁徳の子供では、雄略としても一目置くかも知れないな。
宮田　ええ……それはあるかも知れませんね。しかし、雄略は好色の天皇としても描かれているのですね。
真名　忙しいな。
宮田　狩り好きの好色……この雄略天皇の前の安康天皇のところから、『日本書紀』では毎年毎年・つまり、きっちりとした年号の中で、元年から二三年まで、何年何月に天皇が狩りをした、というような書き方をされているのですが、ほとんどが狩りのことと、女性のこと、そして朝鮮半島のことなのですね。
真名　雄略の天下統一なんて、とんでもないなあ。
宮田　歴史学的にはそうなのですが、考古学的にはこの時代からの特徴もあるようですね。
真名　記紀とかには、そんなに出たら目ばかり書いてあるのか？
宮田　私はこの時代には、すでに文字が使われていたと考えますね。前にも言ったと思うのですが、大陸・半島から多くの人が来たということは、文字が入ってきたと考えるのが当然のことですからね。したがって、『古事記』や『日本書紀』の記述がほとんど同じ内容になっているということからでも分かるのですが、同じ資料があったということでしょう。もっとも、六〇〇年頃に国の記録として纏め始められているようですから、百年ほど前の記憶にそれ程の間違いがなかったということは、十分に納得できることでもありますからね。

真名　それを纏めたのが記紀とかか……。

宮田　ただし、年号はまだまだ積もって書いていますね。事件を年号に当てはめているだけなのですよ。

真名　だんだんと年代が合ってくるというのは……つまりはそういうことだよな。

宮田　ええ。ずうっと年代を引き伸ばしていたのですから、きちっとした資料のあるところからは、年代も合わせていかなければいけませんからね。

真名　記紀とかの信憑性が高いということだよな。

宮田　この時代になりますと、非常に高いと思いますよ。これは後から言いますが、朝鮮半島の『三国史記』の記述とも合ってきますし、記紀では『宋書』をとりあげてはいないのですが、問題はあの手紙ですね。

真名　祖禰だな。

宮田　それは後からとして……その前に、この時代の考古学的な発見もあるのですよ。

真名　……。

宮田　埼玉県の稲荷山古墳から、辛亥《かのとい》年の刻印のある剣が発見されているのです。それは西暦の四七一年ですし、しかも、獲加多支鹵大王（ワカタケルダイオウ）の刻印があることが分かったのです。雄略天皇の和風名は、大泊瀬幼武（オオハツセノワカタケル）ですし、雄略天皇の即位年は『日本書紀』では四五七年ですし、『宋書』でも四六二、四年頃ですから、年代も名前も雄略天皇と一致するということですね。

真名　記紀とも合うのだ。

宮田　そうです。しかも、熊本県の江田船山古墳からも治天下獲加多支鹵大王の刻印のある剣も見つかっているのですね。

真名　同じなのか？

宮田　いえ、江田船山のほうには年号がありませんし、読めない字もあるようですが、いずれにしても獲加多支鹵大王は雄略天皇だと言われているのですよ。これは畿内にいた大王が関東や九州に剣を与えているということですから、明らかに中央政権が存在していたということなのですよ。

真名　おまえの言っている通りじゃないか。

宮田　ええ……しかし、これを治天下大王が現われる。つまり、この頃に天下統一がなされたのではないのかと解釈する人々も多いようですね。

真名　暴君がなあ……。

宮田　それは歴史学的にということですから、記紀的には暴君にすぎないということなのですが、考古学的発見を中心にしますと、この大王の文字の発見に大変な価値があることになり、しかも、それが非常に科学的でもあるのですよ。

真名　科学的？

宮田　実は、熊本県でも埼玉県でも、初めは単なる錆びた一本の剣にすぎなかったのですが、それを科学的に処理して初めて文字があることが分かり、文字の訂正もあったということなのですが、それが大変に衝撃的なことでもあるのですね。
真名 大発見か。
宮田 そうです。金の象嵌文字を発見したのですから……。
真名 だから雄略は大王だというのか？
宮田 記紀をきちっと読んでいる人にとっては〝なるほどなあ…〟で済んでしまうことなのですが……。
真名 科学こそ未来を開く！
宮田 （笑）……実際、大王現れる！……日本を統一したのは雄略だ！……という解釈ができないこともありませんよね。
真名 すでに日本は統一されていたから、雄略は天皇の地位を略奪したのだよ。
宮田 熊本や埼玉で雄略天皇の与えた剣が発見されたとしても、ちっとも不思議じゃありませんし、それどころか、記紀の信憑性を高める発見でもあるのですよね。
真名 うん、おまえが正しい。
宮田 （苦笑）……ただ、いずれの剣も古墳から発見されていますから、天皇に従ったから、剣を貰ったというようにも解釈はできるのですが、雄略天皇のところでの戦いは、朝鮮半島とのことですからね。『日本書紀』では信濃国、武蔵国、丹波国、播磨国、筑紫国というような書き方がされているのですから、明らかに統一されているはずなのですよ。
真名 それより、祖禰はどうした。
宮田 ええ、問題の『宋書』の手紙なのですが……その前に、この雄略天皇の時代から、朝鮮の『三国史記』とも記述が合ってくるのですよ。年号的にも合うのですから、同じ資料を用いたということでもあるのですが、これは、この時代からの『日本書紀』の信憑性を高める大変に重要なことですね。

真名　資料が間違っているとか。

宮田　実際、『日本書紀』では百済新撰いわくということを盛んに書いているのですが、資料としては現存していないようですね。

真名　ないのか……。

宮田　問題は『日本書紀』の記事の内容なのですが、雄略二年・四五八年のところに、己巳《つちのとみ》の年に蓋鹵王（カフロヲウ）が即位し、天皇が使者を遣わすと書いてあるのですが、『三国史記』では蓋鹵王が王位についたのは、乙未《きのとひつじ》の西暦四五五年なのですね。

真名　まったく違う干支だな。

宮田　ええ。……『三国史記』の年代は正しいと言われていますから、『宋書』からすれば・つまり『日本書紀』の間違いとすると、四五五年というのは允恭の時代なのですよ。『日本書紀』の蓋鹵王の立った百済新撰の己巳の干支はおかしいのですが、年代としてはそれ程間違ってはいませんね。

真名　日本と朝鮮は同じ資料から書いていないなあ。

宮田　ええ……お互いの資料を利用しているだけというようなことでしょうか……。

真名　だいたい合うか……。

宮田　いえ、『三国史記』の百済本紀には、ほとんど日本のことが書いてないのですが、『日本書紀』では百済新撰には辛丑《かのとのうし》の年に蓋鹵王が弟を遣わして天王に侍らせるというように書いてありますが、これは西暦の四六一年ですから……『宋書』からすれば雄略の時代ではないのですが……確かに、雄略天皇の時代の五年夏四月に蓋鹵王が弟を遣わすというようにはっきりと書いてあり、雄略五年は辛丑なのですね。

真名　『宋書』とかでは四六一年は安康か允恭の時代だよな。

宮田　そうです。

真名　年代は合わないのか。

宮田　そうですね。『日本書紀』は百済新撰の記事に合わせているだけで、誰が天皇でもよいのですよ。ただ、『三国史記』では蓋鹵王は四五五～四七五年の在位ですから、『三国史記』との年代は合っているのです。

真名　日本の方が遅れているんだよな。

宮田　当たり前なのですが、日本にはまだ、はっきりとした記録がなかったということですね。

真名　ああ……そうだよ。

宮田　そして、ここには重要なことが書かれていますね。と言いますのは……百済では、蓋鹵王から、文周王、三斤王、東城王、武寧王と続くのですが……百済本紀にはまったく書いてないことなのですが、蓋鹵王は弟の昆支に自分の子供を孕んでいる女を連れて日本に来させたのです。この日本で産まれた子が後の百済の武寧王だと『日本書紀』には書いてあるのです。しかし、百済本紀では武寧王は東城王の子供になっていますし、昆支は文周王の弟になっていますね。東城王は昆支の子供なのです。

真名　ややこしいな。

宮田　今となっては何が正しいのかは正確には分からないでしょうが、はっきりとしているのは、日本と百済は尋常な関係ではなかったということですね……。

真名　百済のことだけが詳しいということだな。

宮田　ええ……。それから、『日本書紀』と『三国史記』の年代がぴったりと合うということでは、『日本書紀』では雄略の二〇年に高句麗が百済を滅ぼし、蓋鹵王が殺されるという記事があるのですが、『三国史記』の百済本紀や百済記では乙卯《きのとう》の年ということですから、正確には雄略の十九年にあたるのですが、これは西暦の四七五年ですから、ほとんど合っているのですね。

真名　やはり、正確になっているのだ。

宮田　ええ、明らかに記録が残っていたのですね。ただ、『三国史記』と『日本書紀』では内容が相当に違うのですよ。『三国史記』では、高句麗軍に破れた百済なのですが、蓋鹵王は新羅に文周王を使いとして出しており、文周王は新羅から一万の軍隊を率いて戻ってくるのです。しかし、蓋鹵王はすでに殺されていましたし、高句麗軍もいなかったので、文周王が王位についたということになっているのです。しかし、『日本書紀』では、任那の久麻那利（クマナリ）を文周王に賜り、百済を救い興すとなっているのですね。

真名　みんなが、勝手なことを書いている。

宮田　しかしですね……ここは頭が痛いのですよ。

真名　どうして？

宮田　前にも言いましたが、新羅本紀というのは、五〇〇年頃までは盛んに倭と戦っていると書き続けているのですよ。しかし、『日本書紀』では新羅をむしろ朝貢国として扱っているのですね。

真名 任那が強かったということだよな。

宮田 ええ、だとしますと、百済を助けたのは『三国史記』のいう新羅ではなく、任那の日本ではなかったのかということなのです。もちろん、百済も新羅も高句麗には苦しめられているのですから、共同作戦をとっても不思議ではないのですが、そこにはおそらく、任那の倭も入っているはずなのですが……。

真名 誰かが嘘をついている。

宮田 ええ、これは『三国史記』が任那を無視したことと関係あるかも知れませんよ。

真名 『日本書紀』のほうが詳しいとか言っていただろ。

宮田 それはそうですよね。だからと言って、『日本書紀』が正しいということではありませんが……。

真名 両方とも百パーセントは信用できない。

宮田 百パーセントではないにしても、信憑性としては九〇パーセント以上のものがありますね。

真名 ほとんど、年代が合うというのはここからか……。

宮田 そうなのです。

二十五　雄略天皇（その二）

宮田　このような百済との状況下にあって、日本が百済を助けたとすれば、手紙の年号は西暦四七八年ですから、百済で高句麗に蓋鹵王が殺された事件のあった直後の年に、『宋書』に雄略天皇の手紙が載せられているのですよ。

真名　何が書いてある？

宮田　たいへんに重要なことですので……もちろん原文は漢文なのですが、できるだけ原文に沿って私の訳したもので全文を読んでみますと……〃わが国は遠くにあって、貴国の外にあるのだが、昔祖禰自ら甲冑を着て、山川を渡り歩き、休むこともなく、東は毛人を征すること五五国、西は衆夷を服すること六六国、渡りて海北を平らげること九五国によって皇帝陛下の天下は安泰で、その支配を遠くに及ぼすようになった。王位についた私は、部下を統率して皇帝に帰順する。そして百済を経て朝貢をするつもりであったが、高句麗は無道にして侵略の野心があり、百済を攻撃し、殺戮をやめようとはしない。事毎に高句麗は邪魔をして良風をうしない、朝貢が滞ってしまう。そこで、わが父済は貴国への道を遮る高句麗のことを怒り、百万の兵で高句麗を撃とうとしたが、急に父兄が死んでしまって、後一歩のところで達成できなかった。私もまた喪に服するために兵を動かせず、何もできずにいた。しかし今となって、父兄の遺志を継ごうと思う。全身全霊を以て戦う積もり。もし皇帝の御威光によって高句麗を退治し、この難を乗り越えられるなら、先王と同じように朝貢するつもり。だから、自ら仮称している開府儀同三司とその他の官号も仮授してほしい。そうすれば忠節を尽くす〟……ということなのです。

真名　……それで全文か。

宮田　ええ……もっと詳しく言いますと、朝鮮の『三国史記』と『日本書紀』では年代も内容も微妙な違いがあるのですね。

真名　……。

宮田　まず『日本書紀』では、雄略二十年の冬に、高句麗が百済を滅ぼし、二十一年の春三月に天皇は久麻那利を百済の文周王に賜って百済を救い興したとなっているのですが、高句麗が百済を滅ぼした雄略の二十年は西暦の四七六年ですから、『三国史記』の四七五年との一年の違いと、任那ではなく新羅が助けたという違いは前に言った通りですが、雄略の手紙は四七八年ですから、この時に書かれたものではないのですね。

真名　えっ……違うのか……。

宮田　違いますね。実はこの後、朝鮮半島では四七九年に、若すぎる三斤王が亡くなり……『日本書紀』では文斤王となっていますが……三斤王の次に、昆支の子供である東城王を日本に呼び寄せ、五〇〇人の兵士をつけて百済に送り届けたという記事が『日本書紀』にはあるのですよ。この東城王の即位年の四七九年は『三国史記』とも合うのですが、『三国史記』にはまったく日本のことは書いてありませんね。

真名　雄略の手紙の四七八年というのは、その前年ということだな。
宮田　そうなのです。おそらく、この時に書かれたものでしょう。内容もぴったりですからね。
真名　ああ……そうだよな。高句麗が百済をやっつけたと書いている。
宮田　問題は、結局、祖禰が誰なのかということなのですよ。
真名　しかし、手紙そのものに信憑性があるということは、内容にもそれなりの真実を認めるということだろ。
宮田　しかし、私のように祖禰を簡単に応神天皇ということにしてしまいますと、応神天皇はたいへんな英雄になり、『日本書紀』はまるっきりの嘘を書いているということにもなりますから、この英雄伝説に対する疑問の声はたいへんに強いのです。ですから、この手紙は慣用句的なものであり、ほとんど信憑性はないということのようですね。
真名　慣用句？
宮田　ええ……例えば、毛人の五五国、衆夷の六六国、海北の九五国、百万の兵士というような言い方は、いかにも大袈裟であり、信憑性に欠けるということのようですが、確かに、数字は大袈裟すぎます。しかし、東の毛人を蝦夷、西の衆夷を熊襲、海北を朝鮮半島としますと、蝦夷征伐、熊襲征伐、朝鮮半島での任那の経営というように、『日本書紀』の記述と合うことは間違いないのですよ。
真名　だが、『日本書紀』では応神天皇は何もしなかった。
宮田　蒸し返して議論するつもりはありませんから、繰り返しませんが、『日本書紀』の大きな命題は、天皇を万世一系にするということでもあるのは間違いありませんからね。

真名　神話というのも、ありえないことでも平気で書けるというのは、昔のことであるから分からない、という前提が黙認されているからだろうな。
宮田　ええ、現代でも、時代劇は嘘が多いと言われていますし、近未来の映画についても分からないことですから、嘘でも平気ですよね。……実際、神という漢字が天皇の名前に使われているのは、神武、崇神、神功、応神だけですから、年代でもそうですけれども、ここまでは、内容にも相当な嘘があるということなのですよ。
真名　嘘でも平気だということではなく、昔はこうあらねばならないということなら、そうしてしまうのだろう。
宮田　体裁を繕うために嘘をつくというのは、普遍的なことでもあるのですよ。
真名　そうだよ。力のない人にとっては、形こそ最大の拠り所なのだから、多くの人々を信じさせるためにも、皇室の形の基本である万世一系を最重要視したというのは、頷けることではあるよ。
宮田　ええ……『日本書紀』が『宋書』を無視した背景に、この雄略天皇の手紙があるとするなら、間違いなく祖禰は応神天皇なのですよ。
真名　うん、分かる。
宮田　しかし、祖禰は多くの人々は仁徳天皇だと言いますし、また允恭天皇だとも、ひどい人は雄略天皇のことだという人もいるくらいなのですよ。
真名　父済と言っているのだろ……それなら允恭や雄略では有り得ないだろう。
宮田　そうなのです。この雄略の手紙からすれば、祖禰は允恭や雄略ではありませんね。それでもなお彼等に囚われているというのは、この五世紀の中頃にこそ日本が統一されたという考え方が、考古学を中心に構築されようとしているからだ、と私は感じているのですが、何でも新しければよいというのは子供の創造感覚ですからね。

真名　そういえば、若いのが訳の分からんことを歌っているな。

宮田　いや、それ程ではないと思いますし、若い頃はだれでも無茶をしていますよ（笑）……無理に新しがることはないということですね。

真名　それくらいのところなのか？

宮田　大問題となった考古学の捏造問題でも、発見に求め過ぎているということなのですよね……あまり言うと叱られそうだから、あまり言いませんが……。

真名　言っているじゃないか。

宮田　（苦笑）……それに、応神天皇を大英雄とするのが私の考えであり、故井上光貞先生の考え方でもあるのですが……実際、『日本書紀』では、応神天皇はごく普通の天皇でしかないのですよ。その点、雄略天皇は目茶苦茶なことをしていますから、これを勇気だとすれば、彼のほうが英雄に相応しいということにはなるのですが、彼の場合は人殺しで、自分を神と同じに見立てるというのは、典型的な専制暴君でもあるのですよ。

真名　最近、外国でも同じような奴がいたよな。

宮田　ええ……日本ではすでに千五百年も前に出現しているということですね。

真名　歴史から学ぶというのはそういうことでもあるのだな。

宮田　そうなのですよ……ですから、允恭や雄略は祖禰ではないということなのですが、問題は祖禰が仁徳天皇ではないのかということなのですね。前にも言ったのですが、もう一度詳しく考えてみますと……『宋書』の年号が正しいとしますと、仁徳天皇の崩御は四三〇年頃ですから、古墳からしても三五〇年過ぎには熊襲征伐や蝦夷征伐が行われたようですから、この頃には祖禰は天皇になっていたということになるはずですから、仁徳天皇を祖禰だとしますと、八十年ほども天皇に在位したということになるのですが、不可能ではないとしても、なかなか難しいと思うのです。しかし、その当時、朝鮮半島の高句麗では、長寿王というのが七十九年の在位という記録がありますね。

真名　本当なのか？

宮田　信憑性がどれ程あるのかは……長寿王の碑は建てられているのですが……私にはよく分かりませんが、その昔でも百歳以上生きたとしても不可能ではありませんし、始皇帝のように子供のころから王様であったということは考えられますが……仁徳の場合はそうではありませんよね。

真名　祖禰が仁徳である可能性もあるということか。

宮田　いえ、ほとんどないでしょう。と言いますのは、仁徳天皇のところから『古事記』と『日本書紀』の内容が一致し始めたと言いましたが、仁徳天皇が天皇に就いた経緯からしても、彼が日本の統一者であるという感じはまるでないのですね。確かに、たいへんに優秀な君主ではあるのですが……。

真名　その記紀とかでは、日本を統一したのは景行天皇・日本武尊なんだよな。

宮田　そうです。半島出兵は神功皇后ですよね。

真名　それが……応神天皇の東征を隠すためと、神武系統との繋がりを……つまり万世一系にするために作られた巧妙な話だと、お前は言っているんだよな。

宮田　そうです。それに祖禰を祖先とする見方もあるのですが、これは『日本書紀』では東征は神武天皇、熊襲・蝦夷征伐は景行天皇、半島出兵は神功皇后ですから、『日本書紀』を正しいとした場合、祖先というような不特定他称を用いざるをえないのですが、祖禰は間違いなく二人称……君あなたの敬語のようですから、記紀とも合わないということなのですね。

真名　記紀にはない英雄伝説か……。

宮田　応神が九州から東征したのだとすれば、記紀の日本武尊よりも数段上……日本史上最大の英雄が応神天皇だということになりますね。

真名　しかも、現在でも天皇制なのだから……応神の東征が正しいとしたなら、ある意味では、これは凄いことなんだよなあ。

宮田　どうして応神の東征だとしたのか、その理由は前の時に言いましたので、繰り返しませんが、記紀がこの雄略の手紙を、あるいは『宋書』を無視した理由が、この手紙の内容にあったのだとすれば、よく理解できることなのですよ。もっとも、他にも理由はあるのですが……。

真名　なんだか蟠りがあるけれどなあ……。

宮田　確かに……奥歯に物がはさまっているどころか、マウスピースを噛まされているようなものですね。

真名　手紙の内容は、雄略が中国の皇帝にお願いしているようなものだな。

宮田　ええ。実際、『宋書』では、この時に武を安東将軍から安東大将軍に叙すとなっていますから、中国も何らかの意味を認めたのかも知れません。
真名　そういうことがあったのだ。
宮田　しかし、ここでも大問題があるのですよ。
真名　またか……。
宮田　実はこの手紙の翌年、西暦四七九年に『日本書紀』では雄略天皇が亡くなっているということになっているのですよ。もちろん、この年号が正しいとは思いませんが……。
真名　死んだのか……都はどこにあった？
宮田　雄略天皇が都としたのは今の桜井市ですから、どちらかといえば河内なのですが、問題はその墓なのですよ。
真名　ないのか？
宮田　いえ、記紀では、雄略天皇の陵墓は、河内の多治比の高鷲にあると記しているのですが、宮内庁では現在の羽曳野市の島泉にある円墳を雄略天皇の陵墓と指定しているのですが、この陵墓は江戸時代に円墳に方墳を継ぎ足して前方後円墳に仕立てたようですし、天皇の墓としては小さすぎるようですね。
真名　場所は合っているのだろ？
宮田　ええ、場所は合っていますが、そもそも『古事記』の記述が正しいかどうかが問題ですね。陵墓は後から定められたものですから、雄略天皇に対する印象が左右したとすれば……記紀では明らかに雄略天皇を悪い天皇としていますから……穿った見方をすれば、彼の墓さえも小さなものにしてしまったとも考えられるのですが、なにより、この高鷲の墓が円墳であるということが、おかしいということなのですね。天皇の墓は、ほとんどが前方後円墳なのですよ。
真名　だから江戸時代に……。
宮田　ええ……わざわざ作り変えたとすれば、ますます、おかしいですよね。
真名　墓の年代は合うのか？
宮田　だいたい合うようですが……現在の学説でも、この高鷲の墓は違うと言われているようですよ。それに、これは私自身の意見なのですが……古市古墳群の中に、岡ミサンザイ古墳という五世紀末から、六世紀にかけて作られた大きな古墳があるのですよ。
真名　……？
宮田　この墓は仲哀天皇の陵墓となっているのです。
真名　仲哀？
宮田　仲哀天皇は山口県の豊浦の地で埋葬されたのですが、後にこの古市に埋葬し直されたということに『日本書紀』ではなっているのですね。
真名　何か臭いな。
宮田　理屈としては無理やり合うのですが、なぜこの時期に、しかも一説では、この古墳から横穴式墓が採用されたということですから……ただでさえ影の薄い仲哀天皇の墓を作り直すというようなことはほとんど考えられないのですよ。
真名　架空の天皇なんだろ。
宮田　ですから、これは私の考えということなのですが……『日本書紀』では父である日本武尊の白鳥の墓の側に、仲哀天皇の墓を造ったということなのですが、この近くにはもちろん応神天皇の墓がありますし、允恭天皇の墓もあります。後には清寧天皇の墓もあるのですから、安康天皇や雄略天皇の墓がここにあってもおかしくないのですが、二人の墓はどこにあるのか分からないような状態なのですね。

真名　分かった……白鳥の墓や仲哀の墓は安康や雄略の墓ではないのかということなのだろ。

宮田　ええ……私ははっきりと日本武尊や仲哀、神功皇后は架空の人物だとしておりますので、その様に考えるのですが、これはあくまで私の推測ですね。考古学的に古墳の年代がはっきりすれば、違う答えが出てくるかも知れません。

真名　古墳の年代が、そんなにはっきりさせられるものなのか？

宮田　さあ……科学者は不可能という言葉がお嫌いのようですから（笑）……科学的測定によってはっきりすることは多くあると思いますよ。

真名　誰の墓かが分かればいいのだがな。

宮田　おそらく、無理でしょう……。それから、雄略天皇はこの四八〇年頃に死んだとなっているのです。これも、私はおかしいと思っているのですが、それは次の清寧天皇のところで話します。

二十六　清寧天皇

宮田　雄略天皇は、皇太子に清寧を立てていたのですが、この清寧天皇は、生まれながらにして白髪であったということなのです。

真名　先天的なものなのか。

宮田　多分そうなのでしょう。ですから、雄略天皇は清寧を可愛がり、第三子にも拘らず皇太子としているのですから、何かおかしな所がありますね。

真名　また皇位争いだろ。

宮田　（苦笑）その通りです……清寧の母は、葛城韓媛（カズラキノカラヒメ）なのですが、雄略天皇には吉備稚媛（キビノワカヒメ）という妃もおりまして、長子としての磐城皇子と、弟の星川皇子がいたのですよ。

真名　長子を皇太子としておけば問題はないわけだ。

宮田　皇后の子供ならば、そうも言えるのでしょうが、皇后は草香幡梭姫皇女（クサカノハタビヒメノオウジョ）ですから、子供がいませんでしたし、この頃には長子相続というのが珍しく、皇太子を決めるのは天皇の専権でもあったようですね。

真名　そう言えば、仁徳は長子ではなかったし、皇太子でもなかった。
宮田　そうなのです。ただし、ここで大きな違いがあります。
真名　清寧は皇太子だ。
宮田　ええ。……それに、ここで臣下が大きな役割を果たしているということなのですよ。と言いますのは、妃の吉備稚媛が星川皇子を唆して、権勢を奪おうとしたようですが、ここで立ち上がったのが、大伴室屋大連（オオトモノムロヤノオオムラジ）なのですね。天皇の遺詔にしたがって清寧天皇を奉るとして、吉備の親子を焼き殺してしまうのです。
真名　自分たちの地位を守るためだ。
宮田　ええ、天皇の地位と臣下の力という現象がはっきりとでてくるのですが、いわば、天皇が臣下に頼っているということですから、今度は臣下の争いも生じてくるのですよ。ここではまだ、大伴室屋と平群真鳥が並立したままなのですが……。
真名　結局、雄略は天皇の地位にこだわっただけなのだ。だから、臣下が実務を行い、それが臣下の力を強める結果にもなったということだろう。
宮田　そうでしょうね。しかも、清寧天皇には皇后も子供も無かったのですから、母の葛城韓媛を皇太夫人とするとなっていますから、典型的なマザコンなのでしょうかね。
真名　人畜無害か。
宮田　無害すぎるのも困りもので、子供がいなかったのですから、大問題ですよ。
真名　そうだな。

宮田　ここで、奇妙な話が挿入されていると、私は敢えて言いますが……跡継ぎのいない清寧天皇が、雄略天皇によって殺された市辺押磐皇子（イチノベノオシハノミコ）の子供が生きていたことを知り、その兄弟を宮中に迎えるという話なのですね。
真名　跡継ぎにするためか。
宮田　そうです。実際、弘計（ヲケ）・億計（オケ）の兄弟は天皇となっているのですが……この『日本書紀』の記述を正しいとしますと、実におかしな事になるのですよ。
真名　……。
宮田　まず、雄略天皇に殺された市邊押磐皇子には、三男二女の子供がいたのです。弘計・億計の兄弟が見つけ出されたのは、『日本書紀』によりますと清寧の二年ですから、彼等は二十歳以上になっていたと思われますが、だいたい西暦では四八二年頃となるのです。なんだかのとあって、初めに弟の弘計が顕宗天皇となり、彼には子供はいなかったのですが、兄の億計・仁賢天皇が、雄略天皇の娘である春日大娘皇女を皇后として、一男六女の子供を授かるのですよ。そして六番目の子供が、後に天皇となった武烈なのですね。
真名　……？
宮田　しかし、武烈天皇は『日本書紀』では五〇〇年の即位となっているのです。分かりますか……つまり、六番目の子供ですから、どうしても結婚してから十年ほど後に生まれたとしなければなりませんね。としますと、四八二年頃に仁賢が結婚したとして天皇に即位した五〇〇年では、武烈は十歳にも届かない年齢であったということなのですよ。

真名　ああ……。

宮田　後の時代には幼児天皇というのはあったのですが、この時代では、まず有り得ませんね。後にも、二十歳であった聖徳太子でさえ天皇にはならなかったのですからね……それから、逆に、武烈が天皇の職務をまっとうできる年齢に達していたとしますと、五〇〇年頃に二十五歳を越えていたということですから、仁賢は四八二年より十五年も前に雄略天皇の娘と結婚していたということになり、その四六七年というのはほとんど雄略天皇が即位した時にも当たるのですから、まず有り得ないことですし、後の継体天皇の皇后となる仁賢の娘の手白香皇女は、武烈よりも相当な年上ですから、継体天皇と結婚するときには、四十歳近くということになり、これも考えられないことになるのですね。

真名　何が言いたいのだ。

宮田　（笑）……実は、初めにはっきり言っておきますが、この顕宗、仁賢、武烈の各天皇は、後から挿入されたものではないのかということなのです。

真名　架空なのか？

宮田　いえ、今度は架空の人物ではなく、実在したのだけれども、彼等は実際には天皇にはならなかったということなのですよ。

真名　どうして、そんなことをしなければならないのだ。

宮田　いくつかの理由はあると思うのですが……まず第一に、『日本書紀』では二人をたいへんにかわいそうがっているということですね。顕宗、仁賢は履中天皇の孫ですから、天皇の孫であるのに、雄略天皇に父を殺されて苦労していたのです。だから天皇の地位を後から与えたということ。……二つ目は、清寧天皇が死んで、跡継ぎが亡くなったので、応神天皇の子孫という継体を天皇の座に据えるのですが、その皇后として、仁賢の娘がなっているのですから、皇后に相応しい天皇の子供とするために、仁賢を天皇としたのではないのかということ……そして三番目が最も重要な理由だと思うのですが、やはり、皇位継承の問題があるのではないのかということですね。

真名　どうして？……後から挿入されたということは、跡継ぎとしては関係なかったということだろ。

宮田　その時はそうなのですが、問題は後からなのです。

真名　後から？

宮田　継体天皇の跡継ぎには皇后の子供が小さかったので、継体の前の妃の子供が天皇となっているのですが、ここでも大問題となっているようです。詳しくは後から言いますが、正当な皇位継承という問題なのですね。

真名　そう言えば、雄略は人殺し天皇だったな。

宮田　それなのですよ。顕宗仁賢の父の市辺押磐皇子は、履中の子供ですね。履中の弟の反正や允恭が天皇になったのは、市辺押磐皇子が幼かったからなのですから、実際には市辺押磐皇子が天皇になるべきだという考え方なのですね。事実、安康天皇はそのつもりだったのですが、弟の雄略は市辺押磐皇子を殺して、自分が天皇になってしまったのです。

真名　雄略さえ人殺しをしなければ……。

宮田　市辺押磐皇子は天皇になっていたはずですから、仁賢も天皇になれたはずなのですね。

真名　だから、天皇に……。

宮田　ええ、顕宗仁賢を天皇にしたというのは、彼等こそ正当な後継者だということを強調しているのではないでしょうかね。
真名　しかし……その理由はあくまで空想に過ぎないだろ。
宮田　ええ……事実が必要なのですが、前に言いました武烈の年齢が合わないということと……これは『梁書』の記述なのですが、五〇二年に鎮東大将軍倭王武を征東将軍にという書き方がされているのです。武は雄略天皇のことなのですよ。
真名　武烈も武じゃないのか。
宮田　武烈というのは後から付けられた名前ですし、存在し得ない天皇ですよ。
真名　それが五〇二年なのか……その年には、雄略がまだ在位していたということか。
宮田　この記事が事実ならばそういう事ですね。しかし、この『梁書』は間違っているとはっきり言う人もいるのですが、『梁書』の高麗王高雲とか、百済王餘大というのは『三国史記』とも合っていますから、『日本書紀』が正しく『梁書』は間違っているとは言い切れませんね。
真名　なにしろ、日本は万世一系だから……。
宮田　とにかく、常に天皇の権威を高めようとしているのは事実ですね。
真名　しかし……問題は記紀とかの記述だろ。
宮田　ええ、その通りですよ……このあたりになりますと、『古事記』はほとんど終りに近いですから、詳しい事は何も書いてないのですが、『日本書紀』のほうには詳しく書いてあるのです。
真名　おかしいのか？

宮田　おかしいと言えばおかしいですね……まず、『日本書紀』のいう通りならば、父を殺した雄略の在位時代に顕宗仁賢の兄弟が現れることはまず有り得ませんから、清寧の時代になってからなのですが、前に言いましたように、武烈の年齢が若すぎるということですね。今度は、『梁書』が正しいとしますと、雄略天皇は四十年近く在位したことになりますから、顕宗仁賢の兄弟の年齢も五十近くになっているということなのです。もちろん、五十歳で天皇になったとしても、不思議なことではないのですが、後の継体天皇からは史実だとはっきりと言われているのですから、顕宗仁賢の兄弟が五〇〇年過ぎに天皇になったとは考えられませんね。

真名　みんな間違っているということになるじゃないか。

宮田　そうですね。顕宗仁賢のどちらかでも天皇になることは有り得ることなのですが、後からでは遅すぎますし、前でも武烈や手白香皇女の年齢が合わなくなるのですから……。

真名　顕宗仁賢が生きていれば、間違いなく天皇になったのか？

宮田　清寧に子供がなかったということですから、履中の孫ならほとんど間違いなく天皇にしたでしょう。

真名　それなら、死んでいたのじゃないのか。

宮田　……？

真名　子供だけが残っていたとか……だから、子供が皇后になっているのだろ。

宮田　ええ……ただですね、仁賢の皇后は春日大娘皇女（カスガノオオイラツメノオウジョ）と言いまして、雄略天皇の子供なのですよ。ただし、彼女の母は、天皇の侍女であり、雄略と一夜をともにしただけで孕んだという曰く付きの子供なのですが、いずれにしても雄略の子供なのですね。

真名 どういうことなのだ。

宮田 雄略が生きている間に、自分の殺した市辺押磐皇子の子供に自分の子供を与えることはないだろうということなのですよ。

真名 雄略に手を付けられた女は幾らでもいたのと違うか。

宮田 (苦笑)……おもしろい見方ですよね。確かに、この和珥(ワニ)氏の娘の童女君の話には取って付けたようなところがありまして、雄略天皇のところに後からの挿入ということは十分に考えられますね。

真名 だから……仁賢のことは雄略は知らなかったのだけれども、臣下には分かっていたのだとすれば、雄略の知らない間に雄略の子供・春日の何とかと仁賢を結婚させていたとしても不思議ではないだろう。

宮田 それを、後から物語として挿入したということですか……。

真名 うん……ありえるだろ。

宮田 ええ……また、春日大娘皇女の話は作り話で、仁賢の妻は全く別の女であったとも考えられるのですよね。

真名 とにかく、天皇の系列にこだわっているのだ。

宮田 それは確かです。

真名 夜這いの話だよ。

宮田 (笑)それはともかく……顕宗仁賢の話には、雄略天皇に対する恨みつらみということがはっきりと出ているのですが、それより、もっとおかしな話が武烈天皇のことなのです。
真名　何か聞いたことがある。
宮田　これは言うのもはばかられるような話なのですが〝こんな天皇がいるわけがない〟と、私は真っ先に疑いましたね。
真名　年も合わないと言っていただろ。
宮田　それもそうなのですが、いけないのは内容ですよ。
真名　暴君とか……。
宮田　違いますね。雄略天皇は間違いなく暴君なのですが、武烈天皇は暴君ではないのですよ。
真名　平気で人を殺しているとか……。
宮田　ええ。人の頭の髪を抜いて木に登らせ、木を切って人を落とし殺すとか、人を池に入れて流れ出る人を刺し殺したとか、木に登らせて弓で射たとか……。
真名　人を殺して遊んでいるのか？
宮田　そうです。どこにでもいるような遊び人にすぎないのですよ。
真名　権力のある遊び人か……。
宮田　権力があるだけになんでもできるのです。
真名　政治だけができない。
宮田　ですから、このような天皇がいるはずがない、いや、臣下としても許せるはずがないと……ただ、妊婦の腹を裂いて胎児を見たとか、弓矢で射殺したとか、刺し殺したとか、女の陰部を調べたとか……

これは雄略天皇の行為とよく似ているのですよ。
真名　似ている？
宮田　そうです。ですから、この武烈天皇のことは、雄略天皇の行いを歪曲して描いたものではないのかとは言われているのですね。
真名　つまり……架空か……。
宮田　おそらく架空の……と言いますのは、雄略天皇の和風名は大泊瀬幼武天皇（オオハツセワカタケルノスメラミコト）なのですが、武烈天皇の和風名は小泊瀬稚鷦鷯天皇（オハツセノワカサザキノスメラミコト）なのですから、よく似ていますし、実際、仁賢の子供として実在していたとしても、ほとんど相手にされなかったような子供であったということなのか……子供がいない天皇としてのつなぎの役目の……そう言えば、子供もいなかった清寧天皇とも同じようなことをしていますね。舎人を設けて名を残すとかなのです。
真名　要するに次の天皇のことだろ。
宮田　そうです。ここで雄略系、つまり仁徳系の直系が途絶えてしまうということなのですよ。
真名　雄略が自分で殺してしまっているからな。
宮田　ですから、わずかに残った仁賢の娘をわざわざ次の天皇の皇后としたのですね。
真名　雄略、清寧天皇から次の継体天皇になったとしても、ほとんど同じことなのだ。
宮田　ええ、年号的にもほとんど合いますから、実際にはそうではなかったのかということなのですが……。

真名　かわいそうか……。本当はどういうことなのだ。

宮田　これはあくまで私の想像ですが……顕宗仁賢の兄弟が認められたのは、五〇〇年過ぎの清寧天皇の時代で、真名さんの言われたように、仁賢の皇后の春日大娘皇女という雄略の一夜妻にできた娘は、すでに臣下によって履中天皇の孫であることを知られていた仁賢が娶っていたということですね。しかし、仁賢の子供は娘か子供ばかりで、天皇にはできず、継体という応神の子孫を捜しだしたのが臣下であり、後に仁賢の娘を皇后としての箔を付けるために、顕宗仁賢、そして、子供であろう武烈を仕事もできないような腑抜けの天皇に仕立て上げたのではないのかということですね。

真名　うーん……しかし、何か……。

宮田　武烈のことですね。

真名　その時は幼かったとしても、本当に仁賢の子供なら、何らかの跡継ぎ問題にもなるのじゃないのか……。

宮田　ええ。しかし仁賢の子供としては、その後はまったく武烈の名前はありませんから、おそらく、死んでしまったのか、相手にもされないような人であったのか、ということでしょうかね。

真名　うーん……。

宮田　ただ、天皇が誰なのか、何をしたのかとは関係なく、朝鮮半島の特に百済や高句麗との関係や王様のことが『日本書紀』の顕宗仁賢のところには書かれてあるのですが……『三国史記』の百済本紀では、四九四年に高句麗と戦い高句麗を破ったと書かれているのですが、『日本書紀』では顕宗の三年・西暦四八七年に、任那の紀生磐宿禰（キノオイワノスクネ）が高句麗と通じて、百済を攻撃したが、撃退されてしまったというようなことが書いてあるのですが、年号も内容も少し違うのですが、よく似た話なのですよ。

真名　だいたい合っているか……それぞれに記録があったということだ。

宮田　そうですね。百済新撰とかの本の名前も出てきますが、これは日本が参考にしたものにすぎませんからね。それから、これはとても重要なことだと思うのですが……武烈天皇が物部の娘の影媛を娶ろうとしたのですが、すでに平群真鳥臣の子供の鮪《しび》と通じていたことを怒り、大伴金村連に相談して、鮪を殺してしまうのです。大伴金村連は真鳥も討ちなさいと天皇を唆して、真鳥も殺してしまうというようなことが書かれているのです。

真名　平群、大伴というのは、政府の中心になるのだろ。

宮田　そうです。雄略天皇もそのままにしておいたのですから、政府の中心だったのですが、これは見方を変えれば真鳥と大伴の戦いであり、大伴が実権を取ったということになるのですね。

真名　しかし、武烈はどうなるのだ。

宮田　武烈は天皇ではなかったとすると、清寧でもよいのでしょうが、清寧天皇も大伴室屋に吉備の親子を殺させていますよね。大伴金村は大伴室屋の孫だと書かれているのですが、この後は、大伴金村が大連となっていますからね。年代的には合わないところもあるのですが……。

真名　考古学的にはどうなのだ。

宮田　この時代の天皇の墓というのは、とくに所在地さえも様々なことが言われているようですから、難しいでしょう。

真名　天皇の墓なら、何か特別なことがあるのじゃないか。

宮田　すべてを調べてみないと分からないのでしょうが、なにしろ、今でも天皇制は健在ですから、宮内庁は簡単には腰を上げないでしょう。

二十七　継体天皇

宮田　次は継体天皇ということなのですが、この天皇についてもいろいろなことが言われているのですよ。

真名　清寧とかには、跡継ぎがいなかったのだろ。

宮田　そうです。清寧天皇には妃もいなかったということですから、当然皇子はいませんよね……もっとも、記紀では仁賢、顕宗、武烈天皇と挿入していますが、武烈も子供はいなかったということになっていますから……天皇の跡継ぎが大問題となっているのですよ。ただ、私は仁賢顕宗武烈の三人は天皇ではなかったと言いましたが、武烈が若すぎるというのが主な理由なのですね。

真名　十歳では無理だよな。

宮田　そうなのですよ。しかし、武烈天皇に無理はあるとしても、顕宗仁賢ならば、天皇にはなれたと思うのです。雄略天皇が崩御したのが、『日本書紀』では四七九年とはなっていますが、武烈天皇は間違いだとするなら、六、七年の年代の操作があったということですよね。

真名　ああ、雄略が死んだのは、もう少し後だと……。

宮田　そうです。雄略天皇が四八五年頃に死んだとすれば、清寧、顕宗、仁賢となって、継体につないでゆけるのですよ。
真名　それなら武烈でもいいのでは……。
宮田　武烈は第六子ですから、仁賢の子供は女の子ばかりということですね。
真名　ああ……しかし、それならどうして武烈を入れたのだ！……仁賢には跡継ぎがいなかったで済むことだろ？
宮田　……。
真名　顕宗仁賢を天皇として入れたからこそ、変な武烈天皇も入れなければならなかったということじゃないのか！
宮田　ああ、そうですね。……やはり、三人の天皇がおかしいですか……雄略が四十年近くも天皇の地位にいたとしても、何の不思議もありませんしね。独裁体制というのは、なかなか突き崩せないものでもありますし……。
真名　そうだよ。
宮田　いずれにしても、跡継ぎが問題になってしまったのですよ。
真名　雄略の仕業だな。
宮田　ええ。雄略は跡継ぎを皆殺しにしてしまったということですからね。
真名　そこで国内が混乱する……というのが普通だろうが。
宮田　その通りなのですよ……武力の強い臣下が、天皇制を破壊してしまうこともあるのですが、臣下は〝誰か天皇になる人はいないか〟と探しているのですよ。これは、天皇の地位が絶対的になり、臣下の力が強くなっていたとしても、天皇を倒すということは、すでにできなくなっていたということなのでしょう。

真名　万世一系か……皆つながっているからだな。

宮田　ええ……天皇の家系が全国に散らばっているのですから、土台である天皇制を踏みつぶすことは誰にもできなくなっているのですね。……ただ、このあたりを大変革の時代だという人もいますよ。

真名　大変革……東征のようにか？

宮田　ええ……継体天皇がどこかからやってきて、日本の天皇になったのではないのかということなのでしょうね。

真名　継体に、それ程の武力があったのか。

宮田　記紀を見る限りでは、継体天皇には武力的な要素はありませんね。

真名　それなら、どうして天皇に……。

宮田　継体天皇は、応神天皇の五世の孫であり、母の振媛も垂仁天皇の七世の孫ということになっているのです。

真名　応神には子供もたくさんいたのだろ……その中での系統になるのか？

宮田　それがはっきりしていれば良いのですが、『日本書紀』では単に応神天皇の五世の孫とだけ書いているのですから……。

真名　夜這いだな。

宮田　雄略天皇ならともかく（笑）……。地方の豪族が自分の娘を中央の人々に差し出すのはまれなことではないようですし、名誉でもあるのでしょうね。……源氏の時代でも、義経が多くの女性と関係したと言われているのですから、日本には母系性家族の名残りが大変にあるのですよ。

真名　それなら、応神の五世の孫とだけしか書けないよな。

宮田　それが事実かどうかは今では調べようもないのですが、これが様々な憶測を生んでいるのですよ。とくに有名なのが、『真清探當證』という物語なのですが、これは仁賢、顕宗の逃避物語と絡めて、継体を顕宗の子供だとしているのですね。

真名　何！

宮田　もちろん、この話はずっと後に作られたものですし、記紀にはまったく書かれていませんし、年号もまったく合いませんから、空想的な要素の強い物語であり、仁賢、顕宗への哀れみを中心としたものになっているのですが、万世一系としては、日本武尊の物語に匹敵するような話にはなっていると思いますよ。

真名　継体が顕宗の子供なら、万世一系にはなるよな。

宮田　しかし、継体天皇の皇后は、顕宗の兄の仁賢の娘の手白香皇女（タシラカノオウジョ）なのですから、明らかにおかしいですし、この手白香皇女が皇后であり、彼女の子供が皇位を継ぐことに関して、重要な事件が生じたという学説もあるほどですから、継体が応神の五世の孫とはいうものの、『日本書紀』がはっきりとした出自を書けなかったということが、皇后の手白香皇女の皇系を強めるために、仁賢を天皇としなければならなかったということではないでしょうか。

真名　形が変わってはいるが万世一系だよな。

宮田　皇后が天皇の子供であることと、履中の曾孫ということでは雲泥の差があると思うのですよ。ただ、継体天皇の出自としては、『日本書紀』ではないのですが、書いてあることは書いてあるのです。それによりますと、応神天皇の皇子としての若野毛二俣王の系譜ということであり、『日本書紀』でも允恭天皇の皇后や妃の父となっていますから、ほとんど応神の直系ではあることは間違いないのでしょう。

真名　出自を書けなかったのは、やはり、五世の孫であるということだな。

宮田　そうです。薄すぎるのですね。しかし、たくさんの中から、継体を選んだというような書き方がされていますから、当然ですが、幾らでも皇孫はいたということでしょうね。

真名　ああ……いるはずだよな。

宮田　実際には、最初に大伴金村達は、仲哀天皇の五世の孫である倭彦王（ヤマトヒコノオウ）を天皇として迎えるために兵を設けて、丹波の国に行くのですが、倭彦王は逃げてしまうのです。

真名　どうして？

宮田　〃兵を望みて、恐れて色を失う〃……と書いてありますから、何か勘違いをして逃げたのでしょうか？

真名　天皇になるのを嫌がったとか。

宮田　私も単純にそう思ったのですが……それにしても、頼むために兵を連れて行くとか、仲哀天皇の孫とかの話が事実とは思われないのですが……確かに、逃げるなり死んでしまえば頼むことさえできないのですが、これでは、架空とはいえ仲哀天皇が傷つきませんかね。

真名　もともとが影の薄い天皇だよ。

宮田　そういう役割ですか……いずれにしても、倭彦王は天皇にはならなかったのですね。

真名　書かなくても問題はないわけだ。

宮田　ええ……ですから、再び臣連等が合議して、越前の継体・男大王（オオドノオオキミ）に決めて、頼むのですね。

真名　それは……世継ぎがいなかったのだから、天皇が死んでからの話になるのだろ。

宮田　そうですね。十二月に天皇が死んで、翌年の二月には継体天皇が即位していますね。

真名　戦いはなかったということだ。

宮田　そうです。今までは皇位をめぐる皇子たちの戦いでしたが、大伴氏が平群真鳥を倒したように、臣下の戦いのほうが激しくなってくるのですよ。

真名　権威があれば、それを利用する人々は必ずいる。自分が権威を獲得すればいいのだけれども、権威を利用しようということになると、激しい戦いにならざるを得ない。雄略が極端な例だ。

宮田　そうなのですよ。出世主義が嫌われるのは、実はそういう事なのかもしれませんね……それはともかく、継体天皇は仁賢の娘の手白香皇女を皇后として即位するのですよ。

真名　戦いがないのは初めてじゃないのか？

宮田　いえ、すでに臣下における戦いが始まっているのです。

真名　皇族の臣下ではなく、臣下が誰を天皇にするかということだ。

宮田　臣下が兵力を握っているということですね。ですから、臣下に推されて天皇になった継体天皇は、臣下は元のごとし、ということになるのです。

真名 権力の空洞化というやつだな。

宮田 （笑）……それから、この継体天皇は宮を樟葉から、山城、乙訓、桜井というように移すのですが、これが何か意味があるかのように言う人もいるのですが、あまり意味はないようですね。

真名 遷都が趣味か……。

宮田 それより……何時か、朝鮮半島の『三国史記』では、とくに新羅本紀では倭との戦いが五〇〇年以後まったく書かれていないと言ったのですが、実は『日本書紀』では、この継体天皇のところから朝鮮半島との関係が細かく書かれているのですよ。

真名 どういう事なのだ。

宮田 『三国史記』では、まったくと言ってよいほどに、日本のことには触れていないのです。

真名 もともと、三国なんとかでは任那はないのだから……。

宮田 その通りですね。しかし、『日本書紀』では参考本の名前もあげているほどですから、それ程間違っているとは思いませんし、朝鮮半島の王様のことでは、『三国史記』とも名前も年代も合うのですからね。

真名 『日本書紀』は任那に関して書いてあるのか。

宮田 ええ。……まず、継体の六年頃ですから西暦五一二年に、百済は任那の四縣をくださいと言ってくるのですね。大伴の金村は承諾して天皇の許可を得るのですが、勅を伝える使者となった物部の麤鹿火（アラカイ）の妻は〝何時かそしりを受けるから……〟と、使いを断りなさいと諫めるのですね。

真名　……？
宮田　実際このことが後に大問題になり、結局任那が滅ぼされることにつながったのでしょうが……大伴の金村と任那の押山は、百済から賄賂を受けていたのだと言われているのです。次の年にも百済には国が与えられるのですよ。
真名　任那が重荷になっているのと違うか。
宮田　ええ……『日本書紀』でも、〝任那は遠く隔たりすぎている……〟と書いていますように、外国を従わせるには、大変な力が必要なはずですが、権力が衰えてしまうと、こういうことにはなり易いですね。それに、半島に出兵して物部臣が破れたということも書いてありますから……。
真名　半島からの撤退だな。
宮田　全体的にはそういう事なのですが、ここで決定的な事件が起こるのです。
真名　日本が負けたのか？
宮田　いえ……継体の二一年ですから五二七年に、新羅に取られた南加羅・己呑《とくことん》を取り戻そうと近江の毛野臣（ケナノオミ）が出兵しようとするのですが、筑紫国造磐井が反乱を企てており、それを知った新羅が磐井に賄賂を贈って毛野臣を妨害するように勧め、毛野臣の海路をも遮断してしまったために、毛野臣の軍は止まってしまったのですね。
真名　反乱か……天皇に対する反乱になるのか？
宮田　ええ。
真名　統制が乱れてきたということだ。

宮田　この反乱は、物部麤鹿火が磐井を殺して収まるのですが、新羅は加羅をも攻めて城をかすめ取ってゆくのです。

真名　加羅は任那の仲間だろ。

宮田　任那加羅という言葉もあるくらいですから、いわば任那の一部という見方もできるのですが、加羅国とか、伴跛国というようにも書いてありますよね。

真名　任那がなくなってゆくのだ。

宮田　それでも、近江毛野臣を任那に派遣して、なんとか新羅と和解させようとするのですが、傲慢でねじけている毛野臣が、逆に任那を滅茶苦茶にしてしまったというのですね。

真名　そんなに詳しく書いてあるのか。

宮田　そうです。ある程度の作り話はあるのでしょうが、事実の特徴とも思われるようなややこしさがありますよね。

真名　そんな話を聞いていると、任那は間違いなくあったと思える。

宮田　ええ、任那があったのは間違いないでしょうが、『三国史記』には、これらの物語がまったく書かれていないのですよ。しかし、『日本書紀』は百済本記、百済記、百済新撰を資料として書いていると言われているのですから、資料がなくなっているとはいえ、それ程間違っているとは思えないのですよ。もっとも、百済本記、百済記、百済新撰というのは、百済が滅んだ後の百済からの日本への帰化人によって書かれたものと言われていますから、日本寄りなのは当然なのですが……。

真名　『三国史記』とかも何かを参考にしているのだろ。

宮田　当然でしょうね。中国の資料を多く使っているということだそうですが、ただ、この本・『三国史記』は金富軾という個人が書いたということですから、『日本書紀』のような重厚さはありませんし、年代的には正しいと言われていますが、内容は簡単な年代別の記述でしかないのです。それに、何度も言っていますが、任那という文字が一つもないのですから、任那関係のものが意図的に削除されているというようには考えられますね。

真名　五〇〇年過ぎの倭のことも書いてないのだろ。

宮田　ええ、確かに『日本書紀』を読んでいても、日本が新羅と戦ったという記事はほとんどないのです。新羅は加羅の城を攻めたり、南加羅、己呑を奪ったということなのですから、間違っていないとは言えないですね。

真名　そういう記事は向こうの本にはないのか。

宮田　いえ、『三国史記』の新羅本紀には于山国を服従させたとか、加羅国に花嫁を送ったとか、加羅国と同盟したという記事はありますから、これは『日本書紀』の記事とも一致しているのですよ。

真名　ああ、そういうことか……分かったような分からないような……。

宮田　（苦笑）……年代的にも内容的にも、このあたりの記述には十分な信憑性があるということなのです。

真名　皆、自分の都合のよいように書いているか……。

宮田　ええ、それは言えますが……この継体天皇のところでは、ほとんどのページを朝鮮半島との関係に割いているのですが……別の問題が継体天皇の崩御年にあるのです。

真名　また皇位争いか。

宮田　それがですねー……皇位争いがあったのではないのか、という想像がなされているのですよ。継体天皇の崩御年は、『日本書紀』では継体二十五年・辛亥《かのとい》・西暦の五三一年ということになっているのですが、これは百済本記……『日本書紀』が参考にした本ですが……百済本記には高句麗が百済と戦った、王が死んだと記してあり、『三国史記』でも同じような記事がありますから、間違いないと思うのですが、問題はその後に、〃また聞く、日本の天皇及び太子・皇子、ともに崩りましぬといへり〃と書いてあるというのです。『日本書紀』はこの記事に従ったと書いているのですが、この年代では、日本ではそういう事はなかったはずなのですよ。むしろ、継体天皇が即位した時には、百済本記の言う通りであり、跡継ぎが、みな死んでしまったから越前の継体天皇が即位したのですよね。

真名　昔の話だ。

宮田　ええ、私も、これは継体天皇が即位した時のことを、噂話として百済本記が間違って書いていると思うのですが、ただ、後の宣化天皇のところでも、天皇皇后に子供が合葬されたとは記されているのです。しかし、これだけで〃天皇及び太子・皇子、ともに崩りましぬ〃というように、皆が同時に死んだと取るのは難しいですね。

真名　それを殺されたとするのか？

宮田　殺されたような事件なら、何らかの記述が残るでしょう。ただ、あまりにも宣化天皇の在位が短かすぎますから、皇位を譲るために自ら死んだとも考えられなくはないのですが……。この『日本書紀』の百済本記の記述は、単に跡継ぎが亡くなったということですから、たとえ天皇皇后に子供がなかったとしても、継体の子供の欽明はいたわけですから、皇子が亡くなったということではなかったはずなのです。だとすれば、跡継ぎが亡くなったというのは、継体の即位したとき以外にないのですよ……しかも、『日本書紀』では、ある本では継体天皇は、二十八年・甲寅《きのえとら》に死んだと載っているとも書いているのです。……『日本書紀』では二十五年なのですが……この二十八年は安閑天皇の即位した年であり、安閑天皇のところでは、継体天皇は死んだ日に勾大兄（マガリノオオエ）・安閑を天皇にしたと書いてあるのですよ。

真名　皇位争いはなかったのだ。

宮田　ええ、安閑は継体が天皇になる前に尾張の目子媛（メノコヒメ）と結婚して生まれた子供ですし、次の宣化も同じなのですが、継体が天皇となって、仁賢天皇の娘の手白香皇女を皇后として、欽明が生まれるのです。

真名　欽明が若いんだ。

宮田　ええ、そのようなことが書いてありますし、実際、継体天皇は子供の安閑をとても信用していたように書かれてもいるのですよ。しかも、安閑天皇も二年で死んでしまい子供もいませんでしたから、弟の宣化も群臣の合議によって天皇となっているのです。

真名　欽明は？

宮田　欽明は宣化が四年で死んだ後に天皇となるのですが、宣化には子供もいたのですね。しかも、前に言いましたように、宣化天皇が死んだ時に皇后や孺子《わくご》も合わせ葬るというような事が書いてありますから……。

真名　何か変だな。

宮田　ええ……ですから、ここで何か大きな政変があったのではないのかとも考える人もいるのですが、実は、これは皇位継承の問題なのですよ。

真名　……。

宮田　話は戻りますが……『日本書紀』では雄略天皇のことを、はっきりと悪い天皇と書いてあるのですが、彼は仁徳天皇の長子である履中天皇の子供の市辺押磐皇子を殺しているのですね。つまり、市辺押磐皇子こそ正当な皇位継承者ではなかったのかということなのです。押磐皇子が天皇にならずに、履中の弟の反正や允恭が天皇になったのは、押磐皇子が若かったからであり、允恭の子供の安康が殺された時には、当然、押磐皇子に皇位継承権があったはずなのに、雄略が殺してしまったのですね。

真名　ああ分かった。欽明が正当な皇位継承権を持っているということだ。

宮田　ええ……市辺押磐皇子の遺児である仁賢の娘の手白香皇女が継体天皇の皇后となっているのですから、その子供が天皇であらねばならないということなのですね。安閑、宣化が天皇になったのは、あくまで欽明天皇が若かったからだ、ということなのではないでしょうか。事実、直接に継体から欽明に繋がったというようなことも書かれているそうですね。

真名　雄略とは反対だ。

宮田　ええ。どうして宣化天皇の皇后や子供が一緒に葬られたのかは疑問にはなるのですが、これは、あるいは、皇位を譲ったということではないでしょうか。

真名　同じ時に死んだのか？

宮田　病気か何かで死んだのかどうかは分かりませんが、後から同じ墓に埋葬したとも……。そう言えば、安閑天皇のところでも同じようなことが書かれていますが、皇后は後まで生きていましたから、後から同じ墓に葬ったということもあるのでしょうね。

真名　何だ。

宮田　それから、歴史資料的にも、この継体天皇から間違いなく存在した天皇であるということからでもあるのでしょうし、考古学的にも馬具類の出土が大幅に増えることなどから、以前に言いました騎馬民族説をここにあてはめ、この頃に大陸からの進出があったのではないかという人もいるのですが……。

真名　何！……騎馬民族。

宮田　これは、騎馬民族という言葉をそのまま理解してしまうことですね。

真名　馬に乗って日本にやって来たということか。

宮田　極端に言えばそういうことなのですが……日本ではすでに大古墳も造るような国があったのですし、記紀をまったく無視しない限り無理な説ですね。

真名　おまえは、騎馬民族というのは蒙古朝鮮系統の人々とかが来たとか言っていたよな。

宮田　ええ……騎馬民族説を言ってみえる考古学者は、日本の文化が大陸の文化・とくに蒙古系の影響があるという研究なのですから、騎馬そのものに囚われる必要はないのですよ。

真名　スサノオとか言っていたよな。

宮田　素戔鳴尊の話がそうだというのが、私の考えなのですが……もちろん、彼等は騎馬など使わなかったでしょう。

真名　船だよな。

宮田　ええ……戦いも歩兵戦ですよね。

真名　騎馬戦などというのはずっと後からだろ。

宮田　そうですよ。この六世紀・五〇〇年の少し前から急に馬具が増えたと言いますから、臣下の勢力が伸び始めた頃でもあり、誰かが騎馬で戦いはじめたのだと思いますよ。

真名　騎馬で戦うとなると、よほど練習しておかなければならないから、農業と兵力が分離されるだろう。

宮田　そうですねえ。武士の始まりですか……実際に兵農分離をしたのは織田信長だそうですが……臣下ということであれば、そういう考え方はできるはずですね。

真名　騎馬戦といっても、実際には歩兵戦がほとんどだったのだよな。

宮田　ええ、騎馬戦というのは、モンゴルのジンギスカン以外は、どうでしょう。

真名　そういうことだよ。

宮田　馬に乗れる人が多くなったということでしょうか……。

二十八　安閑天皇

宮田　次の安閑天皇は、継体天皇の長子なのですが、母は尾張連草香の娘の目子媛（メノコヒメ）ですから、継体が天皇になる前の子供ですね。

真名　皇太子だったのか。

宮田　いえ、継体が死ぬ直前に安閑を天皇にしたと『日本書紀』では書いていますが、これは、初めて生前に皇位を譲ったということにはなるのですよ。後には院政という上皇の時代もくるのですが、それとは違うようですね。

真名　皇太子を決めてなかったのだろ。

宮田　いえ、安閑は皇太子でもあったのですよ。

真名　兄弟相続ではないのだよな。

宮田　ええ。安閑は継体の子供ですよ。しかし、皇后の子供ではないのですね。

真名　履中の時とは違う。女の戦いだ。

宮田　（苦笑）真名さんは鋭いですね……確かに、清寧天皇の時からなのですが、妃同士の戦いが水面下にあるように思いますよ。ただ、臣下の大伴氏も物部氏も、大連の地位はそのままだということですから、彼等の影響力も強かったのでしょう。

真名　妥当な人選だということだな。

宮田　事件が起こらなかったのはそういう事ですよね。ただ、安閑天皇は、たった二年の在位で死んでしまうのですが、皇后としては、やはり仁賢天皇の皇女である春日山田皇女にするのです。ほかにも妃としては三人あるのですが、いずれの妃にも子供ができなかったのですね。

真名　へえー。

宮田　ですから、『日本書紀』の安閑天皇のところでは、彼女たちに屯倉《みやけ》を与えるとか、屯倉の設置とかが、ほとんどを占めているのですよ。

真名　みやけは、天皇の直轄地ということだろ。

宮田　そうです。

真名　金が要るんだ。

宮田　ええ……次の宣化天皇も〝食は天下の本なり、黄金、白玉では凍えることを防げないと……〟と言っていますから、屯倉を増やすことは朝廷の安定にもなるのでしょうね。

真名　今時の政治家よりも利口だな。

宮田　今の人は農業、製造業を嫌がっているのですよ。

真名　これからどうするのだ。

宮田　知りません。

真名　知らないで済むか！

宮田　日本人は利口ですから、汚い辛い仕事は外国人やロボットにやらせるのじゃありませんかね。なにしろ、日本は教育大国ですから……。
真名　先進国病だな。頭ばかりでは無理なのに……。
宮田　黄金、白玉ばかり数えているのですよ（笑）。
真名　何を考えているのだろうな。
宮田　余計なことはともかく……この安閑天皇のところでは、初めて国の諍いについて書いていますね。
真名　くにのいさかい？
宮田　武蔵の国で、国造の地位をめぐって争い、朝廷に逃げ込んで調停を求めているのです。この年が安閑元年で甲寅《きのととら》と、はっきりと『日本書紀』には書いてあるのです。
真名　……。
宮田　内容はともかく、実は『日本書紀』には、天皇即位の年の干支がほとんど書いてあるのですが……。
真名　何だ……。
宮田　この干支が正しいかどうかは分からないのですが、継体天皇の最後のところに書いてある注釈による、継体二十八年の甲寅とは一致するのですね。
真名　ああ、あれか。
宮田　もう一度言いますと、実際に『日本書紀』では、継体天皇は二十五年で終わっているのですが、これは百済本記によって書いていると記してあるのです。継体二十五年は辛亥《かのとい》ですから矛盾しているのですよ。

真名　二年間の空白がある……ということか。

宮田　ええ、その通りです。前にも言いましたが、問題なのは百済本記の記事……この信憑性がどれ程あるのかが問題なのですが……記事には、〝太歳辛亥の三月に、軍進みて安羅に至りて、乞　城《こつとくのさし》を造る。この月に、高句麗その王安を弑す。また聞く、日本の天皇及び太子、皇子、倶に薨《かむさ》りましぬ〟と載っているから、継体天皇の崩御年を二十五年にしたと『日本書紀』では説明しているのですよ。

真名　ああ、その日本のことは間違いだと言っていたな。

宮田　ええ。……百済本記の、軍進みて……、の軍は新羅のことでしょうから、新羅本紀でもよく似たことは書いてありますし、高句麗の安王はこの辛亥の年の五三一年に死んでいるのですね。ところが、日本の場合は、この記事に合う史実がないのですよ。

真名　そうだよな。継体には子供が何人もいたのだから。

宮田　ええ、そうなのです。安閑、宣化、欽明は、すべて継体天皇の子供なのです。跡継ぎが亡くなったということでは、強いてあげれば、継体天皇が皇位を継いだときのことですよね。跡継ぎがまったく無くなったものですから、継体天皇を担ぎ出したのですからね。

真名　うん、それだよ。『日本書紀』が間違えている。

宮田　ただ、何度も言っておりますが、『日本書紀』の宣化天皇の最後のところに、天皇皇后に子供を合わせて葬るというようなことが書いてありますから、このことを天皇及び太子皇子がいなくなったことと関係付ける人もいるのですよ。このことなどから、辛亥事変とか、両朝が並立するとか。

真名　りょうちょう？

宮田　目子媛の安閑宣化と、手白香皇女の欽明の両朝なのですが、これは穿ちすぎていますし、だいいち、宣化天皇が亡くなったのは、宣化四年ですから、己未《つちのとひつじ》の干支になり、百済本記の辛亥とも合いませんよね。それに、欽明天皇は安閑天皇の皇后である春日山田皇女を皇太后としていますから、単純に『日本書紀』の通りの、安閑、宣化、欽明ということでしょう。

真名　歴史に学ぶか……。

宮田　ええ、雄略時代が反面教師的になっていることがあると思うのですが……ただ、安閑、宣化天皇の在位期間があまりに短いですから、首をかしげるところもあるのですが……。

真名　何か諍いが生じて、殺されたというようなことか。

宮田　ええ、両朝が戦っていたというのは、それなのですが……安閑宣化は継体の前妃の子供ですから、継体天皇が何歳で天皇となったのかということと関係するのですよ。

真名　ああ、四十歳ぐらいだとしても……合うわけか。

宮田　そうなのです。確かに、『日本書紀』では安閑が父の継体天皇を助けるというようにも書いていますから、相当な歳であったことになるのですね。だとすれば、在位期間が短いのも頷けることではあるのですが……。

真名　うん……戦争は無いよな。

二十九　宣化天皇

宮田　次の宣化天皇は、継体天皇の第二子・安閑天皇と同じ目子媛の子供ですね。
真名　また、弟が皇位を継承したのか。
宮田　ええ。安閑天皇には子供がいませんでしたから、当然、継体天皇の手白香皇后の子供である欽明が天皇の位につくはずなのですが、群臣は安閑天皇の弟の宣化を天皇としているのですね。
真名　欽明が若いからか。
宮田　そのようにも書かれていますね。確かに、欽明の在位年数は三十二年ですから、この時は若かったのは間違いないでしょうし、すでに継体天皇が即位したときには、目子媛の子供である安閑天皇は、政治を補助していたということですから、皇后の子供の欽明天皇とは年が相当に離れているということですね。
真名　年齢は書いてないのか。
宮田　記紀には年齢は書かれていますが、年齢というのはしっかりとした記録がない限り、正確さを求めるのは無理なことなのですね。この時代ではそれ程の記録があったとは思えませんから、私はほとんど無視しています。

真名　……。

宮田　ただ、安閑元年の甲寅の干支も合うと言いましたが、この宣化元年に物部麁鹿火（モノノベノアラカイ）が亡くなったのが丙辰《ひのえたつ》ですから、ぴったりと干支が合っていますね。

真名　年代も正しいということだ。前に、この宣化から『古事記』と『日本書紀』の年号が合うとか言っていたな。

宮田　ええ、『古事記』では安閑天皇が亡くなったのが乙卯《きのとう》なのです。翌年が丙辰《ひのえたつ》の宣化元年になるのですから、『日本書紀』とも合っているのですよ。……顕宗、仁賢、武烈というのは、どうしても納得できないところがあるのですが、継体天皇以後は年代も内容も、それ程間違っていないと思いますよ。

真名　記憶から記録になっているんだな。

宮田　ええ、それも、朝鮮半島に進出してから多くの人々がやってきて、明らかな記録が残され始めたのは、記紀を読んでいても納得できることなのですね。

真名　臣下もそのままなのか。

宮田　ええ、大伴、物部の大連は変わりはないのですが、蘇我稲目宿禰（ソガノイナメノスクネ）を大臣として、阿部大麻呂臣を大夫《まへつきみ》としていますね。ここで蘇我の名前がでてくるのですよ。

真名　いよいよ時代が変わるか、聖徳太子は天皇にならなかったのだよな。

宮田　話が飛び過ぎますが（笑）……そうですね。

真名　天皇の実権がなくなってゆくのだろ。

宮田　そういう事でしょうね。それはともかく……この宣化天皇のところでもっとも問題なのは、前にも触れましたが、宣化天皇も在位期間が短く、四年で死んでしまうのですが……皇后橘皇女及び孺子《わくご》を同じ墓に葬る。皇后の死んだ年は記してないし、孺子は成人になる前に死んだということなのか……と『日本書紀』では記しているのです。

真名　親子が殺されたのか？

宮田　そうとも取れないことはないのですが……だとすれば大事件ですから、記録として残らないはずがないのですよ。

真名　前に言っていただろ。

宮田　『日本書紀』がどうしてなのだろう、というような書き方をするほど記録にはなかったということですから、それ程問題にする必要はないということですが……子供も一緒に葬られるということは、あまりありませんから、何か隠された事件があったのではないのかと穿つことはできるのですが……。

真名　宣化には子供は一人か？

宮田　いえ、即位前の妃・大河内稚子媛との間に、火焔皇子（ホノオノオウジ）がいますね。椎田君の祖先だと書いていますよ。

真名　それなら子供は病気だよ。子供を殺すような事件なら、みんな殺してしまう。

宮田　ああ……今も昔も、子供を殺すというのは余程の事情があったからか、自分勝手だからでしょうからね。事件性は高いかもしれませんね。子供が病気で死ぬというのは、それ程珍しいことではないでしょう。

三十　欽明天皇

宮田　この欽明天皇がいかにして天皇となったのか、大変に興味のあるところなのですが、『日本書紀』では淡々と天皇になっていますから、彼が天皇になることは初めから決まっていたのではないのかということなのですね。

真名　皇太子だったのか？

宮田　いえ、皇太子ではなかったようです。欽明は継体天皇の子供ですから、死んだ宣化天皇の子供ではありません。

真名　臣が相談したということでもないのか。

宮田　そうです。まさしく、当然のように天皇となっているのですよ。

真名　安閑、宣化が、中継ぎ天皇にすぎなかったということだな。

宮田　ええ……同じようなことは、次の天皇の即位の時にも起こっているのですよ。

真名　雄略のやり方がよほど嫌われたのだな。

宮田　そうでしょうね。欽明天皇の最初のところで秦大津父（ハタノオオツチ）の話として、相争う狼を見つけて、争うことを止めさせ、お互いに生きてゆけるようにしたというようなことを言わしめていますから、これは安閑、宣化と欽明朝の内乱のことだという説もあるそうですが、これはおそらく、雄略天皇の皇位継承に対する反省なのでしょう。裏を返せば、欽明が天皇になれば戦いはしなくて済むぞ、ということでもあるのですからね。

真名　しかし、安閑、宣化は同じ母だろ。

宮田　ええ。

真名　それなら、欽明とは仲が悪かったとしても不思議ではないだろう。

宮田　そうですね。もちろん、何らかの仲違いはあったのでしょうが、内乱説というのは、百済本記……『三国史記』の百済本紀ではなく『日本書紀』が参考にした本ですが……百済本記の〝日本の天皇及び皇太子・皇子が皆死んでしまった〟という記事を信じているからなのですよ。

真名　ああ、そうか……。あれは間違っていると言っていたな。

宮田　そうなのです。それに、欽明天皇は安閑天皇の皇后の山田皇后を皇太后として、宣化天皇の皇女の石姫（イシヒメ）を皇后としているのですよ。

真名　それじゃ、喧嘩のしようがないよな。

宮田　ええ、派閥人事みたいなものですから、ここで大きな事件があったとは、まず考えられませんね。

真名　丸く治めるか……。

宮田　表面張力を利用しているようなものですが、とにかく、大変に利口なのですよ。日本の天皇制が続いたのは、結局のところ、この『日本書紀』の功績が大変に大きいのではないかと、つくづく思いますね。

真名　教科書だな。

宮田　ええ……聖書がどれ程の信憑性があるのかは知らないのですが、史実を上手く利用した教養書としては、おそらく世界随一ではないでしょうかね。

真名　説教はしていないんだよな。

宮田　もちろん。宗教書ではありませんから、国の在り方としての書物ということですね。どこの国でも史書は編纂しているのですが……例えば、朝鮮半島の『三国史記』でも、史実を書き留めようということにとどまっていますね。『三国史記』では、作者の個人的な意見としては載せてあるのですが、『日本書紀』のようには、ものごとを深く詮索してはいませんからね。

真名　お前が日本人だからそう言うのだ。

宮田　（笑）……そうでしょうね。本居宣長は物語として『古事記』の方を褒めていますが、教養書としては比べようもないほど、『日本書紀』の方が優れていますよ。

真名　今はそんなことはどうでもいいんだよ。

宮田　（苦笑）……この欽明天皇のところでは、大変に特徴的なのが、朝鮮半島との関係が克明に書かれているということなのです。

真名　また出兵したのか。

宮田　出兵うんぬんのことも書いてはありますが、むしろ、任那が滅びゆく姿ということですね。この欽明天皇のところでは、ほとんどのページを朝鮮半島とのことに割いていますよ。

真名　どうして？

宮田　何かの本に克明に書かれていたのを書き写したのでしょうか。朝鮮半島のことは『三国史記』にも書いてあり、年代もほとんど合っているのですが、『三国史記』は任那をまったく無視していますから、日本のことは書いてないのですよ。

真名　年代が合っているのだろ。

宮田　ええ。

真名　それなのに日本のことが書いてないというのは……。

宮田　それなのですよ。応神天皇は……ほとんど間違いなく応神天皇でしょうから……応神天皇は、朝鮮半島に遠征して、比自㶱《ひしほ》、南加羅《ありひしのから》、喙国《とくのくに》、安羅《あら》、多羅《たら》、卓淳《とくじゅん》、加羅《から》の七ヵ国を平定したということなのですが、これらをまとめて任那というのが『日本書紀』なのですよ。

真名　任那という国はなかったと言っていたよな。

宮田　そうです。そして、安羅には日本府があり、新羅と境を接していましたから、新羅とは常に戦っている状態ではあったのですよ。

真名　それが倭なのだろ。

宮田　おそらく、そうだと思います。ですから、『三国史記』は任那を書く必要がないのですが、加羅国としては登場しますし、いろいろと国の名前が違っているようですね。

真名　戦いがなくなったというのはどういうことなのだ。

宮田　その明確な事実は分からないのですが、欽明天皇の即位は五四〇年頃ですから、五四一年のこととして任那の復興を百済と計画するのですが、その時にはすでに安羅、多羅、加羅の三ヵ国しか任那ではなかったようですね。

真名　新羅がとったのか。

宮田　ええ、それと百済にも割譲していますから……とは言いましても、私には詳しくは分からないのですよ。なにしろ外国での話ですし、何度も言っていますように、『三国史記』は任那を無視していますから、百済本紀にもほとんど日本のことが書いてありません。ですから、「日本書紀』を中心に考えているのですが……。

真名　三国何とかより、『日本書紀』に詳しく書いてあるのか？

宮田　そうなのです。これこそ『三国史記』と『日本書紀』の違いなのですが……『日本書紀』では百済との関係が主体ですし、当然任那のことが中心となっているのです。

真名　日本と百済が仲が良いのだ。

宮田　結論的にもそういうことなのですよ。『三国史記』は新羅を中心とした歴史ですし、百済とは昔から仲が好かったとか、兄弟のような関係で、百済が日本を立てているように書かれているのが『日本書紀』なのです。

真名　前にも、百済とは九州からの東征の時から、関係があるのではないかと言っていたな。

宮田　いえ、邪馬台国の時代からですよ。

真名　ああ、そうか……。

宮田　卑弥呼は百済からやって来た人ではないのかとの説もあるほどですから、任那そのものが百済の後押しによってできたようなものなのですよ。

真名　百済も利用したとか言っていたな。

宮田　そういう面もありますね。ただ、日本の場合は和解という工作によって、天皇制が確立し始めて、国全体が統一されていったのですが、朝鮮半島では百済、新羅、高句麗に任那もあったのは事実ですから、これらの国が入り乱れて戦っているのですよ。

真名　百済と任那対高句麗と新羅ということなのだろ？

宮田　いえ……それがはっきりと言って、でたらめになるのですよ。例えば、任那と新羅が通じ合ったので百済が怒ったとか、百済と新羅が組んで高句麗をやっつけたとか、新羅が百済の城を奪ったとか……。

真名　そういうものかな……。

宮田　しかし、基本的には百済と任那はほとんど同盟的な関係にはなっていたようですね。

真名　年代も合っているのだろ。

宮田　ほとんど合っています。百済が高句麗を攻撃したり、百済の聖明王が戦死した年が五五四年ということ、子供の威徳王が王になったということなどは、『三国史記』も『日本書紀』も同じですから、詳しく調べるだけの余裕はないのですが、年代的な間違いは少ないでしょう。

真名　しかし……任那はない。

宮田　『三国史記』に任那はない……だから任那はなかったというような言い方は、これは日本に応神天皇という偉大な王がいなかったということなら納得できるのですが、任那はあったのだが、半島へ遠征するような偉大な王はいなかった、というような言い方はできないと思うのですよ。

真名　何？

宮田　前にも言いましたように、偉大な王がいなければ、半島遠征などできなかったはずだということなのですね。

真名　ああ、神功皇后では半島遠征は無理だということだな。

宮田　そうです。

真名　それにしても、海外遠征なんて……反対なら分かるけれど……。

宮田　ええ、その通りなのですが……繰り返しになるかも知れませんが、『魏志』の倭人条からしても邪馬台国は歴史のあるまとまった国であったということ、東征に船を使っているということ、それにこの欽明の時代でも、兵士はようやく五百人から千人というほどですから、後の戦いほどの大部隊ではなかったのだろうと想像できることなどから、海外遠征の可能性はあると思うのですね。

真名　うん……国内統一と半島遠征を結び付けているのだな。

宮田　それに、朝鮮半島を占領したわけでもありませんね。いわば百済の後押しがあって、軍事的に小さな国々を押さえただけですから、朝貢関係的な経営という考え方がぴったりなのですよね。

真名　任那はあったか……。

宮田　その任那なのですが、継体天皇の時代から徐々に新羅に国を奪われてゆくのですが、欽明の二三年・西暦の五六二年に、新羅が任那の宮家を討ち滅ぼすと『日本書紀』では書いてありますし、『三国史記』・新羅本紀の五六二年には加耶が反乱を起こしたから討ち滅ぼした、と記されているのですよ。

真名　前にも、年号がぴったりだと言っていたな。

宮田　ええ。これで、間違いなく任那はあったということですね。

真名　三国とかは、任那のことは一言もいっていないのだけれど、倭とか加耶とか言っているのだから、話としてはつじつまは合ってくるということだろ。

宮田　そうなのです。とくに百済本紀では日本との関係をほとんど無視しているのですね。その無視しているところを、欽明天皇のところで克明に記しているということなのですよ。それによりますと、百済は日本の属国とまでは言わなくとも、日本は百済に対して強い発言権を持っているのですね。

真名　どうして任那を無視したのだろう。

宮田　前にも言ったと思うのですが、この『三国史記』は新羅を中心とした歴史書ですから、できるだけ新羅を目立たせるようにしているのは事実でしょうし、任那というのが王様の国という意味がいけませんね。新羅が無視したくなるのも分かりますね。

真名　まあな……。

宮田　それから、任那・加羅が滅びるところでは、『日本書紀』では、日本は大将紀男麻呂宿禰（キノオマロスクネ）を派遣して、新羅と戦わせたのですが、新羅は白旗を掲げて降参したように見せかけ、同じように白旗を掲げた日本軍を新羅が撃破したというようになっているのですが、『三国史記』の新羅本紀でも、相手は加耶になっていますが、白旗を掲げて相手を打ち破ったということになっていますね。

真名　ふーん。

宮田　『日本書紀』と新羅本紀では内容の書き方に違いがあり、『日本書紀』では詳しく書いてあり、いろいろな逸話も載せているのですが、内容も年代もほぼ同じということですから、日本が出兵していたのは、まず間違いないでしょう。

真名　任那は間違いないということだな。

宮田　そうです……このほかにも、『日本書紀』では、この欽明二十六年・西暦の五六五年ににに大伴連狭手彦（サテヒコ）を百済に遣わして、高句麗を攻め戦果を得たと書いているのですが、高句麗本紀にも百済本紀にもその事は書いてないのですね。しかし、『日本書紀』でも〝このことはある本では十一年ということになっている〟と載っていますから、西暦の五五〇年となり、実際に高句麗本紀でも百済本紀でも、五五〇年には、百済が高句麗に勝ったとは書いてあるのですよ。ただし、『三国史記』では日本が関係したとは書いてありませんが……。

真名　信用できるな。

宮田　ええ。百済の聖明王の戦死も『日本書紀』には詳しく載っているのですが、欽明十五年ですから、西暦五五四年となり、百済本紀の年号とも合っているのですよ。

真名　つまり、『日本書紀』の記述が正しいと言いたいんだろ。

宮田　ええ、『日本書紀』のほうが正しいのではないのかということですね。

真名　『日本書紀』は年号がでたらめだったのだよな。

宮田　そうです。在位期間ひとつをとっても、崇神六十八年、垂仁九十九年、景行六十年、成務六十年、神功六十九年、応神四十一年、仁徳八十七年ということですから、これだけでもほとんど信憑性はなくなってしまうのですが、雄略あたりからは年号も合ってくるのですよね。

真名　しかし、双方が同じ書物を参考にしたのなら、任那のことを認めざるを得ないだろう。

宮田　ええ、そうなのですが、どうも、百済記、百済本記、百済新撰というような資料は、『日本書紀』の用いた資料のようですね。だとすれば、『三国史記』と年号が合うというのは大変に信憑性が高いということですよね。

真名　三国とかは、どういう資料を使っているのだ。

宮田　中国の資料と、この時代ならば、自らの資料が残っていたのでしょうね。

真名　『日本書紀』とは関係ないか……。

宮田　ええ。……この欽明天皇のところでは、ほとんど国内の事は書いてないのです。しかし、注目すべきことは、皇后としては宣化天皇の娘の石姫をたてているのですが、蘇我大臣稲目宿禰の娘の堅塩媛（キタシヒメ）と小姉君（オアネノキミ）を妃としているということですね。

真名　……。

宮田　この大臣の娘の子供が、後に天皇となっているのですよ。

真名　また、中継ぎか……。

宮田　いえ、つぎの敏達天皇は皇后の女石姫の子供ですから、敏達天皇が十四年の在位の後に、ということですね。

真名　敏達には子供がいなかったのか。

宮田　いえ、いたのですが、それは後のこととして……欽明天皇が有力な大臣の娘を妃としているということが重要なことなのです。

真名　大臣がひっかき回すか。

宮田　その通りですね。臣と臣の間で戦いが生ずるのですが……大臣といえば、大伴大連金村が、百済にやすやすと国を与えたために、新羅が恨み、後々に任那を滅ぼしてしまったということなのですが、このことで金村は出仕しなくなったという話が書いてあるのです。それ以後、大伴金村の名前が消えてしまうのですね。

真名　臣下の戦いか……。

宮田　軍事力がすでに天皇の手から離れてしまっているということなのでしょうが、蘇我系はあの武内宿禰を祖としていますよね。

真名　ふーん。

宮田　それから……この欽明朝には仏教の公伝・百済の聖明王から釈迦仏の銅像、旗や経論数巻を贈られたのですよ。その正しい年代は五五二年とか、五三八年とも言われていますが、それはともかく、『日本書紀』にはとても重要な事が書かれていると思います。

真名　仏教は聖徳太子だろ。

宮田　いえ、仏教を敬うことを憲法に定めたのが聖徳太子ですから、彼は仏教を定着させたということですね。

真名　……。

宮田　この経典を見た欽明天皇は〝これ程詳しい法を聞いたことがないけれど、自分では決めることはしない〟と言って、蘇我大臣稲目宿禰と物部大連尾輿・中臣連鎌子に尋ねるのですね。

真名　日本には神社があるだろ。

宮田　それなのですよ。物部や中臣は〝国神の怒りを買うから、拝まないほうがよい〟と言うのですが、蘇我稲目は〝諸々の国々では皆敬っているのだから、日本だけが独り背くことはいかがなものだろう〟ということなのですね。

真名　なるほど。

宮田　そこで、欽明天皇は蘇我稲目に仏像や経典を授けて拝ませたということになっているのですよ。

真名　何かおかしいなあ。

宮田　国の政策としてではありませんから、これでは大臣達が分裂してしまいますよね。

真名　戦争になったのか。

宮田　ええ……。しかしそれは後のことで、この時には諸々の災害を仏教のせいにされて、仏像が捨てられ伽藍も焼かれてしまうのですよ。

真名　仏教は広まらなかったのだ。

宮田　そうなのです。次の敏達天皇の初めのところには〝天皇は仏法を信じたまわずして、文史を愛したまう〟とわざわざ書いてあるのです。

真名　ああ、そういうことか……。

三十一　敏達天皇

宮田　その敏達天皇は、欽明天皇の第二子なのです。皇后の第一子は箭田珠勝大兄皇子（ヤタノタマカツノオオエノオウジ）ですが、すでに死亡していましたから、敏達は皇太子にはなっていたのですよ……もっとも、皇太子という呼び名は後のことのようですが……皇太子ですから、当然のように天皇になっているのですね。

真名　欽明の在位が長かったからな。

宮田　ええ、そういうことですね。いつも問題になるのは、天皇が若くして死んでしまった場合に、誰を天皇にするかということなのですよ。幾度となく言っておりますが、いかに権威が衰えているとはいえ、天皇は立派な統率者であらねばならないのですから、この時代では若い人を天皇にはしなかったようですね。

真名　だから、弟が天皇を継ぐ。

宮田　だから、争いも絶えないのでしょうが……こういう事からしますと、応神以前の直列的な天皇の系列が不自然になるのですが……。

真名　何とか言っていたなあ。天皇の在位期間がどうのこうのと……。

宮田　ええ、平均在位年数が十年というのは短かすぎないかと言ったのですが、これはこの時代の平均寿命を加味したものだとすると、妥当な数字だということですね。

真名　応神天皇の東征とは、誰も言っていないが……。

宮田　それは、邪馬台国畿内説だからですよ。

真名　うん、何度も聞いているし、俺も応神が九州だとは聞いているが……応神天皇は何代目だ？

宮田　十五代目ですよ。

真名　神武天皇は何年頃だ。

宮田　吉備の古墳からすれば、一五〇年頃だと思いますが……。

真名　すると……応神の東征が三五〇年過ぎだとすると……二〇〇年か……合わないじゃないか。

宮田　いえ、邪馬台国東遷説というのは、二五〇年過ぎに神武天皇が橿原へ移った事が基準ですからね。……私の試算でも平均が、十三、四年ですから、合わないとは一概には言えないのですが……ただ、応神以前の十四代にはほとんど信憑性がないということですね。もちろん、記紀の年代はでたらめなのですから、十四代そのものにも問題があり、この時代のことは、ほとんど記録になかったことは明確ですから、『日本書紀』の作者が勝手に天皇をこしらえている面も、特に崇神天皇以前はそうでしょうね。

真名　ああ……十四代そのものに問題ありということか……。

宮田　そうです。現に、私は神功仲哀は架空だと思っていますし、残りの十二代にしても、あまりにも単純に安易に天皇を決め過ぎていますから、おそらく、口伝あるいは飾りものの範囲を出ないのでしょう。それに、大きな古い古墳は奈良には多いですから、もっと天皇が多くても不思議ではないのですよ。

真名　今、『日本書紀』を書くのなら、二十代ぐらいにしておくか……。

宮田　（笑）……そうですね。『日本書紀』の作者は……というより、天皇家としては、系列を絶対に正しくしなければなりませんでしたから、東征を神武に、熊襲・蝦夷征伐を応神の前の景行にしたのですが、それ以外は何代でもほとんど問題はないはずですよ。

真名　ま、書くほうはそれで良いけれども……実際には、大昔はどのように天皇を決めていたのだろうな。

宮田　ええ……それを確かめることはほとんどできないのですが……前にも言ったのですが、天皇そのものの権力がそれ程集中していなかったのですから、権力争いも少なく、親族が集まって適当な人を選んでいたのではないでしょうか。

真名　もの凄い戦いをしていたとか……。

宮田　ええ、国が滅びるのはほとんどが内輪もめのはずです。しかし、日本の天皇制は世界的にも例外と言ってもよいほど長く続いているのですし……島国であったからでもあるのでしょうが……小さな集落国家の場合でも、外からの軋轢は強いはずですから、内輪喧嘩をしているようなことでは纏まらなかったでしょうね。

真名　うーん……そうかな。

宮田　それはともかく……敏達天皇は〝仏法を信けたまわず〟ということなのですが、さかんに任那の復興や、高句麗、百済、新羅との交流も図っているのですね。そして、彼等は・高句麗や百済は、さかんに仏像や経典を持ち込むのです。ところが敏達天皇も、仏教を信じ収めようとする蘇我馬子宿禰を大臣として、廃仏を主張をする物部弓削守屋（モノノベノユゲノモリヤ）を大連としているのですよ。

真名　そこがよく分からないなあ……自分が仏法を信じないのなら、蘇我を大臣としておくわけがないのだが……。

宮田　天皇の権威が弱いということでもありますし、個人で拝むのまで拒めないというのは、やはり、周りの国々が仏法を信奉しているからでしょうし、蘇我勢力の強力さということもあるのでしょうね。

真名　臣下の争いか……。

宮田　そうなのですね。いわば意地の張り合いがあるのでしょうが、ここで決定的な事件が起こっています。

真名　戦争？

宮田　それは後からですよ……実は、敏達天皇は、初めは皇后として広姫を定めて、皇子としても押坂彦人大兄皇子（オシサカノヒコヒトノオオエノオウジ）がいるのですが、この広姫が敏達四年に死んでしまうのですよ。

真名　……？

宮田　そこで、多くの人々が〝皇后を立ててくれ〟ということで、豊御食炊屋姫尊（トヨミケカシキヤヒメノミコト）を皇后とするのですね。後に推古天皇となった、この豊御食炊屋姫尊というのは、欽明天皇と蘇我稲目の娘の堅塩媛（キタシヒメ）との間にできた子供なのですよ。

真名　蘇我か。

宮田　しかも、次の天皇の用明天皇も堅塩媛の子供なのですね。

真名　それでは喧嘩になる。

宮田　蘇我と物部の対立は決定的になったはずですよね。

真名　蘇我の勢力か……。

宮田　それから、この敏達天皇のところでも、朝鮮半島との関係が描かれているのです。これが事実かどうかは疑わしいところもあるのですが……まったく『三国史記』には書かれていないのですから。もっとも、この頃には『三国史記』は日本のことをほとんど無視しているのですが……高句麗の使いが来たという話が頻繁に載せられているのですね。例えば、高句麗の副使が自分達の大使を殺したとか、高句麗の使いを海に投げ入れて殺した男を処罰するとか、新羅の調《みつぎ》の話もありますね。

真名　百済じゃないのか。

宮田　百済とのことも書いてあるのです。百済の場合でも、日羅の話があるのですが、日羅も殺されてしまいますし……全体的に不調な話なのですが、これはどういうことなのでしょうね。もちろん、日本としては任那に囚われ続けて復興を目指している形ではあるのですが、『三国史記』が無視したのは分かるとしても、実際にもそれなりの使いが来たのでしょうかね。

真名　日本に使いを出すということは……。

宮田　日本も使いを出してはいるのですが、百済にですからね。

真名　日本と百済は特別なんだよな。

宮田　それは間違いないでしょう。百済本紀にはほとんど書いてはありませんがね……。『三国史記』では盛んに中国には朝貢するとは書いているのですから、あるいは日本とも仲良くしようという意思はあったのかも知れませんね。
真名　中国に朝貢というのだから、中国にへつらっているんだよ。
宮田　ええ、これは後から言いますが、日本の聖徳太子が同等の天子と書いて中国を怒らせたという話とは少し違うようですね。
真名　ああ、日出処の天子か……。
宮田　そうです……どちらかといえば、『三国史記』は日本を無視しようとし続けているのですが、一方では中国に頼っているとも取れますよね。
真名　日本と朝鮮半島の大きな違いだな。
宮田　言えますよ。日本には強い独立心があるのです。
真名　明治維新がそうだよな。
宮田　あれだけのことをやれたのは日本だけですからね。もっとも、天皇制という世界にもまれな君主制が継続していたということもあるのですが……。
真名　戦争に負けてからは、どうなっているのだろうな。
宮田　社会性が稀薄になって、個人主義的になっているのは事実でしょうね。
真名　勉強が足りないのだよ。
宮田　ええ、学校で薄っぺらな勉強ができても仕方がないのですよ。それはともかく……もう一度、物部と蘇我の戦いが明確になるのは、国に天然痘がはやり、〝これは蘇我が仏法をおこなっているからだ〟と、物部弓削と中臣勝海が寺を焼き、仏像を捨てて、尼さんを鞭打つのですが、今度は天皇や物部大連まで天然痘になってしまうのです。

真名　今度は、仏像を焼いたせいだ、となるのだろう。

宮田　そうです。そこで自分も病気になった蘇我馬子宿禰が〝仏法に頼って治したい〟と願い出て許されるのですが、敏達天皇が亡くなってしまうのです。もっとも、この話はでき過ぎていますから、『日本書紀』では蘇我馬子が仏法を守っただけという説も載せられていますね。いずれにしても、蘇我と物部の対立は頂点に達するのですよ。

真名　うーん。泥臭い話だ。

三十二　用明天皇

宮田　敏達天皇が死んで、今度は誰を天皇にするのか問題となるはずなのですが……もっとも、敏達天皇には皇后広姫との間に、彦人大兄皇子という大兄という名前のついた、明らかに天皇の跡継ぎになるような子供がいたのですね。

真名　若かったのだろ。

宮田　そうでしょう。敏達天皇の在位は十四年ですから、彦人大兄皇子が若いということは考えられることではありますね。しかし、この彦人大兄皇子の子供が後に舒明天皇になるのですから、本流からも離れてはいないのですよ。でも、本人は天皇にはならなかったのです。

真名　弟の中継ぎか。

宮田　ええ、弟の用明が天皇になるのですよ……しかし、父親は同じ欽明天皇ですが、彼の母親も敏達天皇と同じ蘇我稲目の娘の堅塩媛（キタシヒメ）ですから、おさまらない人がいますよ。もっとも、『日本書紀』では用明天皇の場合は〝仏法を信けたまい神道を尊ぶ〟となっていますし、大臣は蘇我馬子宿禰ですし大連は物部弓削守屋連のままですから、なんとか取り繕ってはいるのですが……ここからややこしくなりますよ。

真名　自分たちでややこしくしているんだろ。

宮田　まあ、それは言えますね（笑）……この用明天皇は、欽明天皇と堅塩媛の妹の小姉君（オアネノキミ）との間にできた穴穂部間人皇女（アナホベノハシヒトノオウジョ）を皇后として立てるのです。

真名　おいおい、兄妹じゃないのか。

宮田　ええ、異母兄妹ですよ。

真名　おかしいよな。

宮田　ええ……あまりにも血統にこだわり過ぎて、近親結婚になっていますよね……それはともかく、用明天皇と穴穂部皇女の第一子が、厩戸皇子つまり聖徳太子なのですよ。

真名　へえー。

宮田　聖徳太子については後から言いますが……。小姉君の子供の穴穂部皇子が、炊屋姫皇后のいた敏達天皇の殯宮《もがりのみや》に入ろうとして、敏達天皇の籠臣といわれていた三輪君逆（ミワノキミサカウ）に押しとどめられてしまうのですね。

真名　どうして？

宮田　穴穂部皇子には、天皇になろうとする野心があったと書かれていますし、炊屋姫・後の推古天皇を奸さうとして入ったとも書いてありますから、それを嫌って三輪君逆が穴穂部皇子を殯宮に入れなかったのでしょう。すると、穴穂部皇子がたいへんに怒り三輪君逆を殺してしまうのです。

真名　穴穂部皇子は敏達天皇の子供だろ。

宮田　いえ……欽明天皇の子供です。

真名　ああそうか、兄弟か……いずれにしてもそのもがりとかに……もがりというのは、遺体を安置した所だろ。

宮田　そうです。

真名　兄弟なら入れるだろう。

宮田　そうですね。ですから穴穂部皇子が怒ったのでしょうが、三輪君逆を殺したことに対する両大臣の反応が違うのです。

真名　……。

宮田　蘇我馬子は〝そのうちに世の中が乱れる〟と言いますし、物部大連は〝お前ら小臣の知らぬこと〟と馬子を嘲笑ったと書いてありますね。

真名　戦いの始まりだな。

宮田　ええ。……ここで用明天皇が病に罹り、仏教に帰依したいと言い出したものですから、物部守屋や中臣勝海の廃仏派が窮地に立たされてしまうのですね。しかも、ここで奇妙なことに、穴穂部皇子が法師を連れて内裏に入ると書かれており、それを見て大連が大いに怒ると記されているのですよ。

真名　どうして？

宮田　穴穂部が仏教派になったと思った物部が怒ったということでしょう。ですから、中臣勝海は初めは押坂彦人大兄皇子を呪っていたのですが、今度は彦人皇子のほうを立てようとしたのでしょうか、彦人皇子を訪ねるのですが、その帰り道に中臣勝海は、舎人の迹見赤檮（トミノイチイ）によって殺されてしまうのです。それに物部守屋も引きこもってしまうのです。

真名　蘇我の力か……。
宮田　ええ、ほとんどの皇子を味方にしてしまうのですが、もともと、穴穂部皇子というのは物部の力に頼っていたところがあるのですが、ここで用明天皇が死んでしまうのですから、ややこしくなるはずですよね。
真名　穴穂部は天皇になりたかったからということだろ。
宮田　多分そういうことだと思うのですが……気になるのは、彦人皇子のことですね。
真名　ああ……跡継ぎだよな。
宮田　その筈ですが……中臣勝海が殺されて以後、ぷっつりと彦人皇子の名前が消えてしまうのですよ。しかも、中臣勝海を殺した舎人は聖徳太子舎人だったというのですね。舎人というのは皇族の付き人のようなものですから、聖徳太子がこの事件に関係していたのではないのかということなのです。
真名　聖徳太子がか……。
宮田　確かに、押坂彦人皇子は蘇我にとっては邪魔な人物なのですが、ただ、聖徳太子はまだ十五歳にもなっていなかったでしょうから、聖徳太子が直接に関係していたかどうか……。
真名　彦人とかは蘇我の系統ではなかったのだよな。
宮田　そうです。母の広姫は敏達天皇の初めの皇后ですから……しかし、後に推古天皇となる炊屋姫も皇后ですから……。
真名　それが蘇我系だろ。
宮田　そうです。ですから、明らかに彦人皇子が押さえ込まれたということも考えられるのです。

真名　殺されはしなかったのだ。

宮田　殺されたのなら歴史に残るでしょう。しかし、そうなりますと、用明天皇が死んでしまった後が問題ですね。

三十三　崇峻天皇

宮田　ここで、用明天皇が病気で亡くなったのですが……。

真名　跡継ぎが……。

宮田　そうですよね……単純に考えれば、用明天皇の長子は厩戸皇子の聖徳太子ですから、彼を天皇としても良いわけですが、弟の子供が天皇になった允恭、雄略親子の問題がわだかまっているはずですし、聖徳太子の年齢は明確に書いてあるのですが、彼はこの時は十五歳ほどであったと思いますよ。この時代ではまだ無理でしょうね。……ただ、敏達天皇には押坂彦人皇子がいたはずですが、この皇子のお母さんは広姫ですから蘇我系ではないのですね。

真名　物部系が利用しようとしたのだろ。

宮田　ええ。物部系の中臣勝海が、彦人皇子の家から出てきたところを、聖徳太子か誰かの舎人によって殺されたと前に言いましたが、この崇峻天皇のところでは、彦人皇子の名前はまったく出てきませんね。

真名　誰を天皇にしたのだ。

宮田　結局……天皇を決める前に、戦争になってしまったのですよ。

真名　物部対蘇我か……。
宮田　ええ、その通りなのです。この時に、もっとも天皇になりたがったのは、穴穂部皇子なのですが、ややこしいことになっているのですね。
真名　穴穂部は物部系なのか？
宮田　穴穂部皇子は欽明天皇の子供で、堅塩媛の妹の小姉君の子供ですから、明らかに蘇我系なのです。それなのに蘇我には嫌われていたので、物部に頼ったということなのですね。しかし、用明天皇のところでは物部にも嫌われることをしたのですが、物部大連も穴穂部皇子を立てるしかないのですから、狩に事よせて兵を挙げようとするのですが、事前に計画が漏れてしまうのですね。
真名　そんなに天皇になりたかったなら、天皇にしてやれば良いじゃないか。
宮田　（笑）……ま、形式的なことにもなっていますが、なりたい人よりさせたい人ということで、権力者の謙譲ということが基本にあるのでしょうね。
真名　ああ……今の政治家に聞かせてやりたいな。
宮田　権力を守ろうとするのは、裏には強い権力指向があるということですよね。国を守るということと、権力を守るということとは似て非なるものである（笑）。
真名　そうだよ。国のためなら死ねなければ……今の政治家は穴穂部ばっかりだから、何もできなくなってしまう。
宮田　（笑）……それはともかく、実際には穴穂部は天皇になれなかったどころか、蘇我馬子宿禰は炊屋姫尊・後の推古天皇を奉りて、穴穂部皇子を誅殺する、となっているのですよ。

真名　殺したのか！
宮田　それにとどまらず、蘇我馬子は諸皇子達と共に、物部守屋大連を討伐しようとするのですが……なにしろ、物部氏は軍事に強いですから、苦戦を強いられたのですね。ここで有名な厩戸皇子・聖徳太子の四天王寺創立の祈願があり、戦勝の後に四天王寺が作られたのですよ。
真名　今の四天王寺か。
宮田　はっきりとはしていないようですが、だいたい合っているということでしょう。でも蘇我の飛鳥寺の方が早いそうですよ。
真名　事実だということだな。
宮田　ええ……私は、ほとんど『日本書紀』を中心にして事実を推測しているのですが、聖徳太子も実在しなかったという説もありますように、『日本書紀』の記述を疑うこともできるのです。『日本書紀』はこの時代から百年ほど後に書かれているのですが、私は想像以上に、この頃には文物の発達があったと思っています。何時か真名さんは〝泥臭い〟と言いましたが、作り物と事実の違いはそれではないでしょうか。
真名　すべてが事実ということではないだろ。
宮田　そうですね。とくに聖徳太子への信仰が強いですから、『日本書紀』を疑うのは当然なのですが……ここでも中臣勝海を殺した迹見赤檮（トミノイチイ）が物部大連を射殺すという殊勲を立てるのですが、迹見赤檮がどの天皇の舎人なのかが問題なのですね。
真名　聖徳太子の舎人だと言っていただろ。

宮田　ええ、『聖徳太子伝暦』にはそうだと書かれているのですが、この書物は平安時代に書かれたものですし、すべてを聖徳太子の功績にしていると言われていますから、単純には聖徳太子の舎人とは言えないのでしょうが……。

真名　『日本書紀』は何と書いている？

宮田　舎人だけですよ。

真名　どの天皇の舎人でもいいのだよ。

宮田　それはそうなのですが……ある人は、この迹見赤檮は押坂彦人大兄皇子の舎人だと推測して見えますね。

真名　どうして？

宮田　迹見赤檮が、中臣勝海を押坂皇子の家からの帰り道に殺したということからなのですかね。押坂皇子の舎人でなければ、そのことを知らないということでしょうが、押坂皇子からの通報があって、誰かが待ち伏せしたことも考えられるますし、前に言いましたように、中臣勝海を蘇我馬子が監視していたとすれば、押坂皇子の家から出てきた中臣勝海を殺したとは十分に考えられるのですね。この場合の舎人は、推古天皇の舎人になるのでしょうが……。

真名　ああ……寝返ったとか何とかで……。

宮田　ええ、微妙なところがあるのですが、これは押坂彦人皇子の問題なのです。押坂彦人皇子がどうだったのかということなのですね。押坂彦人皇子が物部を味方にして天皇になる意思があったのか無かったのかということなのですが……確かに、後に物部を滅ぼすときの皇子の中には、押坂皇子の名前は見当たらないのですから、少なくとも蘇我の仲間ではなかったのでしょう。かと言って、自ら物部方につく気がないことを示すとすれば、勝海のことを蘇我方に通報すれば良いのですからね。
真名　そうだよな。
宮田　また、勝海の動向を探っていた蘇我の軍が、押坂彦人皇子の家に入ったのを確かめてから、出てくるのを待ち伏せて殺したということならば、押坂皇子は蘇我方によって押さえ込まれてしまったということになるでしょうが……。
真名　その押坂とかの子供が後に天皇になったとか言っていたじゃないか。
宮田　そうなのですよ。舒明天皇なのですが、これは推古天皇が決めたことなのですよ。この事をどのように解釈するのかということですね。
真名　気にしていたということだろうし、少なくとも、推古天皇の敵ではなかった。
宮田　……。
真名　そうだろ。
宮田　ええ……。推古天皇が跡継ぎを指名するときには、皇太子としての聖徳太子が死んでしまっていたとはいえ、わざわざ押坂皇子の子供を、推古天皇は跡継ぎに指名したのですから、夫・敏達天皇の先妻の子供でもあり、長子でもあった押坂皇子のことは気にしていたのでしょうかね。
真名　それなら、どうして、その押坂とかが天皇にならなかったのだ。
宮田　推古天皇がどうして天皇になったのかということなのですが、それは後のこととして……この時点では、すでに押坂皇子は死んでしまっていたという推測はありえますね。

真名　事実は永遠の謎か。
宮田　それが答えではないでしょうが（笑）……確かにややこしいでしょう。
真名　うん。頭が痛くなる。

宮田　押坂彦人皇子のことはともかく……穴穂部皇子や物部大連を殺してしまった後、炊屋姫尊や群臣の推薦で、崇峻天皇が即位するのですが、この泊瀬部（ハツセベ）・崇峻天皇は小姉君の子供ですから、穴穂部皇子の弟なのですが、注目すべきことは、ここでも炊屋姫尊の推古天皇の名前が前面に押し出されているということですね。
真名　蘇我が後ろ盾だろう。
宮田　まず、その通りでしょう。蘇我馬子宿禰は大臣のままですからね。ただ、わざわざ炊屋姫尊の名前を出しているというのは、どうしてなのかということですよ。
真名　後に天皇になったのだろ。
宮田　ええ。
真名　それなら、後からの作り事じゃないのか。群臣の推薦で天皇になるで済むことだろ。
宮田　そうですよね。
真名　それとも、炊屋姫が相当な女傑であったとか。
宮田　ええ……あるいはそうかも知れません。何か、この時代には、炊屋姫尊・後の推古天皇の影がちらついているように思えてならないのですよ。

真名　蘇我の力を使ってということか。

宮田　蘇我馬子、蘇我馬子と言われて、いかにも蘇我の天下のように見えているのですが、実際には炊屋姫尊が裏で操っていたとか……もっとも、炊屋姫尊は単なる蘇我馬子の朝廷内での後ろ盾で、ほとんど蘇我馬子が決めていたという……。

真名　穴穂部、中臣、物部を殺したのも炊屋姫だと言うのか？

宮田　ええ……この崇峻天皇も殺されますし、聖徳太子を摂政にしたのも、舒明を天皇にしたのも炊屋姫尊ではないのかということですね。

真名　大した女傑だな。

宮田　もちろん、蘇我馬子が中心だという考えもあるのですが、とくに朝廷内での炊屋姫尊の力は、間違いなく強かったのではないでしょうか。それに、この時期に国造りの物語を作り始めたのは間違いありませんね。『日本書紀』の年代は、完全に『魏志』の卑弥呼が中心となっていますからね。

真名　うーん。

宮田　しかし、決して推古天皇は暴君ではありませんね。むしろ、凄い決断力があって、国を良いほうに導いたような気がします。

真名　推古なんて飾り物で、蘇我が利用しただけというのが……普通だろ。

宮田　ま、そういうことなのですが……。この崇峻天皇のところでは、完全に仏教が認められていますし、飛鳥寺を作ったのも崇峻元年と書かれていますから、蘇我氏の主張は通っているのですが、天皇になった崇峻は、任那を復興しようと言い出して、大軍を筑紫に送っているのです。

真名　まだ任那か……。

宮田　もうやめとけよ、と私でも言いたくなるのですが（笑）……この筑紫に大軍を送ったのが崇峻四年なのです。ところが、崇峻五年に大変なことが起こるのですよ。

真名　殺されたとか言っていたな。

宮田　そうです。崇峻天皇が蘇我馬子一族によって殺されてしまうのです。

真名　どうして？

宮田　それがですね……猪を献上された崇峻天皇が〝いつの日かこの猪の首を切るがごとく、私が嫌いな人を切ろう〟と言って、武器を集めていたというのですね。一説ではこれは讒言だとも載っているのですが、驚いた馬子は東漢直駒（ヤマトノアヤノアタイコマ）を使って、崇峻天皇を殺してしまうのです。

真名　それは事実か。

宮田　殺したのは事実ですが、別の説では、崇俊天皇に対する皇后の嫉妬が、夫の一人言を蘇我に通諜させたのだとも言われているのですが、何故なのかということでは理由が曖昧すぎるのですよ。蘇我馬子が嫌われることを恐れたとは書いてありますが、蘇我馬子は何人も殺しているのですから、こんな理由では殺さないと思うのです。

真名　要するに邪魔だったのだ。

宮田　ええ、なぜ邪魔になったのかというのが問題なのですが、これは任那再興の問題ではないでしょうかね。実際、任那遠征軍の中には蘇我の名前はありませんし、それに、先に言ってしまいますが、筑紫の軍隊は引き上げてしまうのですよ。

真名　崇峻は蘇我馬子を嫌っていたのか。

宮田　さあ……崇峻天皇は、確かに兄の穴穂部皇子を蘇我によって殺されていますね。ですから、蘇我のお陰で天皇になったようなものですが、蘇我を嫌っていたとしても不思議ではないのですよ……いずれにしても、嫌われたのは崇峻天皇のほうでしょうね。

真名　そこに推古が絡んでいるとしたら……。

宮田　おそらく、任那遠征の問題ではないのかとは思うのですが、推古天皇も、やはり新羅遠征は行っていますし、単純な理由ではないようですね。

真名　臣下が天皇を殺すというのは、容易なことではない。

宮田　そうなのです。天皇制の歴史の中でもこの崇峻天皇暗殺が唯一つの例なのですよ……安康天皇も殺されているのですが、はたして眉輪王の犯行かどうかは問題がありますし、少なくとも臣下によっては殺されていないでしょう……ある意味では、いかに力のあった蘇我馬子とはいえ、天皇は絶対に殺せないと思いますよ。

真名　朝廷内で何らかの強い対立があったのか？

宮田　……。

真名　何もないか……。

宮田　いえ……はっきりしたことは『日本書紀』には書いてないのですが……実は一つ考えられることがあるのですよ。

真名　推古か。

宮田　推古天皇に関連したことなのですが……実は欽明天皇の妃として蘇我稲目の娘の堅塩媛と小姉君の姉妹がなっているのですが、推古天皇と用明天皇は堅塩媛の子供ですが、穴穂部皇子や崇峻天皇は小姉君の子供なのですね。

真名　姉妹の対立か。

宮田　ええ。兄弟、姉妹というのは愛憎が深いだけに物凄い対立となる場合があるのですね。

真名　うん。

宮田　ま、これは私の空想と断っておかねばなりませんが……対立があったとすれば、常に蘇我馬子が炊屋姫を立てているのは、朝廷内における炊屋姫の力を認めざるを得なかったからだと思うのですよ。

真名　実際には、蘇我馬子が崇峻天皇を殺したのではないということだな。

宮田　はっきり言うと、炊屋姫・後の推古天皇の指令があったということですね。

真名　何かどこかであったような……。

宮田　ケネディの暗殺ですか……あれはきっと女が絡んでいますよ。

真名　ケネディに女？

宮田　一説では政治的な対立とも言われていますが、むしろ、ケネディが大統領としての品格に欠けたことをしたのではないでしょうかね。

真名　ああ、有名な女優が……事件の裏に女ありか……。

宮田　そう言えば、崇峻天皇を殺した東漢直駒（ヤマトノアヤノアタイコマ）も、事件後に殺されていますね。

真名　ま……おまえの想像だよな。はっきりとした証拠はどこにもない。

宮田　事件をうやむやにしようという意思は、両方の事件にはっきりしていますよ（笑）……。それはともかく、蘇我馬子が崇峻天皇を殺めたとしても、通用しなくはないのですが、間違いないことは、蘇我馬子、推古天皇が一体であったということでしょう。後には聖徳太子も入ってゆくのですが……。

三十四　推古天皇（その一）

宮田　次の炊屋姫尊・推古天皇は用命天皇とは兄妹で、敏達天皇の皇后なのですが、十八歳の時に皇后となり、天皇になったのは三十九歳の時であったと『日本書紀』では年齢もあげているのですが、どうして女帝なのかという問題ですね。

真名　卑弥呼だよ。卑弥呼の真似だよ。

宮田　簡単に言いますね。

真名　違うのか。

宮田　私も真っ先にそう思いました……しかし、問題はその時代に『魏志』が読まれていたのかということですね。もちろん、『日本書紀』はこの時代から百年ぐらい後に書き表されたものですから、まだ『日本書紀』がないのは当然ですが、すでに『魏志』はあったはずですから、読まれていた可能性はあるのですが……多くの先生方はまだ無理だということのようですね。

真名　跡継ぎはたくさんいたのだろ。

宮田　ええ、代表的なのが敏達天皇の長子である押坂彦人大兄皇子（オシサカノヒコヒトノオオエノオウジ）なのですが、この人はすでに死んでいたとも言われていますが、確とした証拠はありませんし、この皇子は蘇我系ではありませんから、前にも言いましたように、蘇我系に押さえ込まれてしまった可能性もあるのですね。

真名　聖徳太子は……。

宮田　聖徳太子は用明天皇の子供ですから天皇の地位は継げるはずですが、この時は十九歳であったということです。聖徳太子は、すぐに皇太子には任命されているのですが……それから、推古天皇の子供の竹田皇子もいるのですが、聖徳太子よりも若かったでしょうね。

真名　だから、女帝にということなら……だから、卑弥呼のはずだが……。

宮田　朝廷内の争いはあったとしても、簡単には女帝とはならないはずなのです。神功皇后を『日本書紀』の後からの創作だとすれば、実質的には初めての女帝なのですからね。しかし、『魏志』を知っていたとするなら、卑弥呼の事例は強い説得力を持ってくるはずなのですよ。

真名　そうだよ。

宮田　実は、私も、これは卑弥呼の真似をしたと考える以外にないと思っているのです。

真名　絶対にそうだよ。

宮田　『日本書紀』では、推古天皇は群臣の推挙ということにはなっているのですが、推古天皇と関係の深い蘇我馬子が臣の中心ですから、それはそれでいいのですが、女帝ということでは……一つには、卑弥呼のところで平和的な要素があると言ったのですが、ここでも大変な内乱の直後でしたから、女王ということなら多くの人々に受け入れられやすいでしょうし、聖徳太子を摂政としているのですから、卑弥呼の場合にも直接には政治をつかさどらなかったということですし……。

真名　……。

宮田　なにより、推古というのは、古を推し量るという意味ですから、卑弥呼の真似をしているという意味にもなると思うのです。もっとも、推古という名前が後から付けられたものであるという説もあるのですが、推古という名前がぴったりだということにすぎないですから、むしろ、『魏志』の倭人条を読んでいなかったと考えることのほうが難しいですね。

真名　女帝なんて、なかなか思いつかないよな。

宮田　ええ……それに仏教の普及と共に多くの学問が入ってきたのも事実でしょう。中国に使いを出したのも、中国の本が入ってきたからではないでしょうかね。妹子に持って行かせた国書は、雄略の倭王武の手紙とは決定的に違いますから、それだけ中国のことを知っていたし、聖徳太子の十七条憲法などにしても、よほどの勉強をしていたことは明確ですからね。

真名　『日本書紀』も書かれ始めていたのと違うか。

宮田　『日本書紀』、『古事記』として纏められたのは後からでしょうが、確かに、推古天皇のところには、聖徳太子、蘇我馬子が天皇記、国記を記録したとは書いてあるのですよ。

真名　むしろ、『日本書紀』はこのころに作り始められたと考えるほうがまともじゃないのか。

宮田　ええ……。

真名　西暦の何年頃だ。

宮田　推古元年は、五九三年ですが、天皇記、国記の記事は、六二〇年となっていますね。

真名　『日本書紀』が完成したのは？

宮田　七二〇年ですから、百年の違いがあるのです……ただ、六四五年に蘇我が滅ぼされる時に、天皇記、国記を焼いてしまったという記事があるのです。しかし、一部を取り出して天皇に献上したとも書かれているのですが、おそらく、これが『日本書紀』や『古事記』の原本ではないのでしょうか。

真名　推古朝による……天照大神や、卑弥呼に神功皇后か……。

宮田　見事に一致していますよね。

真名　女帝だよな……。

宮田　それから、『日本書紀』では、『魏志』の卑弥呼の年代に神功皇后の年代を当てはめていますし、応神は二〇〇年頃に生まれたことになっていますから、応神、仁徳が一〇〇年ほど生きているということにして、四〇〇年の履中の即位ということですから、この神功皇后の紀元二〇〇年代を中心・起点として、紀元前六六七年に神武天皇が即位したという物語をこしらえているということになるのですね。

真名　明らかに捏造しているということだろ。

宮田　ええ。ただ、神功皇后三十九年のところに、〝『魏志』によると明帝の景初三年の六月に、倭の女王、大夫難斗米等を遣わして、帯方郡にいたりて、天子に詣らむことを求めて朝貢する〟と、はっきりと書いているのですよ。もちろん、これは『魏志』にも載せてあることなのです。

真名　『日本書紀』は、その女王が神功だと言いたいのだろ。

宮田　そうなのですが……問題は、この記事はいつ誰の時代に書かれたのかということなのですね。推古の時代でなくとも書けることは書けるのですが……。

真名　女帝にこだわっているというのは、推古の時代だからだよ。

宮田　ええ、『日本書紀』では、この時代に女帝にして、『魏志』の卑弥呼に合わせ、しかも、神武系統を応神につなぐ物語を作らなければならなかったということですよね。

真名　ああ……だからか……。

宮田　ええ、神武系統である景行天皇の子供として、日本武尊という大英雄を挿入し、しかも、女帝の時代にするためには、日本武尊や、彼の子供であり神功皇后の夫でもある仲哀天皇にも死んでもらわねばならないということなのです。

真名　だから、日本武尊は病気で死んだのか……。

宮田　ええ。……しかし、問題は夫の仲哀天皇の死ですね。

真名　何か、神の祟りとか何とか言っていなかったか……。

宮田　そうです。先に熊襲征伐をするか、朝鮮遠征をするかということで、仲哀天皇は熊襲征伐を主張して、神の御心に逆らったために死んでしまうという物語ですね。

真名　何としても、女帝にするためだ。

宮田　ええ、熊襲征伐はすでに終わっていたはずですから、明らかな捏造の物語なのですが、なぜか、仲哀天皇は九州が中心ですし、崩御したのも山口県の豊浦宮なのですよ。実際、この天皇記や国記の作られた推古朝やその前の時代には、九州に任那復興を目指した軍隊が盛んに送られているのですよね。その話とダブらせているようですね。三韓征伐と、任那復興遠征をダブらせているということなのですが……。

真名　それは後からの話だろ。

宮田　それはそうなのですが、彼等が九州にこだわっているということなのですよ。
真名　ああ、応神の出生地だ。
宮田　そうなのです。熊襲征伐にしても、朝鮮半島出兵にしても時代としてはこの時代では・紀元二〇〇年頃ではおかしいですから、なぜ、ここで九州でなければならないのかということなのですね。
真名　やはり、応神の東征は本当なんだよ。
宮田　ええ、応神天皇が間違いなく九州生まれであるとしなければ、このような話が作られるはずがないのです。
真名　話は女帝に始まっていたか……。
宮田　ええ、推古天皇と卑弥呼と神功皇后がならんでいるということですね。
真名　推古天皇こそ『日本書紀』の始まりか……女傑だな。
宮田　はたして、推古天皇が女傑であったのか、あるいは蘇我馬子の策略なのか……『日本書紀』ではすべて蘇我馬子のしたことになっているのですが……考えてみれば、穴穂部皇子、崇峻天皇、中臣勝海、物部守屋と、敵対する人物をことごとく殺しているのですよね。
真名　聖徳太子も仲間に入っているのだろ。
宮田　ええ……聖徳太子のことは後から言いますが、この場合は若すぎる聖徳太子が中心ということはありませんから、蘇我馬子と推古天皇なのですが、二人が中心になって改革を果たしたということになるでしょうかね。
真名　大変な改革だよな。

宮田　歴史上では大化の改新が有名ですが、改革ということでは、日本を変えたのは推古天皇の方でしょう。仏教を取り入れましたからね。

真名　改革というのは大変なことだよな。

宮田　そうですね。どうしても保守派というのは改革をされては困るのですから、よほどの指導力と力が必要になるでしょうね。なにより、国に対する思いが強くありませんと、単なる権力争いになってしまいますからね……それはともかく、崇峻天皇のところで朝鮮半島出兵のことを言いましたが……。

真名　すでに任那は滅んでいるのだろ？

宮田　そのはずなのですが、まだ任那はあると書いているのですよ。

真名　三国何とかは……。

宮田　『三国史記』では、加羅も何もかも姿を消しているのです。

真名　どういう事なのだ？

宮田　崇峻の出兵兵士は九州から一旦戻されたのです。しかし〝推古八年に再び軍を派遣して任那を復興するのだが、すぐに新羅に奪われてしまう〟となっているのですよね。

真名　本当なのか？

宮田　実は、『日本書紀』が参考にした百済の本は、前にも言いましたが、百済が滅亡した後に日本にやって来た百済の人々によって書かれたものですから、日本の意向に沿って書かれているのではないかと言われていますし、この記事に見合うような事件は『三国史記』には、全くないのです。つまり、でっち上げの事件ではないのかということなのですが……と言いますのは、この推古八年の新羅征伐は、神功皇后の半島侵攻と大変によく似た書き方をされ過ぎているということですね。

真名　ああ、だから任那にこだわっているのだ。

宮田　多分そうだと思うのですが……ただ、『三国史記』でも六〇二年・推古十年には新羅は百済と戦い百済を破ったと書いてあるのですが、『日本書紀』でもこの時に百済を助けて軍を送るつもりが、やはり筑紫で挫折してしまったと書いているのですね。

真名　要するに口で言っているだけか。

宮田　ええ、要するに（笑）……任那再興の大義名分を掲げるだけで、実際にはそれほどの力はなかったということでしょう。

真名　いつか、海外遠征なんて、生半可にはできるものじゃないとか……言っていたよな。

宮田　そうなのですよ。それにこの後、任那再興を言わなくなったのですね。聖徳太子の摂政が強くなったこととも関係あるのでしょうが……。

真名　摂政が強くなる？

宮田　ええ、確かに聖徳太子は皇太子であったのですけれども、推古天皇の初めのほうで任那を救えと言っているのは天皇だとはっきり書いているのですね。そして、有名な憲法十七条は聖徳太子によって推古十二年に作られているのですから、このあたりから、聖徳太子が摂政としての力を発揮し始めたのではないのかということなのです。『日本書紀』では、皇太子にことごとくを委ねると推古元年には書かれているのですが、聖徳太子がすべてを操っていたというのは間違いですね。

真名　三人でやっているのだよな。

宮田　そうです。推古天皇と、蘇我馬子と聖徳太子なのですよ。

真名　聖徳太子だけが有名だな……有名というより信仰に近いかな。

宮田　それなりのわけはあると思うのですが……それはともかく、この推古朝のところでは、遣隋使の派遣と隋からの使者がやってくるのですが、このことは『隋書』という中国の史書にも書いてあるのです。

真名　また、解釈がややこしいのだろ。

宮田　（笑）……その通りです。

真名　中国にとっては東夷の国だものな。

宮田　軽視しているところはありますよね。

真名　歴史が違う、歴史が……。

宮田　そういうことですね……。『隋書』の倭国伝では、最初は推古八年・西暦の六〇〇年に使者が隋に行ったことになっているのですが、『日本書紀』では、この記事がないのですね。

真名　……。

宮田　この場合でも中国は正しいとなっているのです。しかし、『隋書』の倭国伝の中には冠位十二階のことが取り上げられているのですが、聖徳太子が冠位十二階を制定したのは、推古十一年・六〇三年のことなのですよ。

真名　『日本書紀』が正しいのか？

宮田　私は相当に正しいと思っています。

真名　すると、どういうことになるのだ。
宮田　『隋書』の倭国伝が年号を間違えているということですね。
真名　ええ……そんなにあやふやなものなのか。
宮田　いいえ、小野妹子の方は年号も内容も合っていますから、最初の遣隋使は正式な使いではなかったということでしょう。『隋書』の倭国伝では〝所司をしてその風俗を訪わしむ〟となっていますから、小野妹子のようには、国書を持っていなかったということですね。
真名　だから『日本書紀』には書いてなかったのか。
宮田　ずいぶん中国には使いを出しているはずですが、『日本書紀』には取り上げられていませんし、記録もまったく無かったのでしょう。
真名　何度も中国に行っているのかも知れないな。
宮田　十分に考えられますよ……それはともかく、『隋書』の倭国伝の内容なのですが、その中で倭王の名前が書いてあるのですね。
真名　推古天皇なんだろ。
宮田　推古天皇の名前が書いてあれば問題ないのですが、推古八年・西暦の六〇〇年に、倭王あり、姓が阿毎（アメ?）、字は多利思比孤（タリシヒコ）、阿輩雞弥（オホキミ?）と号す、となっているのですよ。
真名　男なのか?
宮田　アメノタリシヒコと読むのならば、男なのですよね。

真名　推古天皇の名前は……。

宮田　豊御食炊屋姫（トヨミケカシキヤヒメ）ですから、まったく違うのですよ。

真名　どういうことなのだ。

宮田　オオタラシヒコオシロワケが景行天皇。ワカタラシヒコは成務天皇ですし、オキナガタラシヒメノミコトは神功皇后のことなのですよ。それに、推古天皇の次の天皇の舒明天皇の名前は息長足日広額（オキナガタラシヒヒロヌカ）というのですから、タラシヒコ、タラシヒメという名前は確かに天皇にはあるのですが、神功皇后以外は、ほとんど推古天皇とは結び付かないのです。

真名　また、いろいろな説ができたか……。

宮田　（苦笑）その通りです。後の小野妹子は国書も携えて行っているのですから、それ程間違えた名前を使うはずがないのですが……もっとも、妹子の場合は天子ですから名前は書いてないのですけれど……ただ、この『隋書』の倭国伝に限らず、中国の史記には、どの様にして書かれたのか、東夷の国をどの様に見ているのかという問題が常にありますね。『隋書』の倭国伝を書いた人がどのようにして書いたのかということなのです。

真名　自分で日本に来たわけではないだろう。

宮田　ええ……所司をして風俗を問わしめるということですから、所司に尋ねたか、所司の書き記したものを参考にしたということなのでしょうが、それが、どれ程の信憑性があるのかということなのですね。特に地名や人名は、あやふやなところがあるのですが、人名ですと、日本の使いが、果たしてどれ程の教養があったのかという問題にもなりかねないのですよ。

真名　ああ……天皇の名前を知らなかったということも、有り得ないことではないということだな。
宮田　ええ。日本では、すでにはっきりとした歴史も刻まれているのですから、良く知っている日本の使いなら、推古天皇のことも皇太子の名前にしても、間違いなく伝えられたはずなのです。ところが、阿毎多利思比孤阿輩雞弥とか、太子は利歌弥多弗利（カミタフリ?・ワカミタフリ）、王の妻は雞弥（キミ）と号すとなっているのですから、これは推古天皇と聖徳太子のことだと言えなくもありませんね。
真名　どういう事なのだ。
宮田　アメノタリシヒコオウというのは、一般的な天皇の呼び名で、キミという言葉を付け加えているのは、推古女帝であったからだという読み方ですね。ワカミタフリも聖徳太子のことであるとするのですよ。……これが一般的なような気もするのですが、様々な解釈が生まれているのです。……しかし、内容や年号そのものは、合致しているのですから、大した問題ではないと言えなくもないでしょう。
真名　年号も違うとか言っていただろ。
宮田　ええ。ですから、西暦の六〇〇年に第一回の遣隋使が派遣されたという考え方はできないと思います。使いとしては、もっと多くの人が行っているという考え方なのです。ただ、正式な使いとしては、小野妹子が最初ではないのかということですね。
真名　もっと昔から、中国には使いを出しているのだろ。
宮田　ええ、卑弥呼の時代からですし、『魏志』『宋書』等に記されていることに過ぎないですから、『日本書紀』では卑弥呼・倭の女王のこと以外は記録されていないことなのですよ。
真名　わざわざ無視している面もあるか……。

宮田　ええ……それから、小野妹子は推古十五年・六〇七年に隋に国書を持って遣わされたのですが、翌年に隋の使いである裴世清をともなって帰ってきたのです。このことは隋の正史にも書いてありますし、珍しいことですが、『三国史記』の百済本紀にも書いてありますから、間違いないことなのです。

真名　その時に妹子が持って行ったのが日出ずる処の天子か……。

宮田　そうです。〝日出ずる処の天子、書を日没する処の天子に致す……〟の国書なのですね。

真名　天子が二人では、怒るよなあ。

宮田　無礼だとはっきり言っていますからね。

真名　それでも、使者を送ってきたのは？

宮田　百済本紀によりますと、隋が高句麗と敵対していたという事情があり、百済にも使者を派遣したようですから、日本と敵対することを避けたということでしょう。

真名　ああ……。

宮田　この使者の裴世清にも問題があるのですよ。

真名　……。

宮田　裴世清は、天皇を女帝だとは言っていないのですね。

真名　会わなかったのか？

宮田　いえ、儀式ですから、直接話したということはありませんし、取り次いだとなっていますから、推古天皇が女帝だと気付かなかったということでしょうね。

真名　誰も言わなかったのか？

宮田　そういうことですよね。日本の場合は女だろうが男だろうが天皇なのですから……。

真名　女帝であることを隠したとか……。

宮田　実際、そのような説もあるのですが、天皇そのものの姿を隠そうとするのは有り得ることですから、裴世清が気が付かなかったとしても不思議ではないのですが、女帝だから隠したとは考え難いですね。

真名　『魏志』とかで魔女呼ばわりされていたじゃないか。

宮田　ああ（苦笑）……。

真名　あれは女王としては屈辱的なことのはずだよ。

宮田　……。

真名　だから黙っていたということもあり得るだろ。

宮田　ま、それはそれとして……ここで天皇について興味深いことがあったのですよ。

真名　……。

宮田　天皇という称号が推古時代から使われたのではないかという説があるのです。〝日出ずる処の天子、日没する処の天子〟と書いて、中国の皇帝の不興を買ったと言いましたが、裴世清が帰るときに小野妹子も随いてゆくのです。その時の国書では〝東（ヤマト）の天皇、敬みて西（モロコシ）の皇帝に白す〟というように変えているのですね。

真名　東の天皇と西の皇帝か……。

宮田　旨くごまかしているのですが……この時に初めて、天皇という言葉を使ったのではないのかという説があるのですよ。

真名　うーん。

宮田　しかし、もっと後からだというのが一般的な意見のようですが、私は〝国記、天皇記もこの時代に書きはじめた〟という記事を大変に重要なことだと思っていますから、天皇という言葉も推古天皇の時代から使われたと思っていますね。

三十五　推古天皇（その二）

宮田　それから、日本にとっては重要な人物なのですが……。
真名　聖徳太子か……。
宮田　そうです。聖徳太子というのは、日本歴史上の中心的な人物なのですが、欽明天皇と蘇我稲目の姉娘の堅塩媛（キタシヒメ）の間に生まれた用明天皇と、欽明天皇と蘇我稲目の妹娘の小姉君（オアネノキミ）の間に生まれた穴穂部間人皇女（アナホベノハシヒトノオウジョ）との間に生まれた子供なのですね。
真名　お祖父さんが同じだから、孫同士の結婚だな……いや、母違いの兄弟だ！
宮田　そうなのですよ……たいへんに蘇我の血縁が濃いということですね。
真名　蘇我の全盛時代か……。
宮田　ええ、蘇我の後ろ盾がなければ、聖徳太子は何もできなかったでしょう……。まったくの余談ですが……聖徳太子といえばお札の肖像画で有名ですね。あの肖像画は、聖徳太子三尊像を模写したものと言われているのですが、良く見ると、聖徳太子三尊像の肖像画とは少し違っているのですよ。
真名　何！

宮田　実は、あのお札の聖徳太子の肖像画は、明治天皇の面影を含ませているのです。
真名　本当か。
宮田　聖徳太子の紙幣は昭和五年に初めて印刷されたのですから、正しく時代の生んだ肖像画ということなのですが……それはともかく、もっとすっきりしている聖徳太子三尊像の聖徳太子像でも、本当に聖徳太子であるかどうかはわからないのでしょうが……。
真名　典型的な日本人顔だよ。
宮田　聖徳太子を日本人の典型としていますからね（笑）……聖徳太子の顔はともかくとして……。聖徳太子にも伝説が付きまとっているのですね。と言いますのは、日本最古の伝記といわれている『上宮聖徳法王帝説』には聖徳太子の子供時代からの話が載せられているのですが、その信憑性はほとんど無いとしても、どうしてこのような聖人……英雄ではありませんね……聖人に仕立て上げられたのかということと、とても気になるのが、厩戸皇子という名前と、どうしてキリストに似せた話があるのかということなのです。
真名　キリスト？
宮田　正確には、馬小屋で生まれたのではなく、皇后が厩の戸に当たって生まれたということですが、実際には厩戸皇子の名前からでた逸話だろうということですし、有名な十人の言葉を聞き分けるというのも、厩戸豊聡耳皇子（ウマヤドノトヨトミミノオウジ）の豊聡耳の名前から作られた伝説だということですね。
真名　渾名ではないのか。

宮田　いえ、初めからある名前だそうですよ。もちろん、十七条憲法からしても、聖徳太子が民を大切にしたことや、聡明であったのは本当ですから、伝説のいわれはあるはずですね。

真名　うーん。

宮田　それに、マリア様のように処女受胎ではなく、皇后の元旦の夢に救世観音菩薩が現れて、后の腹に宿りたいと言われたので承諾すると目が覚め、喉の奥に違和感を感じていたのだそうです。このことを夫の橘豊日皇子に話すと、皇子は〝聖人を産む〟と語ったというのですね。

真名　姫始めか……。

宮田　（爆笑）……ま、これが事実かどうかはともかく、あまりにもキリストの話と似ていますから、どうして、ここでキリストなのかということなのですよ。もちろん、中国には、すでにキリストの話は伝わっていたのだそうです。

真名　関係ないのだろ。

宮田　ええ、単なる偶然と言えばそれまでなのですが、おそらく作り話だろうと思われるだけに、その元にキリストの話があったとしても不思議ではないのですよ。

真名　仏教だろ。

宮田　ええ、それはそうなのですが……救世という考え方をしますと、キリストと軌を同じくすることはありますよね。

真名　それが本当だとすれば、日本人の宗教感は滅茶苦茶だな。

宮田　実際には、キリスト教はまったく入っていなかったのですから、キリストの話だけが入り交じったのか、単なる偶然だと考える方がよいのかも知れませんね。

真名　むしろ、聖徳太子のほうがリアルだよ。

宮田　言えますね。……いずれにしても、聖徳太子は伝説化されてしまったのですが、もともと、聖徳太子は子供の時代から聡明であったのは事実のようです。

真名　だから、推古天皇は聖徳太子を皇太子にしたのだよな。

宮田　そうだと思いますよ。もちろん、子供時代の伝説的な話はほとんど創作でしょうが、何故この様に伝説化されてしまったのかということなのですね。

真名　業績としてはほとんど無いわけだろ。

宮田　ええ。業績としては、推古天皇や蘇我馬子の方が二枚も三枚も上手ですから、改革そのものは聖徳太子がしたことではなかったはずなのですよ。

真名　それなのに超有名にされたのは……。

宮田　結局、憲法十七条と冠位の制定に対する評価ということですね。

真名　それまで憲法のようなものはなかったのか。

宮田　ありませんね。

真名　日本で作られた憲法だよな。

宮田　そうです。この後も、大化の改新とか、浄御原律令、大宝律令というように法律は整備されてゆくのですが、憲法十七条というのは世界的にも珍しい法律ですね。

真名　……？

宮田　実は、神道と仏教と儒教を合わせたようなものであるからなのですよ。

真名　聖徳太子が考えたことなのか？

宮田　この憲法十七条は、推古天皇が推古十一年・西暦六〇三年の十月に宮を小墾田宮《おわりだのみや》に移して、翌年の正月に冠位を制定し、四月に憲法が制定されたのですよ。そして、『日本書紀』では、憲法十七条を聖徳太子自ら作り賜うとなっているのです。

真名　どこかの……例えば中国の真似をしたとか……。

宮田　確かに、法律を定めるということでは真似をしていますし、聖徳太子がよく勉強をしていますから、中国の本・例えば、仏教書は言うに及ばず、孔子、荘子、孫子、老子、管子、孟子、曾子、韓非子、荀子、墨子等に影響された面があると言われていますし、改定もなされていると言われているのですが、内容は前にも言いましたが、大変に独特なものになっていまして、現代でも通じることがある普遍的なものになっているのですよ。

真名　その十七条とかには何が書いてあるのだ……。

宮田　……。

真名　言えないのか。

宮田　いえ（苦笑）……。ここにあるのですが、確かに重要なことですよね。誰でも考えることは同じようで、学者の先生方もよく調べて見えるのですよ。憲法十七条というのは聖徳太子の考え方そのものだということになりますから……。

真名　太子信仰の始まりなんだろ。

宮田　そうですね。それでは、聖徳太子の憲法十七条を私なりに訳してみましょう。

真名　そうだよ。

宮田　まず、一に曰く、和を以て貴しとなし、争うこと無きを宗とせよ。人々は徒党を組むことが多く、達者《さとるもの》は少ない。だから、君父に順《したが》わなかったり、隣里と違うことにもなる。しかし、上が和《やわ》らぎ、下が仲良くして、ことを議論できれば、こと自ずから通じ合い、何事も成就するだろう。

真名　うーむ。

宮田　二に曰く、篤く三宝を敬え。三宝とは仏像、経典、僧侶のことである。すなわち一切の生類の終わりのよりどころ、すべての国の極めなり。いずれの世でもいずれの人でも、この法を貴ばぬということはない。人、はなはだ悪しきものは少なし。よく教えるをもって従う。それ三宝によって成されなければ、何をもって枉《まが》れることを直しめようか。

真名　うーん。

宮田　三に曰く、詔を承りては必ず従え。君をば天とする。臣をば地とする。天は覆い地は載せる。四季に順って行えば、万のことに気が通うだろう。地が天を覆うようなことになれば、壊れてしまう。だから、君の言うことを臣が承わり、上行う時には下は靡く。ゆえに、詔を賜れば必ず従え。従わなければ自ずから敗れるであろう。

真名　……。

宮田　四に曰く、すべての役人は礼を以て本とせよ。それは民《おおみたから》を治めるが本、必ず礼がある。上礼なき時は、下がととのわず。下礼なき時には、必ず罪がある。だから、群臣に礼がある時には地位が乱れず、百姓《おおみたから》に礼があるときには、国家が自ずと治まる。
真名　礼とは礼儀なのかな……。
宮田　五に曰く、貪欲になることなく、訴えを明らかにさばきなさい。民の訴え一日に千事あり。一日でもこれ程あるのに、何年も重ねると大変な数である。この訴えを治めるものが、利益を求めるのが常で、賄賂を見ては中立てを聞きいれると噂されている。すなわち、財あるものの訴えは、石を水に投げるがごとく、乏しいものの訴えは、水を石に投げるがごとし。これでは民にはなす術がなく、臣の道にも外れてしまう。
真名　何時の時代でも……。
宮田　六に曰く、勧是懲悪は、古のよい教えである。人の善を隠すことなく、悪を見ては正しなさい。諂《へつら》い欺くものは、国家を覆す利を求める器であり、民を苦しめる鋭い剣でもある。また妬み媚びるものは、上にいるものは下の過ちを言うことを好み、下のほうでは上の過ちを誹謗る。これらの人は皆、君に対する忠がなく、民に対する仁がない。これは大いに国の乱れる本である。
真名　反省というのは難しいからな……。
宮田　七に曰く、人にはそれぞれの任務がある。任務を全うしなさい。賢い人が任されていると、褒められることが多く、奸《かだま》しき人を官とすると、災い乱れが多くなる。世に生まれながら知る人少なく、よく念《おも》いて聖となる。事に大きい小さいはなく、人を得てかならず治まる。時に急ぎ遅きことなし。賢きに会いて自ずから寛くになり、これによりて国家は永久にして、国は危うくならない。ゆえに、古の聖王、官のために人を求めて、人のためには官を求めず。

真名　大臣になりたい政治家ばかりでは……。

宮田　八に曰く、役人は、早く出てきて遅く帰れ。公務をゆるがせにはできない。一日かかってもできないこともある。だから、遅く出てきたのでは急な用事に間に合わず、早く帰れば仕事が残ってしまう。

真名　働くことが楽しければいいけれどなあ……。

宮田　九に曰く、信《まこと》は義《ことわり》の本である。事々に信あるべし。善悪成敗は要するに信にある。群臣共に信があれば、何ごとでも成就するだろう。群臣に信がなければ、よろずのことことごとく敗れる。

真名　まことか……。

宮田　十に曰く、心の怒りを絶ち、怒りの顔を捨てて、人の違うことを怒るな。人には皆心がある。心それぞれに思うことがある。彼が是としても我は非とする。我が是としても彼は非とする。我はかならず聖にあらず。彼かならず愚にあらず。共に凡夫である。是非の理を、誰がよく定めるだろう。共に賢く愚かであることは、鐶《みみかね》の端がないのと同じ事。彼が怒るといえども、我が間違っていないかと恐れよ。我一人正しいと思っても、衆《もろもろ》に従って同じことを行え。

真名　うーむ。

宮田　十一に曰く、功績過失を明らかに見て、賞し罰することを正しく行え。近頃は、賞を功績によって与えず、罰を罪がないのに行っている。事に当たる群卿は、賞罰の理由を明らかにしなければならない。

真名　……。

宮田　十二に曰く、国司、国造は百姓から税金を取るな。国に二人の君はなく、民に二人の主はいない。

民は君を以て主とする。官司は皆王の臣なり。なぜ公以外の税金を民から取るのか。

真名　へえー……国だけか……。

宮田　十三に曰く、それぞれの人に任された仕事があるのだが、同じような仕事の内容を知れ。病気や用事があって事を休むこともあるのだが、よく知っていれば、事がはかどる。それ預かり知らぬと言って、公の仕事をおろそかにするな。

真名　うーん。

宮田　十四に曰く、群臣《まえつきみたち》百寮《つかさつかさ》は、嫉み妬むことをするな。我が人を嫉むことは、人もまた我を嫉む。嫉み妬む憂いは際限がない。というのは、智が己より勝っていれば悦ばず、才が己より優れているときには妬む。こういうことをしていると、五百年に一人の賢者に会うことも、千年に一人の聖人を得ることさえもできない。賢者聖人を得ずして、何を以て国を治めるのだ。

真名　その通りだけれど……。

宮田　十五に曰く、私心を捨てて公に従うは、臣の道なり。私心のあるときには必ず、他人の恨みあり。恨みがあれば必ず、事が同《ととのは》ない。同ないのに私心を以て公を妨げる。憾《うら》みが生ずれば、制度に違い法を破る。この章の初めに言った、上下和して諧《ととのは》れ、というのはこの心でもある。

真名　確かに私心が強いと……調えよということか……。

宮田　十六に曰く、民《おおみたから》を使うのに時を選ぶのは、昔からの良い法典である。だから、冬の間に民を使うべし。春から秋にかけては、農業、養蚕の時であり、民を使うべからず。農なくして何を食べる。養蚕をせずして何を着よう。

真名　あたりきしゃりき（笑）……。

宮田　十七に曰く、事を独断においては行うな。必ず衆《もろもろ》と論ずべし。小事は必ずしも衆と論ずる必要はない。大事を論ずる場合は、誤りがあってはならない。だから、衆とよくわきまえ合えば、理《ことわり》を得ることができる。

真名　衆と民は違うよな……。

宮田　違いますね。私たちはおおみたからですから（笑）……以上が十七条憲法なのですが……真名さんはどう思いますか？

真名　うまく行うというのは今も昔も大変なことだ。皆さん頑張って下さいよ。

宮田　ええ（笑）……仕事をするというのは、そういうことですからね。ただ、生活ということになりますと、もっと具体的でないと……。

真名　そうだな……だから宗教のような教えも必要なのだ。

宮田　ええ、浮気をするなとか、盗むな、殺すなというように、私を信じて私の教えを守りなさいというのが宗教ですから、十七条憲法とは違いますよね。

真名　しかし、宗教を敬えと言う太子様か……（苦笑）。

宮田　それはともかく……この聖徳太子の十七条憲法が、多くの真剣な人々を魅了したことは十分に理解できますから、太子信仰が生じたのは間違いないのですね。

真名　これは哲人政治だろ。

宮田　ええ、いろいろなことが書いてありますね。しかし、『日本書紀』にも書かれているのですが、聖《ひじり》という考え方をしますと、行き倒れになった聖の遺骸がなくなり、衣服が棺の上に畳まれていたということですから、聖はどこにでもいるというような考え方のようですし、聖になるというような言い方もされていますから、大変に柔軟な考えでもありますよね。

真名　ああ……。

宮田　それから、聖徳太子は和が大切だと二度も書いているのですが、実際、任那復活の派遣軍にしましても、『日本書紀』では推古十一年の十七条憲法制定以前と、推古二十九年に聖徳太子が亡くなった後に話が出ているのですよ。その間、推古十七年に隋の裴世清を大々的に歓迎したことを初めとして、新羅、高句麗、百済とも仲良くしているのですね。

真名　それは、聖徳太子が政治の中心であったからなのか？

宮田　多分そうだと思います。ですから、『隋書』の王様の多利思比孤は聖徳太子だという説もあるくらいですが、多利思比孤がどこから出てきた名前なのかはよく分からないですね。

真名　中国の使者も来て……どうして王様の名前が正確ではないのだ？

宮田　それなのですよ。前にも言いましたが、中国の使者の裴世清は天皇が女帝であったことさえ知らなかったということなのですよ。

真名　会わなかったのか？

宮田　いえ、『日本書紀』の記述からしましても、直接に会うことはなかったのでしょうが、間接的にも推古天皇が女帝であることが伝えられたとしても当然だと思うのですが……。

真名　王様が女であることを隠したのか。

宮田　そういう説もあるのですよ。……『魏志』では卑弥呼が呪術師か祈祷師のように書かれていたのは、女王であることを侮っている。あれは『魏志』の嘘だと二人で言いましたよね。

真名　うん。……あれは『魏志』とかの一方的な言い種だろ。

宮田　そうなのですよ。女であることを軽蔑しているから、女王が呪術師や祈祷師にされてしまったのですが、もし、この時代に『魏志』も読まれていたとすれば……これは間違いなく読まれていましたね……『魏志』のように、天皇を祈祷師呼ばわりされることを大変に嫌がったとは考えられるのです。

真名　うん、ありうるよな。

宮田　ただ、女帝であることを隠していたというのは少数意見ですね。卑弥呼は呪術師や祈祷師であったというのが一般的な見方ですから、裴世清は女帝であることを気付かなかっただけというのが、普通の意見になっているのです。しかし、『隋書』の曖昧な書き方といい、中国の使者が日本に来ているのに、女帝であることに気づかなかったということなどは、何らかの意図が働いていることが、十分に考えられるのですよね。

真名　うん……女王が祈祷師では集落の出来損ないみたいなものだ。

宮田　(笑)……それはともかく、聖徳太子といえば、四天王寺と斑鳩寺《いかるがでら》・法隆寺と仏教の興隆が有名なのですが、考古学的にも立証されているようですから、聖徳太子が実在の人物であることは間違いないのですよ。

真名　疑うのがおるのか。

宮田　ええ、架空の人物だという説もありますが、根拠がありませんね……。

真名　日本武尊とは違うか……。

宮田　日本武尊や神功皇后、仲哀天皇の場合は、古墳も含めて年代的にもまったく合いませんし、文字も使われていませんでしたからね。

真名　古墳墓の年代が合わないというのは大問題だよな。

宮田　誰の天皇の古墳かということが正確に分かれば、ほとんど日本の古代史が解き明かせるほどなのですが、科学が発達してどこまで解けるでしょうか……。

真名　画期的なことがあるかも……。

宮田　ええ……しかし、科学に対する過信・言葉を変えれば人間の自惚れ・情報の過多が、余計に分からなくしているという面が多分にありますから、歴史学を無視したような考古学の独断は許されないと思いますよ。

真名　邪馬台国畿内説とかのことか……。

宮田　いろいろとあります。

真名　いろいろな説がありますでは済まされないよなあ。

宮田　そうなのです。真剣に戦うべきなのです。聖徳太子の〝和を以て貴しとなし、争うことを宗とするな〟というのは、争うというのは武力行使のことですから、戦うことを主体とするなということであり、武力は否定していないのですね。それに、和を以て貴しとなすというのは、皆で議論してよい結論を得ようではないかということなのですから、知識、教育が主体になりますと、どうしても、安全なことなかれ的な知識の羅列ということに終わってしまいがちなのです。そうではなくて、間違ってもいいから、自分の意見をはっきりと言ってほしいということなのですね。

真名　何の話をしているのだ。

宮田　（苦笑）……もっと真剣さが必要だということですよ……それはともかく、最後に、推古天皇は三十四年に蘇我馬子が死んだのに続いて三十六年に崩御するのですが、死ぬ間際に田村皇子をはっきりと跡継ぎとして指名するのですね。

真名　……？

宮田　田村皇子というのは、推古天皇の夫でもあった敏達天皇の初めの皇后の広姫の子供である押坂彦人大兄皇子（オシサカノヒコヒトノオオエノオウジ）の子供なのです。

真名　あーあの……。

宮田　聖徳太子は皇太子でしたから、子供の山背大兄王（ヤマシロノオオエノオウ）が天皇になっても不思議ではないのですが、推古天皇は田村皇子を推すのですよ。

真名　気を遣ったのか……。

宮田　問題は押坂彦人大兄皇子のことなのですが……彼がどうなったのかということなのですね。

真名　死んだとか、無視されたとか……殺されたということではないのだよな。

宮田　前にも言いましたが、中臣勝海が、用明天皇の時に押坂皇子を訪ねての帰り道に殺されて以来、押坂皇子の名前がぷっつりと消えてしまうのです。病気が流行っていましたから病気で押坂皇子は死んだのか、咎めを受けたのか、無視されてしまったのか、いずれにしても後継天皇は崇峻天皇になり、推古天皇となったのですから、押坂皇子がどうなったのかはまったく分からないのですよ。

真名　それなのに、田村皇子とかの子供を天皇にしたのは……おそらく、死んだということだな。

宮田　……。

真名　違うか。

宮田　いえ……そう……確かに、はっきりと『日本書紀』では押坂彦人皇子を太子（よつぎのみこ）と書いていますから、生きていれば天皇になったのでしょう。ただ、聖徳太子の父の用明天皇のところで、すんなりと天皇になっていても、いや、押坂彦人皇子の父の敏達天皇は十四年の在位ですから……聖徳太子とそれほど年も変わらなかったとも……若すぎたということも考えられなくはありませんね。

真名　いずれにしても、押坂とかは死んでしまったのだろう。

宮田　ええ、そうかも知れません。

真名　それでも夫の子供を天皇に推したのは、やはり、気にしていたのだよ。

宮田　ええ、その事なのですが……皇位継承に対しての重要な正当性があったということなのですね。

真名　……。

宮田　話はさかのぼるのですが……仁徳天皇の長子である履中天皇が早く死んで弟の反正が天皇となり、その反正天皇も早く死んで、また弟の允恭が天皇となったのですが、允恭天皇の場合は在位期間が長く、子供の安康が天皇となっているのですね。ところが、少し信じ難いところはあるのですが、安康天皇はまだ年若い眉輪王に殺されてしまったのですよ。

真名　……。

宮田　ここで問題なのは、安康天皇は履中天皇の皇子である磐坂市辺押羽皇子（イワサカノイチノベノオシハノオウジ）を跡継ぎにするつもりだったのですが、あの雄略天皇が磐坂皇子を殺してしまうのですね。

真名　ああ……。

宮田　そして天皇となった雄略なのですが、次の天皇の清寧には后も子供もいなくて、跡継ぎがいなくなってしまったのです。ところが、磐坂押羽皇子の子供である弘計、億計の兄弟が見つかり、彼等を顕宗天皇、仁賢天皇として、仁賢の子供の武烈を天皇にした話は、前にも言いましたように眉唾物なのですが……仁賢の娘の手白香皇女（タシラカノオウジョ）は、次の継体天皇の皇后になっているのですね。

真名　うーん……。

宮田　ここで問題なのは雄略天皇ですね。『日本書紀』ではほとんど天皇の悪口は書いていないのですが、雄略天皇と武烈天皇だけは別なのですよ。武烈天皇はともかく、雄略天皇は正当な後継者のはずの磐坂皇子を殺してしまったのですから、『日本書紀』は、そのことを最大限に咎めているということなのです。

真名　正当な後継者か……。

宮田　ええ、それなのですよ。磐坂皇子は長兄の履中天皇の子供ですから、最も正当な後継者ではなかったのかということなのですよ。しかし、正統性というのは単に長兄ということだけではなく、次の継体天皇の場合でも、安閑、宣化天皇の場合は、二人は皇后の子供ではなかったので、正当な皇位継承ということになりますと、皇后の手白香皇女の子供である欽明が天皇となるはずであり、実際そうなったのですね。

真名　ああ……推古が田村とかにこだわったのは……そういう事か……。
宮田　ええ、さすがに真名さんですね。ものわかりが早いのですが、詳しく説明しますと……推古の夫の敏達天皇には初めは広姫を皇后として、押坂彦人大兄皇子が生まれたのですが、すぐに皇后の広姫が亡くなり、敏達天皇は後の推古天皇を皇后とするのですね。
真名　その押坂とかの子供が田村皇子だろ。
宮田　そうです……敏達天皇が亡くなり、弟の用明が天皇になり、次はやはり弟の崇峻が天皇となるのですが、崇峻天皇は推古・蘇我に殺されてしまい、推古が自ら天皇になったということなのですよ。
真名　正当な後継者は……押坂だよなあ。
宮田　それなのですよ。彼のことには不明な点があるのですが、そのほかにも用明天皇の子供の聖徳太子、実際、彼は皇太子になっていましたよね。それに推古天皇には自分の子供の竹田皇子もいたのですが、天皇となったのは自らなのですよ。
真名　そして、先に聖徳太子が死んでしまい……。
宮田　ええ……跡継ぎが問題となったのですが、推古天皇は聖徳太子の子供の山背大兄を指名せずに、後の舒明天皇の田村皇子・押坂彦人皇子の子供を天皇の跡継ぎとして指名したのです。
真名　正統性か……万世一系にするためには必要だろうな。推古も自分の系統を大切にするということなら、聖徳太子の子供を後継者に指名するはず。
宮田　ええ、その通りですよ。推古天皇がわざわざ田村皇子を指名したというのは、天皇制を大切にしたということでもありますね。

真名　万世一系か……。

宮田　そうですね。万世一系の重さというのは、こういう所にも表れていると考えるべきでしょう。

真名　とくに、この推古の時代に国記が書き始められたということなら、なおさらということになるだろう。

宮田　そうですね。

補足

宮田　それからですね……。これは歴史そのものには、それ程かかわりがあるとは思えないのですが、『古事記』でも『日本書紀』でも、皇后の嫉妬とか、女を取り合うとか、女を盗まれたというような話が綿々と書かれているのですよ。

真名　女性を大切にしているということだろ？

宮田　確かに、女性が重要な役割を担っていますね。天照大神（アマテラスオオミカミ）は女の神様ですし、卑弥呼は女王ですからね。記紀でも神功皇后は明らかに王様ですからね。それに、『日本書紀』ではないのですが、国記は推古女帝の時代に書かれ始めたと考えられますから、その影響が強いのでしょう。

真名　奇妙なことでもあるか……。

宮田　そうなのですよ……。朝鮮半島の『三国史記』などには、ほとんど妃の話は書いてありませんからね。

真名　日本だけか……どうしてだろうな。

宮田　私も悩むところなのですが……。一つには、素戔嗚尊（スサノオノミコト）のように外国からやって来て日本に土着したということなら、自分たちの子孫、つまり支配層を増やすためには多くの女性と関係する必要があったということなのでしょうか。これは紫式部の『源氏物語』の世界でもあるのですが、平安時代までも支配層では続いていたということでしょうかね。

真名　子作りか……。

宮田　ただ……この場合に大変に重要なことは、母親の家で子供を育てるということなのですよ。これが母系家族ということなのですからね。

真名　男は種馬か……。

宮田　それ程でも……皇后は決まっていたようですからね……。それからもう一つ気になるのは、一夫多妻制というのはアイヌ民族の家族制度でもあるということですね。前にも言いましたが、『魏志』の倭人条には一夫多妻制のことが書かれていますし、しかも、アイヌの神話でも太陽の神様は女性であるということなのですよ。

真名　ほう！

宮田　天照大神も女の太陽の神様ですし、やはり、記紀が女性を中心に据えているのは、家族制度の影響があるということですね。

真名　一夫一婦制なら、どうしても男が中心になるだろうからな。

宮田　たまには逆の場合があるでしょうが……。それに、この母系家族制度というのは、ハーレムとか、江戸時代の大奥制とも違いますからね。

真名　母系家族か……。

宮田 この場合は女が働いているとか、女の家柄がよいとかいうことなのですが、一夫多妻制ならば、女が男を待つ気持ちも分かりますし、男がなんとかして女の気を引きたいと悩む姿にも真実味がありますからね。百人一首には恋の歌が多いですよね。

真名 自由だよな。性的であるというのもうなずけるか。

宮田 ええ……ある意味ではそうですが……。平安貴族は身を滅ぼしていますよね。

真名 子育てということになると……鳥類のほとんどが一夫一婦だよな。

宮田 逆に哺乳類は、ほとんどが母系家族的ですよね。

真名 男は喧嘩に明け暮れるか……それだけ厳しいということだな。

宮田 ええ（笑）……何と言っても鳥は空を飛べますからね。

真名 人間も自分で餌を作っているよな……問題は人口増加だな（苦笑）。

宮田 私が言いたかったのは、応神天皇の東征から始まる日本統一と、仁徳天皇の国内事業こそ日本の始まりだということなのです。仁徳天皇のことはともかく、応神天皇の東征というのは、無理があるということなのですが……。確かに、仁徳応神で七十年近く在位したことになるのですが、在位ということでは、いかに象徴的であったとはいえ、同時代の卑弥呼は七十年近く在位したと倭人条は書いていますよね。六十歳や七十歳まで生きたとみることは、無理なことではないでしょう。

真名 それ程はっきり言えるのに、どうして今まで畿内説なのだ。

宮田 いえいえ……今は亡き井上光貞さんという人が『日本国家の起源』という本の中で私と同じような事を書いてみえますし、明治頃から『日本書紀』『古事記』はおかしいとは言われていたのですね。

真名　お前は真似をしているだけか。

宮田　いえいえ、井上さんとは意見がよく合うということなのですよ。真似ではありませんよ。真名さんとも合うじゃないですか。

真名　俺のは単純な聞きかじりだよ……しかし、単純なことではなさそうだ。

宮田　ええ。様々なことが絡まり合っていますからね。

真名　つい最近まで、国でもなかったところが地球上には多いのだからな。

宮田　そうなのですよ。通信交通の発達というのは、何時の時代でも、変革の大きな要素であることは間違いないでしょうね。

真名　これで終りか……。

宮田　ええ。……ここで、もっとも注目したのが、『日本書紀』が天皇の万世一系を、大変に重視しているということですね。そのために、話が神話的であったり、伝説的、説話的にもなっているのですが……。

真名　万世一系か……。

宮田　かと言って、すべてが嘘だとは思えないのです。とくに『日本書紀』は、実に巧みに物語を事実に近付けている……外国の文献とも照らし合わせてゆきますと、それが手にとるように分かるのです。

真名　ああ……。

宮田　私もほとんど『日本書紀』を中心に話を纏めてきたのですが、世界でも唯一つと言われるような、二千年になんなんとする天皇制が維持され続けた最大の理由は、この『日本書紀』にあると私は断言しますよ。

真名　天皇制に寄り掛かり過ぎた時代もあったけれどな……。

宮田　そうですね。

真名　今後も天皇制は続くか。

宮田　日本が纏まるということでは必要性があるでしょうね。ただ、地球連邦というような考え方になりますと、国の意識が必要なくなるのですが……。

真名　すべてを統一的にしなければならないだろう。

宮田　ええ、言語や経済的価値基準を統一してしまうということは、国が消滅するということですから、そのような考え方は現在ではありませんよね。

真名　宇宙……か。

宮田　なかなか難しいですよ……それはともかく、まだまだ『日本書紀』は続いて、この『日本書紀』が書き表された直前の、持統天皇の七〇〇年頃までの記録が載せられているのですが、『古事記』のほうは推古天皇で終っていますね。

真名　聖徳太子だ。

宮田　ええ、聖徳太子が憲法を著したということですから、推古天皇からは律令国家の始まりになりますよね。ですから、ここで古代国家の終りだという見方をしたのですよ。

真名　ああ……。

世紀	大和
5	430年頃　仁徳天皇の死 431年頃　履中天皇の即位 438年　倭王珍・反正天皇の即位 443年　倭王済・允恭天皇宋に奉献する 462年　倭王興・安康天皇宋に貢献する 465年頃　安康天皇、眉輪王に殺される 465年頃　雄略が眉輪王、市辺皇子、黒彦皇子等を殺す 466年頃　雄略天皇の即位 478年　倭王武・雄略天皇が宋に上表する 479年　雄略天皇、百済に東城王を送り届ける
6	502年　倭王武を征東将軍に 503年頃　清寧天皇の即位 506年頃　清寧天皇の死、跡継ぎなし 507年　越前より、継体天皇を迎える 513年　任那四県を百済に割譲する 527年　九州、磐井の反乱、物部によって討たせる 533年　継体天皇の死、安閑天皇の即位 535年　安閑天皇の死、宣化天皇の即位 539年　宣化天皇の死、欽明天皇の即位 556年　百済に援軍を送る 562年　任那の滅亡 571年　欽明天皇の死、敏達天皇の即位 576年　皇后広姫の死、食炊屋姫・推古天皇が皇后に 585年　敏達天皇の死、用明天皇の即位 587年　用明天皇の死、蘇我馬子が物部守屋を滅ぼす 587年　崇峻天皇の即位 592年　馬子らによって、崇峻天皇が殺される 592年　推古天皇が即位、聖徳太子を皇太子とする
7	600年　新羅と交戦 603年　征討中止、聖徳太子が冠位十二階を制定 604年　聖徳太子が憲法十七条をつくる 607年　小野妹子を隋に遣わす 608年　裴世清が来朝 621年　聖徳太子の死 626年　蘇我馬子の死 628年　推古天皇の死 629年　田村皇子・舒明天皇の即位

『新・日本むかし考』年表

世紀	九州　出雲　吉備　大和　東国
3 2 前1	250年頃　集落国家 百余国に
後1	55年奴国が使者を漢に 　　　中頃　三次地方に朝鮮半島の王様が 　　　　　　素戔鳴尊
2	100年頃　百余国が二十八カ国に 　　　100年頃　出雲に進出 　　　大国主尊 　　　　　　100年頃　九州の人々が瀬戸内に 　　　　　　130年頃　吉備に神武王朝 　　　　　　　　　150年頃　吉備系の人々が近畿方面に進出 　　　　　　　　　　　　150年頃　出雲系が東海北陸から東国に 180年頃　卑弥呼が王様に
3	247年　卑弥呼の死 　　　　　　250年頃　崇神天皇に 　　　　　　　　　260年頃　崇神天皇が奈良に遷都 　　　270年頃　大和朝廷との和解 　　　　　　　　　270年頃　出雲との和解 　　　　　　　　　270年頃　東海・北陸・西海・丹波を平定 280年頃　台与が晋に使者
4	300年頃　北九州で邪馬台国の統一 330年頃　応神天皇の誕生 350年頃　応神天皇の東征 　　　　　　　　　355年頃　応神と景行の戦い（東征） 　　　　　　　　　360年頃　熊襲・蝦夷征伐 　　　　　　　　　370年頃　朝鮮半島に遠征（任那） 　　　　　　　　　390年頃　新羅との戦い始まる
5	400年頃　仁徳天皇の即位 　　　　　　　　　401年　新羅との戦い終わる（新羅が人質を日本に送る） 　　　　　　　　　413年　倭王が晋に使者を 　　　　　　　　　425年　倭王讃が宋に方物を献ず

『新・日本むかし考』参考資料

『古事記祝詞』	日本古典文学大系	岩波書店
『日本書紀』上下	日本古典文学大系	〃
『続日本紀』	新日本古典文学大系	〃
『吉備の考古学的研究』上下	近藤義郎編	山陽新聞社
『考古学と古代日本』	森浩一著	中央公論社
『古代朝日関係史』	金錫亨著	勁草書房
『古代の環境』	林屋辰三郎著	岩波書店
『日本国家の起源』	井上光貞著	〃
『日本語をさかのぼる』	大野　晋著	〃
『中国正史日本伝』（1）（2）	石原道博編訳	〃
『古代の天皇制』	大津　透著	〃
『聖徳太子』	吉村武彦著	〃
『日本通史』	岩波講座	〃
『神々のいる風景』	〃	〃
『飛鳥藤原の都』	狩野　久・木下正史著	〃
『記紀神話と王権の祭り』	水林　彪著	〃

『前方後円墳の成立』　近藤義郎著　〃
『古墳の語る古代史』　白石太一郎著　〃
『好太王碑と任那日本府』　李進熙著　学生社
『古代王朝をめぐる謎』　上田正昭・塚口義信・門脇禎二・山尾幸久・坂元義種　著　〃
『知られざる古代の天皇』　門脇禎二・栄原永遠男・鎌田元一・坂元義種・亀田隆之　著　〃
『倭の五王の謎』　近江昌司編　〃
『加耶諸国と任那日本府』　李永植著　吉川弘文館
『大加耶連盟の興亡と任那』　田中俊明著　〃
『倭の五王』　笠井倭人著　〃
『東国と大和王権』　原島礼二・金井塚良一編　〃
『継体・欽明朝と仏教伝来』　吉村武彦著　〃
『邪馬台国』　平野邦雄著　〃
『出雲』　上田正昭著　〃
『韓国の古代遺跡』　百済・伽耶篇　中央公論社
『日本書紀と古代朝鮮』　木下礼仁著　塙書房
『吉備古代史の展開』　吉田　晶著　〃
『古墳時代の研究』一～十一　雄山閣出版
『弥生文化の研究』一～十　〃

『全国古墳編年集成』　石野博信編　〃
『論集日本仏教史』　川岸宏教編　〃
『巨大古墳』　森　浩一著　草思社
『日本書紀』上下　宇治谷孟著　講談社学術文庫
『続日本紀』　〃　〃
『伊勢神宮』　所　功著　〃
『古代日本の女帝』　上田正昭著　〃
『磐舟の光芒』上下　黒岩重吾著　講談社
『モンゴロイドの地球』一～五　東京大学出版会
『日本の考古学・4弥生時代』　桜井清彦・坂詰秀一著　雄山閣出版
『弥生時代の始まり』　春成秀爾著　東京大学出版会
『縄文の生態史観』　西田正規著　〃
『三国史記』一～四　井上秀雄訳注　平凡社
『日本人の起源』　埴原和郎著　朝日新聞社
『出雲の古代史』　門脇禎二著　NHKブックス
『古代日向の国』　日高正晴著　〃
『古事記』　神野志隆光著　〃
『出雲王朝は実在した』　安達　巌著　新泉社

『新・日本むかし考』参考資料

『巨大古墳の被葬者』　坂田　隆著　〃

『日本古代新史』　古田武彦著　〃

『日本の古代遺跡』福岡　渡辺正気著　保育社

『出雲神話』　松前健著　講談社

『古代朝鮮と倭族』　鳥越憲三郎著　中公新書

『弥生の王国』　〃　〃

『古代の日本海文化』　藤田富士夫著　〃

『騎馬民族国家』　江上波夫著　〃

『古代天皇渡来史』　渡辺光敏著　三一書房

『日本縦断アイヌ語地名散歩』　大友幸男著　〃

『卑弥呼の謎』　安本美典著　講談社

『広開土王碑と古代日本』　目黒区教育委員会編　学生社

『古墳』　末永雅雄著　〃

『卑弥呼の時代』　天理大学編　〃

『邪馬台国』　朝日新聞学芸部　朝日文庫

『四隅突出型墳丘墓』　東森市良著　ニュー・サイエンス社

『横穴墓』　池上　悟著　〃

『難波京』　中尾芳治著　〃

『邪馬台国はここだ』 奥野正雄著 徳間書店
『邪馬台国を推理する』 邦光史郎著 集英社
『日本の歴史3』 〃
『アイヌの秋』 ヤン・ハヴラサ著 未来社
『アイヌ学の夜明け』 梅原猛・藤村久和著 小学館
『継体大王と尾張の目子媛』 網野善彦・門脇禎二・森浩一編 〃
『吉野ヶ里こそ邪馬台国』 久保雅勇著 文藝春秋
『邪馬台国は四国にあった』 大杉博著 たま出版
『見直される古代の日本と朝鮮』 金達寿著 大和書房
『古代吉備国』 山陽新聞社編 山陽新聞社
『邪馬台国筑紫広域説』 黒田善光・いき一郎著 葦書房
『日本は伽耶にあった』 保坂俊三著 新人物往来社
『倭・倭人・倭国』 井上秀雄著 人文書院
『岡山の古墳』 鎌木義昌著 日本文教出版
『邪馬台国論争』 岡本健一著 講談社
『大王から天皇へ』 熊谷公男著 〃
『倭の五王と磐井の乱』 佃　收著 星雲社
『古代からの伝言』 八木荘司著 角川書店

『継体天皇とうすずみ桜』　小椋一葉著　河出書房新社
『本居宣長集』　日野龍夫編　新潮社

CD

日本史辞典　永原慶二監修　岩波書店
Ｂｏｏｋｓｈｅｌｆ・Ｂａｓｉｃ　小学館

著者プロフィール

竹野 衆星（たけの しゅうせい）

本名 竹尾和美
1944年、三重県桑名市生まれ
三重県立桑名高校卒業
1998年『日本むかし考』（近代文芸社）
1999年『改革』（文芸社）
2000年『改革Ⅱ』（文芸社）

新・日本むかし考

2005年 2月15日 初版第1刷発行

著 者 竹野 衆星
発行者 瓜谷 綱延
発行所 株式会社文芸社
〒160-0022 東京都新宿区新宿1－10－1
電話 03-5369-3060（編集）
03-5369-2299（販売）

印刷所 株式会社エーヴィスシステムズ

ISBN4-8355-8577-1